ァニア州サスケハナ生まれ (1904)。ハミルトン大学卒 (1926)。ハーバード大学大学院心理学専攻 (-1930)。博士号取得 (1931)。ハーバード大学特別研究員 (1933-6)。ミネソタ大学講師 (1936-7)。インディアナ大学助教授 (1937-9)，准教授 (1939-45)，教授 (1945-8)。1947 年から 48 年に，ハーバード大学ウイリアム・ジェームズ講演の演者として言語行動についての講演を行い，1948 年からハーバード大学教授 (1948-57)，同大エドガーパース心理学教授 (1958-74)，名誉教授 (1975-90)。

最初の著作は，1938 年に出版された『個体の行動』(*The Behavior of organisms*)。そこでパブロフの古典的条件づけとは異なるオペラント条件づけを提唱し，それによって形成されるオペラント行動研究の基礎を拓いた。1948 年に，行動分析学の考え方に基づくユートピア小説『心理学的ユートピア』(*Walden Two*，邦訳 1969 年) を，1953 年に大学生を対象とした『科学と人間行動』(*Science and human behavior*，邦訳 2003 年) を，1957 年に言語行動の研究の集大成である『言語行動』(*Verbal behavior*) と，累積記録による動物の行動変容過程を記述した『強化スケジュール』(*Schedules of reinforcement*, C. B. Ferster と共著) を，1968 年にティーチング・マシーンなどの新しい教育に関する行動テクノロジーを論じた『教授工学』(*The technology of teaching*，邦訳 1969 年) を，1969 年に『強化随伴性』(*Contingencies of reinforcement: A theoretical analysis*，邦訳名『行動工学の基礎理論：伝統的心理学への批判』，1976 年) を，そして 1971 年に，後述する行動分析学の哲学的基礎である徹底的行動主義に基づく人間観や方法論を論じた『自由と尊厳を超えて』(*Beyond freedom and dignity*，邦訳 1972 年／新訳 2013 年) を，1974 年に『徹底的行動主義とは何か』(*About behaviorism*，邦訳名『行動工学とは何か：スキナー心理学入門』，1975 年) を，その後さらに自伝を含む多数の著書と論文を出版した。

彼は，1950 年代後半までに実験行動分析学を確立し，その後は実験室で得られた結果や原理をヒトの言語行動を含むさまざまな行動と場面に適用し，同僚や教え子とともに，薬理，心理臨床，教育，文化のデザインへとその応用範囲を拡大していった。心理学上の立場としては，ワトソンの古典的行動主義が唱える，心的現象は客観的ではないという理由からその取り扱いを否定する方法論的行動主義，そして刺激による反応の誘発を中心とするパブロフの S-R

はじめに

　本シリーズは，スキナー（Skinner, Burrhus Frederick, 1904.3.20-1990.8.18）の重要論文を厳選して翻訳した3巻よりなる。この一連の翻訳によって，私たちは今後の日本の心理学研究をはじめ，科学哲学や倫理学などを含む広範囲の「こころ」に関わる研究を推進するための基盤整備に寄与したいと考えた。そして専門の研究者のみならず，一般の人々にもスキナーの業績をできうる限り分かりやすく正確に紹介したいと考えた。

　本シリーズでスキナーの原著論文を翻訳して広く紹介したいと思う第1の理由は，言うまでもなくスキナーが20世紀を代表する心理学者の1人であるからである。スキナーは「人はなぜそのように行動するのか」という心理学の根本的問いに答えるために行動分析学を創設した。その影響は，実験心理学において行動の変容を中心課題とする学習分野だけにとどまらず，知覚，認知，言語といった基礎的な分野，さらに発達，教育，臨床，社会，産業，医療といった応用性が高い分野にまで広がっている。

　その一方で，心理学の内外を問わず，多くの人々の著作や論文において，その名前や言説がよく引用されながらも，精神分析の祖フロイトや発達心理学者ピアジェなどと比べると，特に日本におけるスキナーの理解度と知名度はかなり低いままにとどまっており，彼の考え方や業績についての誤解が多いことも事実である。私たちは，こうしたスキナーをめぐる日本の知的状況をこのまま放置すべきではないと考えた。これが第2の理由である。

　本書の第1章，第2章でより詳細に述べられるが，ここで簡単にスキナーの略歴と主な著作を挙げて，その人物像を描き出すことにする（行動生物学辞典（2013），*Biographical dictionary of psychology*（1997）などに基づく）。ペンシルヴ

理論の2つを批判しつつ，心的概念によって行動の因果関係を説明しようとする心理主義に対峙する徹底的行動主義（radical behaviorism）を主張した。

　このようにスキナーは，高いレベルで多くの業績を産出し続けたが，これまで邦訳されたものは著書が中心であり，彼の根本的思考を反映する重要な原著論文については，初期の著書に収録された論文を除いてまだほとんど訳出されていない。また訳出されているものであっても，その翻訳には実際の実験的実践的研究に携わっていないことからくる誤解や用法の誤りが含まれ，次世代を担う人々の学習教材として使用するには不適切であると思われた。したがって，本シリーズでは，これまで多くの研究者に注目されてきたスキナーの原著論文を厳選して翻訳し，それによって従来の翻訳の誤りを正すとともに，現代的視点から彼の業績を再評価して，日本における行動分析学のみならず心理学全般に対して，正確で重要な情報を提供して，今後の研究と実践の方向性を提示することをも目指した。

　本書では，基本的には引用数が非常に高い，スキナーの考え方や哲学が明瞭となると考えられた論文が選択された。ただ，同一の人物が書いているので，記述の重複も多い。しかし，どのような見解がどのように変化していったのか，あるいはそのまま変わらず維持されていったのかを見ていくと，書かれた年代によって彼が使う用語に微妙な変化が生じていることにも気づく。たとえば「理論」，私的事象，認知心理学，生理学などの捉え方に，その変化を見ることができる。

　一般にスキナーの論文は読解が大変難しいと言われてきたし，事実，翻訳では相当苦労した。その理由の1つは，彼が用いる用語の特殊性である。たとえば feeling(s) は「感じていること」ないし「感じること」を表しており，「感情」という言葉がもつ情動性は一切含まれていない。日本語でこの言葉に相当するのは「気持ちがする」「気がする」が近いのであろうが，日本語の曖昧さのために今一つしっくりこない。

　彼特有の用語に込める意味の難しさだけでなく，これまで何気なく使ってきた日本語としての訳語の再検討も必要であった。たとえば mental life は「精神生活」とするのでは何を言っているのかわからない。そこで「心の営み」と

いった life の持つ「生命が宿っているものの状態や日常」を組み込む訳などを考えてみた。同様に arrangement も「配置」「整理」ではぴったりとこないので，たとえば「整置」などという語を作ってみたりした。

それに加えてスキナーが引用なしに持ってくる，英語圏の文化人であれば当然知っていてよいような教養，たとえばシェークスピアに代表されるような著名な作家，学者，政治家などのフレーズや警句が，論文の中に何気なくちりばめられているので，そうしたものには私たちは全く歯が立たなかったことも告白しておかねばならない。

さらに彼の論文に散見される反語や皮肉の類，文章上のレトリックも，私たちには難物であった。第２章の「科学的方法における一事例史」は，スキナー自身の，研究を通じて体得してきた定式化されていない科学的実践のポイントを，読者に伝えるといった趣で書かれており，また，わざわざ臨床心理学における事例史研究の体裁をとりながら執筆されている。しかし論文を最後まで丁寧に読み進めていくとわかるように，当時そして現在も支配的な，仮説演繹的な方法論や実験計画法による統計的推論への批判がその趣旨であり，彼の発見してきた行動の規則性に至る科学的実践，特に一事例デザイン（single-case design）による実験法の研究上の優位性を主張するものとなっている。つまり，一見すると彼自身の一事例（a case）を提供しているかのように見えるこの論文は，実は科学的方法における一事例デザインの重要性を主張しているのである。そしてさらに，これまでの臨床心理学的な事例史研究から，数量的データ収集と環境の厳密な制御を基盤とした新しい科学的心理学研究への転換を読者に促すものとなっている。

これらを少しでも補い，読者の理解の役に立てようと，各訳者はその章末に簡単な解説を設けたが，それでもなお本書はまだまだ改訂されなくてはならない運命にあるのであろう。私たち訳者は全力を尽くしたつもりではあるが，率直に言って，スキナーの見た世界をまだ完全には伝えられてはいないと思う。今後頂戴するであろう，読者の忌憚のないご指摘を期待する次第である。

なお本シリーズの刊行に際して，一般財団法人　高久国際奨学財団（高久眞佐子理事長）の３年間に亘る援助を得た。財団による研究補助，ならびに出版

補助がなければ，本シリーズは到底日の目を見ることはできなかった。この場を借りて深く感謝の意を表したい。

2019年7月吉日
スキナー著作刊行会を代表して
坂上貴之

目　次

はじめに

第1章　B. F. スキナー：自叙伝 …………………………山岸直基　1
　　　　B. F. Skinner... An autobiography

第2章　科学的方法における一事例史 ………………………坂上貴之　51
　　　　A case history in scientific method

第3章　実験的行動分析とは何か？ …………………………井垣竹晴　85
　　　　What is the experimental analysis of behavior?

第4章　オペラント行動 ………………………………………三田地真実　99
　　　　Operant behavior

第5章　心理学的用語の操作的分析 …………………………丹野貴行　131
　　　　The operational analysis of psychological terms

第6章　学習理論は必要か？ …………………………………藤巻　峻　155
　　　　Are theories of learning necessary?

第7章　認知的思考の起源 ……………………………………中野良顯　193
　　　　The origins of cognitive thought

第8章　精神病的行動とは何か？ ……………………藤巻　峻　217
　　　　What is psychotic behavior?

第9章　実験室からの飛び去り ………………………丹野貴行　241
　　　　The flight from the laboratory

第10章　行動の科学としての心理学に一体何が
　　　　起こったのか？ ……………………………坂上貴之　267
　　　　Whatever happened to psychology as the science of behavior?

索　引　289

凡　例

・注は脚注とし，原著によるものは［原注］と表記し，訳者によるものは［訳注］
　またはそのまま記した。
・文意を明確にするための訳者による補足は［　］で括った。
・原文でイタリック体となっていた部分は「　」で括った。
・雑誌名，また特に原語を示す必要があるものについてはイタリック体とした。書
　名はイタリック体とした上で「　」で括った。
・文献の表記については，章間の統一をはかるため，また現代の標準的な書式に揃
　えるため，一部を改めた。

第1章　B. F. スキナー：自叙伝[1]

編集者解説

　この短い自叙伝はボーリング（E. G. Boring）とリンゼイ（G. Lindzey）の「*A History of Psychology in Autobiography*」第5巻（New York: Appleton-Century-Crofts, 1967, pp. 387-413.）のために執筆され，「*Dews's Festschrift for B. F. Skinner*」（New York: Appleton-Century-Crofts, 1970, pp. 1-21.）に再録された。1973年ごろ，スキナーはより包括的な自叙伝の執筆に取り組んでおり，そのうちの2巻はすでに出版されている。「*Particulars of My Life*」（1976）は彼が大学院に入学する前までの期間を含んでおり，「*The Shaping of a Behaviorist*」（1979）は1948年にハーバード大学の教授になるまでの初期の研究生活について書いている。第3巻は近い将来に予定されている[2]。いまだ権威あるスキナーの伝記はないが，興味深い書籍はいくつかある。リチャード・エバンス（Richard I. Evans）によるスキナーとの広範囲な対談である「*B. F. Skinner: The Man and His Ideas*」（New York: Dutton, 1968），ロバート・ナイ（Robert D. Nye）による読みやすいスキナーの心理学の解説書である「*What Is B. F. Skinner Really Saying?*」（Englewood Cliffs, N. J.: Prentice-Hall, 1979），「*Beyond Freedom and Dignity*」に対する冷淡なコメントである，フィ

1　［原注］この章は Boring, E. G., & Lindzey, G. (Eds.). (1967). *A History of Psychology in Autobiography* vol. 5 (pp. 387-413.). New York: Irvington Publishers Inc に最初に掲載された。出版社の許可を得て再録された。［訳注］本書における出典は Skinner, B. F. (1982). B. F. Skinner... An autobiography. In B. F. Skinner, & R. Epstein *Skinner for the classroom* (pp. 9-38). Illinos: Research Press.
2　第3巻はその後「*A Matter of Consequences*」（1983）として出版された。

ンリー・カーペンター (Finley Carpenter) による「*The Skinner Primer: Behind Freedom and Dignity*」(New York: Free Press, 1974), ジョン・ワイゲル (John A. Weigel) による短い伝記「*B. F. Skinner*」(Boston: G. K. Hall, 1977) である。

幼少期の環境

　[父方の] 祖母スキナーはお高くとまった教養のない農家の娘だった。彼女は，1870年代はじめに仕事を求めてアメリカにきた，ある若い英国男子に当然ながら魅かれ，結婚した（彼は90歳で亡くなったとき，彼の望んだぴったりの仕事を見つけられていなかった）。祖母の大望は息子ウィリアムに引き継がれた。彼はペンシルベニア州の北東にある小さな町サスケハナ（*Susquehanna*）のエリー鉄道社で製図工の見習いをする傍ら，"法律を学んだ"。彼はニューヨーク市の法律学校に進学し，学位を取る前にサスケハナ郡の司法試験に合格した。彼は一生，母親の大望に耐えた。彼は称賛を猛烈に渇望しており，多くの人は彼をうぬぼれていると考えていた。しかし彼は，労災保険法の標準テキストをついに書き上げ，その本は彼が亡くなるときには第4版になっていたにもかかわらず，密かに，苦々しく，自分自身を失敗者だと考えていた。

　私の母グレイス・バラスは，聡明で美しかった。母は何が"正しい"かについて厳格な基準を持っており，その基準は決して変わらなかった。母の忠誠心は伝説に残るほどだった。母が11歳の時，遠く離れてしまった友人と文通を始め，70年間，隔週でお互いに，1週も忘れることなく，手紙を書いた。母の父はニューヨーク州に生まれた。南北戦争の最後の年に，彼は鼓手少年の兵籍に入るために自分の年齢について嘘をついた。戦争が終わった後，彼はサスケハナに戻って大工の職を探し，最終的にエリー大工工場の作業長になった。私の [母方の] 祖母バラスは，一家の素質についてただ1つ次のように主張していた。祖先のポッター大尉は，ジョージ・ワシントンのもとで戦ったと。

　私の家庭環境は穏やかで安定していた。私は，大学に行くまで，生まれた家で過ごした。父，母，そして私は同じ高校を卒業した。私は祖父母と頻繁に会った。私には2歳半，年の離れた弟が1人いた。子どものころ，私は弟が好きだった。母が家で私たち2人に対して使う"ハニー"という単語で，弟を呼ん

でからかっていたのを思い出す。彼が成長すると，彼は私よりもスポーツができ，まわりの人気を集めることが明らかになり，私の文学や芸術に対する興味をからかった。弟が16歳のとき突然，大脳の動脈瘤で亡くなったとき，私はあまり動揺しなかった。そのことを私は多分後ろめたく思っていた。私は一度，すず製の缶のフタを使って矢じりを作ったことがある。私が空中にまっすぐ試射したとき，矢が逆戻りして弟の肩に命中し，血が流れた。私は何年も後に，ローレンス・オリヴィエ[3]がハムレットの台詞を朗読するのを聞いたとき，大きな動揺とともにその出来事を思い出した。

> とすればハムレットも被害者の一人。彼の狂気は哀れなハムレットの敵だ。どうか，みんなの前で悪意はなかったという僕の弁明を寛大に受け入れてくれ。
> 放った矢が思いがけず屋根を超え
> 自分の兄弟を傷つけてしまったのだ。[4]

サスケハナは，今や半分砂漠化しており，その時でさえ埃っぽい鉄道の町だったが，美しい川峡谷に位置している。私は近くの丘を何マイルも歩き回った。初春のイワナシやハナミズキ，傷んだクスノキの根とチェッカーベリーの実とすべりやすいニレの皮，死んだガラガラヘビを拾い，火打石の矢じりを見つけた。私はほかの少年と小川沿いの丘に小屋を建て，小川を芝と石のダムで堰き止めて作ったプールで泳ぐことを学び，毒のある水ヘビとそのプールを共有した。かつて私は4人の別の少年と3艘のカヌー艦隊でサスケハナ川を300マイル下ったことがある。その時私は15歳で，一番年上だった。

私はいつもものを作っていた。キックボード，舵のついた台車，小型のソリ，浅い池を竿で進むいかだ舟を作った。シーソー，メリーゴーランド，滑り台を作った。パチンコ，弓と矢，長い竹から吹き矢と水鉄砲を作り，そして廃棄された湯沸しから蒸気の大砲を作り，ジャガイモやニンジンの栓を近所の家の向

3　Laurence Olivier, 英国の俳優。
4　シェイクスピア　松岡和子（訳）(1996). ハムレット (p.258) 筑摩書房　より引用。

こうまで飛ばした。コマ，空中ゴマ，ねじったゴムバンドで駆動する模型飛行機，箱型紙凧，糸巻きと糸車で空中高く投げることができるすず製のプロペラを作った。私は，自分自身が飛べるようなグライダーの作成に繰り返し挑んだ。

　私はいくつかのものを発明した。そのうちのあるものは，（よき共和党員として私の父が購読していた）*Philadelphia Inquirer* に掲載されたルーブ・ゴールドバーグ[5]の漫画における，とっぴで奇妙なからくりの精神に基づいていた。たとえば，かつてある友達と私はニワトコの実を集め，一軒一軒に売り，熟した実と青い実を分けるための浮力装置を作った。私は，永久運動機関の設計に何年も取り組んできた（それはうまくいかなかった）。

　私は，1年生から12年生[6]まで同じ建物で過ごし，卒業するとき私のクラスは8人だけだった。私は学校が「好きだった」。ベルがなりドアがあくまで建物の外で生徒が集まっているのが慣わしだったが，私は早く学校に到着し，中に入れてくれるようお願いするので，管理人にとってはいつも問題だった。彼は私をずっと建物の外にいさせるように言われていたが，彼は肩をすくめ，私を通らせるのに十分なだけドアを開け，私が建物の中に入ると鍵をかけた。今考えると，その学校は良かった。ウェントワース[7]による実際的な教科書を使った，高校数学の精力的な4年間を過ごした。最上級生のときには，ラテン語で意味を理解できると感じることが十分にできる程度にはウェルギリウス[8]を読むことができた。科学は得意でなかったが，いつも自宅で物理学や化学の実験を行っていた。

　私の父は本の販売員たちにとっておめでたい人であり（"私たちは，何人かのこの町の名士とつきあっている"と彼らはいっていた），その結果私たちは，「*The World's Great Literature*」，「*Masterpieces of World History*」，「*Gems of Humor*」などというほとんどのセットを所蔵したかなり大きな図書室をもつことになった。ある"研究所"で発行していた応用心理学に関する小さな6巻セットは，白い背表紙と浮き出し模様の印章の付いた青い表紙と裏表紙で美しく製

5　Rube Goldberg，アメリカの漫画家。
6　日本の小学1年生から高校3年生に相当。
7　George Albert Wentworth，1800年代に算数や数学の教科書を多数執筆している。
8　Virgil，ローマのラテン語詩人。

本されていた．私は1例だけ次のような内容を憶えている．男がココア豆をシャベルで大きな焙煎オーブンに入れている，そのチョコレートの広告は，悪い心理学であるといわれていた．

　メアリー・グレイブスという名の先生は私の人生において重要な人物である．先生の父親はその村の無神論者で，素人の植物学者で，進化を信じていた．先生は一度，彼がモナコの王子から受け取った手紙を私に見せてくれた．その手紙では，押し葉標本の交換を彼に提案していた．先生はこの町のレベルをはるかに超えた文化的な関心に献身する人物だった．先生は月曜同好会を主催しており，それは文芸クラブであり，私の母が所属していた．この同好会ではある冬にイプセン[9]の『人形の家』の読書会をしていた．先生は町の小さな図書館を現代風にすることに尽力した．私が高校生だったとき，先生は陰謀をめぐらすもの同士のように"私は今すごく奇妙な本を読んでいるの．それは『ロード・ジム』[10]よ"と私にささやいた．

　グレイブス先生は何年もの間多くの領域において私の先生だった．先生はある長老派[11]の日曜学校で教えており，私たち6人から8人の少年を指導して旧約聖書のほとんどを読ませた．先生は私が低学年のときにデッサンを教え，後に英語の読みと作文を教える教師に昇格した．8年生のときだったと思うが，私たちは『お気に召すまま』[12]を読んでいた．ある夜，私の父が突然，ある人たちはその劇を書いたのはシェイクスピアではなくベーコンという名の男だと信じている，といった．次の日私は教室で，私たちが読んでいる劇は実際にはシェイクスピアが書いたものではないと発表した．先生は「あなたは自分が何を言っているか理解していない」といった．その日の午後に私は公共図書館に行き，エドウィン・ダーニング＝ローレンス[13]の著書『ベーコンがシェイクスピアである』[14]を取りだした．翌日に「やっと」私は自分が何を言ったのか，

9　Henrik Johan Ibsen，ノルウェーの劇作家．
10　小説の題名，英国の小説家ジョゼフ・コンラッドの著作．
11　プロテスタントの教派の1つ．
12　シェイクスピアの戯曲．
13　Edwin Durning-Lawrence，英国の弁護士，シェイクスピアの戯曲の著作者がベーコンであると主張していた．

そして先生を 1,2 カ月ほど間悩ませたに違いないと知った。ダーニング＝ローレンスは『恋の骨折り損』の第 5 幕第 1 場を分析し，「ゆるぎない華麗な物事（*honorificabilitudinitatibus*）」という単語は暗号であり，適切に翻訳するとき，"これらの戯曲は，フランシス・ベーコンの作りて世に残すものなり"と読めることを証明した。私が驚いたのは，私が『お気に召すまま』の同じ幕，場もまた謎めいていることを発見したことである。哲学者タッチストーン[15]（ベーコン以外誰がいるのか？）は無学なウィリアム（シェイクスピア以外誰がいるのか？）と，公正なオードリー（劇の著作者以外誰がいるのか？）の所有について論争している。決め手はウィリアムがアーデンの森で生まれたといい，シェイクスピアの母の名前がアーデンだったことである（その"森"は，美しく，若々しく，卑猥なことばである！）。私はその後ベーコン―シェイクスピア論争に久しく興味を失っていたが，私の防衛的な熱意で，ベーコンの伝記，彼の哲学的な立場についての要約，「*Advancement of Learning*」[16] と「*Novum Organum*」[17] の多くを読んだ。14, 15 歳のときの私にとってどの程度意味があったかわからないが，フランシス・ベーコンはこの自叙伝の中で，もう一度登場する。

　グレイブス先生は，私が大学で英文学を専攻し，後に作家としての仕事に着手したという事実および芸術に少し手を出したという事実について，おそらくその原因となっているだろう。私は決してうまく絵を描いたり彫刻を作ったりはしなかったが，それらを試みることを楽しんでいた。

　父は小さなオーケストラでトランペット（当時はコルネットと呼ばれていた）を演奏していたが，結婚したときにそれをあきらめた。私は 2, 3 の旋律以上彼の演奏を聴いたことがない。父は"唇を失った"。母はピアノを演奏するのが上手で，すばらしいコントラルト［アルトとテナーの中間］の歌声だった。母は結婚式や葬儀で歌い，その両方で同じ歌を歌った。母が持っていた J. C. バートレット[18] の歌 "A Dream" の楽譜を私はいまだに持っている。その始ま

14　［原注］Durning-Lawrence（1910）．
15　試金石の意．
16　『学問の進歩』
17　『ノヴム・オルガヌム』

りは"昨夜，私はそなたと愛の夢を見ていたが，それは夢だった……"である。葬儀で使われる神聖な文章は彼女自身によって次のように追加されている。"来てください，イエス様，救い主，私とともに留まってください……"。8, 9歳のとき，1年間ある老人にピアノを学んだ。その老人はセン・セン[19]をなめながら，私が間違えるたびにとがった鉛筆で肋骨を突いた。しばらくしてサックスを好きになりピアノをあきらめた。その時，父はエリー鉄道のための地方弁護士であり，従業員の楽隊と一緒に私が演奏できるように手配してくれた。私たちは"詩人と農夫"，"ウイーンの朝，昼，晩"や他のスッペ[20]の序曲の枠を決して越えることはなかった。しかし合奏を愛することを学んだ。私は高校時代，ジャズバンドで演奏した。私が再びピアノに戻ってきたとき，ピアノを教えてくれた，家族と付き合いのある友人が，私［の演奏する曲］は母親の感傷的な音楽と数巻の「*Piano Pieces the Whole World Loves*」に限定されていることを指摘し，モーツアルトのソナタ第4番の楽譜を送ってくれた。すぐ後に私はモーツアルトのすべてのソナタを買い，はじめのうち短い楽節だけをあちこちで演奏した。後には一種の儀式として，年に一度はそれらすべてを通しで演奏するようになった。

　私は父から身体的な罰を受けたことは一度もなく，母からは一度だけだった。私が悪いことばを使っていたので，母は私の口を石鹸と水で洗った。しかし父は機会を決して逃すことなく，もし私が犯罪者心理を抱くようになったら待っているような罰についての知識を与えた。父は一度，私を連れて郡の刑務所を通りぬけ，ある夏休みには［ニューヨーク州にある］シンシン刑務所での生活をカラースライドで説明する講演につれていった。結局，警察を恐れ，毎年の警察官のダンスパーティのためにたくさんのチケットを買っている。

　母は私が"正しい"ことからどんな逸脱を示したときでも，すばやく注意した。彼女の制御技術は"ちぇちぇっ"[21]ということであり，"他の人はどう思うでしょうね？"と尋ねることだった。2年生のときに，成績表を家に持って帰

18　J.C. Bartlett, アメリカの作曲家，編曲家，歌手。
19　口内清涼剤の商品名（Sen-Sen）。
20　Franz von Suppe, オーストリアの作曲家。
21　舌打ち。

り，"態度"の欄の"他人を困らせる"という項目に印がついていたときに，家族がびっくり仰天したことを容易に思い出すことができる。"正しく"ない多くのことは依然私の頭を悩ませた。私は隣の墓地で遊ぶことをゆるされたが，墓の上に乗ることは"正しく"なかった。最近ある大聖堂で，床に刻印された石を避けるために一連の賢く正しい角度で迂回をしているのに私は気づいた。また私は"本に敬意をもつ"ように教えられ，ピアノの上で本を開いたままにするために，本の背表紙を折ることは，今ならできるものの，唯一のうずきを伴うものである。

　祖母スキナーは居間のオーブンの中で赤々と燃えさかる石炭の土台を見せることで，私に地獄の概念を理解させた。巡業している奇術師の公演で，悪魔が角笛ととげのある尻尾で仕上がったのを見て，私は恐怖に苦しみ，横たわっても一晩目覚めたままだった。グレイブス先生は敬虔なキリスト教徒だったが，偏見にとらわれなかった。たとえば先生は，人は聖書の中の奇跡を比喩的表現と解釈できるかもしれないと説明した。じきに私は思春期になり，神秘的な体験をした。私は家族からもらったばかりの腕時計をなくし，家に帰るのを怖がっていた（"あなたは，自分のあたまもねじで止められていなければなくすだろう"［といわれるのを恐れていたのかもしれない］）。私は自転車に乗って川沿いを走り，支流を走り丸太小屋に着いた。私はみじめなほど不幸だった。神秘的な体験は突然生じた。幸せと不幸は打ち消しあうので，もし今不幸なら，必然的に後に幸せになるだろう［と感じた］。私は猛烈に安心した。この原理は啓示の力によるものである。強烈な賛美の雰囲気の中で，私は支流に沿って川を下った。道の途中，そのわきにある乾燥した草で作られた巣の中に腕時計が置かれていた。私は説明ができない。私は確かに町でそれを"なくした"。私はこれを奇跡だと信じた。急いで家に帰り，聖書のことばを使い，紫のインクでそのことを詳しく書いた（そのインクは消せない鉛筆から鉛を溶かして私が作ったもので，特有の金色に輝いていた）。しかし，他の奇跡はその後起きず，私の［読んでいた］新約聖書は残り1章分となっていた。その年のうちに，私はグレイブス先生に会って，今後決して神を信じないと告げた。先生は"わかっています"，"あなたが経験したことをすでに私自身で経験しました"といった。しかし先生の戦略は不発に終わった。私は決して奇跡をその後「経験」しなかった。

大 学

　家族の友人の1人が私にハミルトン大学を勧めたので，他のどこにも進もうとは考えなかった。当時，これは長い人生においてどん底だった。私はいくつかの課程の中から1つの無意味なプログラムを履修したが，奇妙な方法で，それらのすべてを上手く活用した。私は英語を専攻し，アングロサクソン語，チョーサー[22]（そこで"免罪符売りの話"の現代訳を書いた），シェイクスピア，王政復古戯曲，ロマン主義の詩といった良い科目も履修した。私はロマンス系諸言語を副専攻に選んだ。ハミルトン大学は演説法についての評判に誇りをもっており，私はそれに関して，退屈で義務的な4年間を過ごした。大学1年の科学では生物学を選び，発生学とネコの解剖学の上級科目に進んだ。

　ハミルトン大学で起きた最も重要なことは，サンダース家と知り合いになったことである。この一家は私が大学1年生のとき1年間海外にいた。それは，その1年前に新入りいじめの事故で亡くなった，聡明な学生だった上の息子の悲惨な死から回復するためだった。サンダース家の子どもたちは全員在宅しながら大学に進学する準備ができていた。家族が戻ったとき，私の数学の教授に，自分たちの下の息子の家庭教師を誰か推薦してくれるように依頼した。私は家庭教師をすることに同意した。

　パーシー・サンダース［サンダース家の父親］はその後，学部長になった。ハミルトン大学の学生は彼を"Stink"[23]と呼んだ。なぜなら彼は化学を教えていたからである。しかし彼が最も愛していたのは雑種の牡丹だった。サンダース家は大学の並びにある大きな窓枠の家に住んでいた。そこは本，絵画，彫刻，楽器，そして牡丹の季節には大きな花束であふれていた。サンダース学部長はヴァイオリンを演奏し，週に少なくとも一晩は弦楽四重奏を演奏した。ルイーズ・サンダース［サンダース家の母親］は毎年数人の生徒を大学に入学する準備をさせるために受け入れており，その中にいつもきれいな女の子がおり，私はその女の子と恋に落ちた。私たちはルートの森[24]を通り抜け，午後遅く音楽室の暖炉に火がつく前にお茶を飲むために戻った。時々，空が澄んだ夜に牡丹

22　Geoffrey Chaucer，英国の詩人。
23　悪臭，化学等の意。

に囲まれた中で望遠鏡を設置し，私たち［2人］は火星の月々[25]や土星の輪を探した。サンダース家には，作家，音楽家，芸術家といった興味深い人たちが来て滞在した。私がシューベルトやベートーベンを聴いているとき，私の椅子の近くで前衛派の雑誌 *Broom* やエズラ・パウンド[26]からの手紙を見つけることがあった。ジョージ・アンタイル[27]の「バレエ・メカニック」の楽譜の1ページを思い出す。「完全に打奏的に」ということばが，楽譜のその1ページを斜めに横切るように［すべて大文字の］活字体で書かれていた。サンダース夫妻は芸術的な生活を作り上げ，そのいくつかについて私は知らなかった可能性がある。

　ハミルトンでの学生生活は私の性に合わなかった。私は男子大学生の社交クラブに，それが何であるかについて全く知らずに参加した。私は運動競技が得意ではなく，アイスホッケーでむこうずねにひびが入ったり，うまい選手がバスケットボールを私の頭蓋で跳ね上げたりすることのすべてを我慢していた。それらはすべて「体育（*physical education*）」という皮肉を込めて呼ばれる名においてなされた[28]。大学1年の終わりに私が書いたレポートの中で，大学は不必要な要求（それらのうちの1つは日々の礼拝）で私をこき使い，ほとんどの学生は知的な興味を示さないと不満を述べた。大学2年生の時までに，私は公然と反抗しはじめた。

　ジョン・K・ハッチェンズ（John K. Hutchens）と私はこの年に悪ふざけをはじめた。私たちの［受講していた］英作文の教授ポール・ファンチャー（Paul Fancher）は演劇界の有名人を自分の知人であるかのようにひけらかす人だった。ハッチェンズと私はポスターを印刷し，その一部には次のような文が載っ

24　ハミルトン大学には現在，ルート渓谷（Root glen）という名の緑豊かな場所がある。これはルート家が代々管理し，後にハミルトン大学に寄贈されたものである。ルートの森はこの場所を指しているようである。

25　衛星のこと。

26　Ezra Pound．アメリカのモダニズムの詩人。

27　George Antheil．アメリカの作曲家。

28　physical という単語における「身体の」という意味以外の「物理の」という意味に言及した皮肉。

ていた。"有名な映画喜劇俳優チャールズ・チャップリンがハミルトン大学の聖堂で10月9日金曜日に'一生の仕事としての映画'という講演を行います"。その講演はファンチャー［教授］の主催で行われるといわれていた。10月9日の早朝に，私たちは街に行き，店の窓，電信柱にそのポスターを貼り付け，いくつかの共同住宅の玄関に数枚投げ入れ，自分のベッドに戻った。その朝，ハッチェンズは最も近い市であるユーティカの夕刊紙に電話をかけ，ハミルトン大学の学長が今朝の礼拝の説教でその講演についての発表をしたと伝えた。正午までにはこのことは完全に制御できなくなった。その夕刊紙は一面にチャップリンの写真を載せ，さらに彼がユニオン駅に到着する時間を予測しており，自分がそれを言うこともはばかられるが，その到着予定時間には大勢の子どもたちが群がることになった。警察の路上封鎖物があるにもかかわらず，推定400台の車が大学構内を通り過ぎた。アメリカンフットボールの元気いっぱいの会合がチャップリンの大集会と間違われ，大群集が体育館の辺りを右往左往し始めた。翌日に大学新聞に掲載された社説（"母校に全く敬意を払わなかった誰もが，それ［今回のような悪ふざけ］をやり遂げなかった"）はハッチェンズが書いたものの中で最上のものの1つだった。

　虚無主義的な意思表示としては，この悪ふざけは単なる始まりだった。私たちは学生の発行物を通して，教授たちやその地方の批判すべからざる人たちを攻撃し始めた。授業の最後に学生が行った演説について，演説法の教授が間のぬけた批評をしたというパロディーを発行した。私はファイベータカップ[29]に対して社説で攻撃した。卒業式のとき，私は卒業祝賀会の責任者であり，それは体育館で開催された。他の学生（アルフ・エヴァーズ，後の有名な挿絵画家）の助けを借りて，壁一面を教授たちの苦々しい風刺漫画で覆った。

　ハミルトン大学の制度の中で最も神聖なものはクラーク演説賞である。学生は演説の原稿を提出し，そのうちの6人が夕方の弁論大会の演者に選ばれ，審判委員会によって優勝者が選ばれる。私たち4人はこの制度を台無しにすることに決めた。私たちは選ばれるだろうと考えた［演説原稿の内容］がもしかするととても大げさなものだったので，夕方には大騒ぎの道化芝居に変更し，演

29　大学の優等生で組織するアメリカ最古の学生友愛会。

説原稿を提出した。しかし，審判の判断を見誤り，私の演説だけが選ばれた。演説のプログラムに，5人のまじめな演者とともに自分の名前を見つけたので，私は演説でなにもする余地がなく，冗談だけでやり通すことに決めた。私は仲間が理解してくれることを望んだが，ほとんど誰も理解しなかった。私たちは卒業式の儀式をだいなしにし，休憩時間に学長は[私たちに対して]，もし静かにしていないならば，学位を取得することはできないだろうと厳しく警告した。

文字の幕間

　私のハミルトン大学での活動は，作家としての経歴に向けたもののようだった。子どものころ私は古いタイプライターと小さい活版印刷機を持っており，小学生から高校生の間，私は"芸術的に"詩や物語を書き，それらをタイピングし印刷した。私は1つ2つの小説を書き始めた――ジェームス・オリバー・カーウッド[30]をモデルとした次のような感傷的な内容だった。ピエールはペンシルベニアの植民地の森に美しいマリーという自分の娘と住んでいる，年老いたわな猟師だった（私は彼らがどのようにケベックから移住してきたかを説明する必要は考えていなかった）。高校生のとき，私は地元の「Transcript」社で仕事をしていた。私は午前中，学校に行く前に，朝の列車で着いた *Binghamton* 紙の国内および国際ニュースを拝借した。時に，エドガー・ゲスト[31]のやり方で特集記事を書き上げ，詩を出版した。私が大学に入学したとき，「ハミルトン文芸雑誌」にまじめな詩を寄稿した。自由詩が流行してきて，私はそれを書いてみようとした。これが実例である。

　　強い欲望
　　　ある老人，畑に種をまき，
　　　ゆっくり歩く，落ち着かないリズムで。
　　　自分の睾丸から一握りの種をむしりとり，
　　　この手のひとさすりでその笛の機嫌をとる。

30　James Oliver Curwood，アメリカの冒険小説家。
31　Edger Guest，アメリカの詩人。

第1章　B.F.スキナー：自叙伝

夜になると彼は立ち止まる，息を切らして，
彼のこの世の友にささやいた，
"愛が私を疲れさす！"

[この時，]私はまだフロイトのことを聞いたことがなかった。いったん恋に落ちると，私は5つ6つのどちらかというとシェイクスピアのソネット[32]の真似ものを書き，きちんと韻律を調べ，韻を踏んだ，受け売りの全行を制作するという，奇妙な興奮を楽しんだ。

　大学4年生になる前の夏休み，バーモント州のブレッド・ローフにあるミドルベリー英文学校に通った。私はある科目をシドニー・コックスと一緒に履修した。彼はかつてロバート・フロスト[33]と一緒に私を昼食に招いてくれた。フロストは私の作品のいくつかを自分に送るように依頼し，私は3つの短編小説を送った。それに対する彼の論評が次の4月に届いた。その手紙はローレンス・トンプソンが編集した「ロバート・フロストの精選書簡」[34]に印刷されている。それは励まされるものであり，その書簡を拠りどころとして，作家になろうとはっきり決めた。父は私が法律を学び，自分の事務所に来ることを常に望んでいた。この方向に沿って私の誕生は地方紙に次のように発表されていた。"この町に新しい法律事務所ができました。William A. Skinner & Son"。私は，大学4年のときに，念のため私が法律の道に進むかもしれないと考え，政治学の科目を履修した。私はそれとは反対の決断をしていたので，父は当然のこととして不満だった。父は，私がいわば法律家として生計を立てる準備をすべきだと考えており，「その後で」，作家として腕試しをするべきと考えていた。しかし彼は最終的には私が家に住み（私の家族はペンシルベニア州スクラントンに引っ越していた），一，二年小説を書くことに同意した。私は屋根裏部屋に小さな書斎を作り，仕事にとりかかった。結果は悲惨なものだった。私は時間を無駄に使った。目的なしに本を読み，模型の船を作り，ピアノを演奏し，新しく

32　14行詩。
33　Robert Frost，アメリカの詩人。
34　［原注］Thompson (1964).

発明されたラジオを聴き，地元紙にユーモラスなコラムを寄稿したが，それ以外には何も書かず，精神科医に診てもらうことを考えていた。

その年が終わる前に，下請け仕事を引き受けることで，私自身とその自尊心を救った。FBI は私の学歴における 2 年間の中断にしばしば興味をもったが[35]，私は Daily Worker 紙[36] に執筆することはなく，逆に，右派へと逃げた。1904年の苦しい炭鉱ストライキの後，セオドア・ルーズベルト（Theodore Roosevelt）大統領は調停委員会を立ち上げ，労働組合と会社によって持ち込まれた労働条件についての苦情を調停した。それ以降に公表された裁決は，次第に先例として引き合いに出されるようになり，炭鉱会社はその先例を要約することで，会社の弁護士がより効果的に訴訟事例に備えることができるようにしたいと考えた。私は数千の裁決を読み，要約し，すぐに参照できるように分類した。私の本は，「無煙炭調停委員会の裁決についての要約」（父は共著者だったが，それは名声のためだけだった）という題名で個人的に印刷された。その本は，炭鉱会社を有利にさせることを意図していたが，すべての労働組合訴訟事例に備えていた弁護士は年内に冊子を手に入れていた。

その本を書き終えた後，私は 6 カ月間，ニューヨーク市のグリニッジ・ヴィレッジで自由奔放な生活をし，その後その夏にヨーロッパに行き，秋には心理学の勉強を始めるためにハーバード大学に行った。ニューヨーク市では私は書店で働き，チャムリーズで食事をし，バロー通りのもぐり酒場，パンチノス・アット・ジミーズでホットラムを飲んだ。私の友だちは寛大で知的でさえあった。土曜日の夜，私たち 8〜10 人は約 1 リットルの禁酒法下で作られたジンで，何とかして首尾よく夜通しパーティをした。その夏，パリでは国外からの文学者であふれており，私はそういった人たちに会ったが，文学のあらゆることに対する激しい反発が［私に］起き始めていた。

私には伝えるべき重要なことがなかったので，作家としては失敗したが，その理由を受け入れられなかった。途方に暮れているはずなのは文学だった。高

35　FBI による Skinner の記録は，以下の論文で詳述されており，その記録ではハミルトン大学卒業後の期間にも触れている。Wyatt, W. J. (2000). Behavioral science in the crosshairs: The FBI file on B. F. Skinner. *Behavior and Social Issues, 10*, 101-109.

36　共産党が発行している新聞。

校の時に一緒にテニスをした女の子——信心深いカトリック教徒で後に修道女になった——は，サッカレー[37]の小説の中のある登場人物についてのチェスタトン[38]の次の批評をかつて引用した。"サッカレーは知らなかったが彼女は酒飲みだった"。私はこの原理をすべての文学作品に一般化した。作家は人間行動を正確に描写するかもしれないが，だからといって人間行動を理解してはいなかった。私はいまだ人間行動に興味をもっていたが，文学的な方法には失望した。私は科学的な方法に舵を切った。芸術家のアルフ・エヴァーズはその切り替えを容易にしてくれた。彼は私に一度"科学は，20世紀の芸術だ"といった。私は，それが意味することについて，まったく漠然とした考えしか持っていなかったが，人間行動に関連する科学は心理学であると思われた。

心理学に向かって

多くのがらくたが私の意思決定の一助となった。私はずっと動物行動に関心をもっていた。わが家ではペットを飼っていなかったが，カメ，ヘビ，ヒキガエル，トカゲ，シマリスを捕まえ，世話をしていた。私はソーントン・バージェス[39]とアーネスト・トンプソン・シートン[40]を読み，動物についての世間の人々の知恵に興味を持った。貸し馬屋を持っている男は，ロデオに乗ったカウボーイは野生の跳ね馬の将来のパフォーマンスを台無しにしないように，馬の"熱情（spirit）を砕く"前に自分自身が飛ばされる，と説明した。私は村の縁日でパフォーマンスをするハトの一団を見た。舞台はある建物の前だった。屋根から煙が立ちのぼり，おそらくメスのハトが上の窓から頭を突き出した。ハトの一団が消防車を引っ張って舞台に登場し，煙がボイラーから出ていた。他の赤い防火ヘルメットをかぶったハトは消防車に乗り，そのうちの一羽は紐でベルを鳴らしていた。なんとか梯子を建物に立てかけ，消防ハトのうちの一羽がそれに上り，上の窓からその［メスの］ハトを連れて戻ってきた。

37　W. M. Thackeray，英国の小説家。
38　G. K. Chesterton，英国の文筆家。
39　Thornton Burgess，アメリカの童話作家。
40　Ernest Thompson Seton，英国の作家。日本では「シートン動物記」の著者として知られている。

人間行動もまた私に興味を引き起こさせた。私にサクソフォンの上級レッスンをしてくれたビンガムトンに住む男は，戦時中に歌や踊りのショー（*vaudeville act*）に出演して，兵士を楽しませていた。彼はアルファベットを右手で先頭から，左手で末尾から書き，それに縦書きの数字を加え，質問に回答する，これらすべてを同時に行った。それは彼を頭痛にした。私は，ちょっとした教会の縁日で，棚に置かれた人形に野球ボールを投げることができる屋台のエピソードに頭を悩ませたことを思い出した。屋台の正面から紐を引っ張ると，その人形は元の位置に戻された。屋台を経営していた女性が人形の近くのボールを拾い集めていると，あるひょうきん者は紐を引っ張る。その女性が［棚に人形が戻る音がボールから聞こえたかのように］驚いて地面にへたり込むとみんなが笑った。なぜその女性はボールの音と棚の音を混同するのだろうか。

　私が作ったもののいくつかは人間行動に関係したものだった。私は煙草を吸うことを許されていなかったので，噴霧器を煙草の煙と混合させる仕掛けを作ることで，衛生的に煙草の"煙を吸い"，煙の輪を吹き出すことができた（今日でも，その仕掛けに対する需要はあるかもしれない）。かつて母はパジャマをハンガーにかけることを私に教える作戦を始めた。毎朝，私が朝食を食べている間に，母は私の部屋に行き，パジャマがハンガーにかけられていないのを見つけたら，私をすぐに呼んだ。母はそれを数週間続けた。嫌悪刺激が耐えられないほどに増したとき，私の問題を解決する機械的な装置を作り上げた。部屋のクローゼットにある特別なフックは，ばねと滑車で部屋に入るドアの上のつるされた表示板に繋がっていた。私のパジャマがフックにかけられているときには，その表示板は通り道のドアの上高くに保持されていた。パジャマがフックにかけられていないときには，その表示板はドア枠の真ん中，真正面につるされていた。その表示板には"パジャマをかけよう！"と書かれていた。

　私の最初の心理学への興味は哲学的なものだった。高校時代に私は"世界の新しい原理（*Nova Principia Orbis Terrarum*）"という題名の論文を書き始めた（見栄を張っているように思われるかもしれないが，少なくとも私は早くに自身の体系から［新しい原理を］探り出していた。［それに対して］クラーク・ハル[41]は彼の原理（*Principia*）を59歳のときに出版した）。2ページのこの偉大な論文は現存している。それは次のような書き出しだった。"私たちの魂（soul）は，心，推

論し思考し想像し考量する力，印象を受けとり身体の行為を刺激する力，そして良心，科学論文を書く内的な知識によって構成されている"。私は自己観察に多く従事し，記録し続けた。あるとき，やや騒々しい通りで店の中にいる友人に窓越しに話しかけようと試みた。[はじめ]彼の声を聞こうと努力をしたが，彼が何を言っているか理解できなかった。その後，私はその窓に窓ガラスはなく，彼の声が大きくはっきり聞こえることに気づいた。私は彼の声を周囲の雑音として捨て去り，不鮮明な信号を聞いていたのである。

　ハミルトン大学では私の心理学への興味はほとんど促進されなかった。私が唯一正規に受けた教育は10分で十分だった。私たちの［受講した講義で］哲学の教授（彼はヴントのもとで研究していた）は，机の引き出しから分割コンパスを出して（私がはじめて見た真鍮の器具だった），二点閾の実演をした。シェイクスピアの科目についての学期末レポートはハムレットの狂気についての研究だった。私は統合失調症についてかなり広範囲に読んだが，今日出版されている論文に関心を寄せるべきではなかった。ブレッド・ローフ［のミドルベリー英文学校］で，私は，内分泌によって人々の人格を変え，ある患者が徐々にいくつかの新聞で話題になるという，やぶ医者についての一幕ものの演劇を書いた。

　大学卒業後，文学に対する興味は私を着実に心理学に向かわせた。プルースト[42]の『失われた時を求めて』が，ちょうど翻訳されはじめた。私は入手可能な英語訳をすべて読み，その後フランス語版で読み続けた（私は第8部「見出された時」をアルジェ[43]で1928年に購入した。へりの切っていないページがあったので96ページを読むのを断念した）。私の自己観察の習慣と，知覚と記憶についての多くの錯覚を書きとめ，記録する習慣を，プルーストは強めた。私が極めて幸運だと思っているのは，ハーバード大学に行く前にパーソンズ[44]の知覚の本を購入し，それによって私がゲシュタルト心理学者や認知心理学者になることから遠ざけられたこと（とても助けられた）である。

41　Clark Hull，アメリカの心理学者。
42　Marcel Proust，フランスの小説家。
43　アルジェリアの首都。
44　John Herbert Parsons，英国の眼科医。

私を救った競合的なテーマは，ハミルトン大学の生物学の「いかれた」モレル（Morrell）教授に示唆された。彼はジャック・ローブ（Jacques Loeb）の「*Physiology of the Brain and Comparative Psychology*」[45] に私の興味を向けさせ，後にパブロフ（Pavlov）の「*Conditioned Reflexes*」[46] を私に見せた。私はグリニッジ・ヴィレッジに住んでいる間にパブロフの本を購入して読んだ。私は *The Dial* という名前のバートランド・ラッセル[47]の論文を発行している文芸雑誌を購読しており，それらはラッセルが1925年に出版した書籍「*Philosophy*」[48] を読むように導いた。そしてその書籍の中で彼はジョン・B・ワトソン[49]の「*Behaviorism*」[50] に多くの時間を費やし，その認識論的な含意を強調した。私はワトソンの「*Behaviorism*」を手に入れ（しかしそれは「*Psychology from the Standpoint of a Behaviorist*」[51] ではなかった），ニューヨークの書店で「*Psychological Care of Infant and Child*」[52] を顧客にまじって読んだ。

　ハーバード大学の心理学科はこのごた混ぜの興味のいかなる特定の部分も強めてはくれなかったが，［代わりに］2人の大学院生が強めてくれた。タフツ大学で非常勤講師をしていたフレッド・ケラー（Fred S. Keller）は，言葉のあらゆる感覚において洗練された行動主義者だった。チャールズ・トゥルーブラッド（Charles K. Trueblood）は多くの評論を書いていたので，私は *The Dial* の何ページにもわたって，彼の名前を目にしてきた。そして今やトゥルーブラッド本人を見つけたのだ。彼は白いコートを身にまとい，スニーカーを履き，回転迷路（*rotated maze*）におけるラットの遂行を研究し，そのラットをかごで運びながらエマーソンホールの廊下を静かに移動していた。私は文学からのもう一人の裏切り者［トゥルーブラッド］の支援を歓迎した。

45　［原注］Loeb（1900）．
46　［原注］Pavlov（1927）．
47　Bertrand Russell，英国の哲学者，論理学者。
48　［原注］Russell（1925）．
49　John B. Watson，アメリカの心理学者。
50　［原注］Watson（1924）．
51　［原注］Batson（1919）．
52　［原注］Watson（1928）．

ハーバード大学で私は人生ではじめて厳格な生活に臨んだ。高校や大学では期待されることをやり遂げたが，一生懸命に勉強することはほとんどなかった。私は新しい分野からひどく遅れていることに気づいていたので，ほとんど約2年間，厳しい時間割を作り，それを維持し続けた。私は6時に起床し，朝食まで勉強し，1日のうち15分以上予定のない時間を作らないようにし，講義，実験室，図書館に行き，夜9時まで勉強し，就寝した。私は映画や演劇をまったく見ず，コンサートにもほとんど行かず，ほとんど人と会う約束をせず，心理学と生理学の本以外はまったく読まなかった[53]。

　心理学科の課程はそれほどつらいものではなかった。ボーリング教授は［特別研究］休暇中で，歴史を執筆していた[54]。トローランド（Troland）先生がある科目を担当していたが，耐えられないほど活気がなく，初回の後，受講をやめた。キャロル・プラット（Carroll Pratt）先生は心理物理学の研究法を教えており，彼はいつも議論の相手をしてくれた。私はハリー・マリー（Harry Murray）先生が異常心理学の科目を担当した最初の年に受講した。私はフランス語を読むことができたが，ドイツ語を読むことも必要とされ，週に5日の集中講義を受講した。統計学に合格するために，私はウドニー・ユール（G. Udny Yule）の「*An Introduction to the Theory of Statistics*」[55]だけを読んだ。この書籍で彼はある属性の欠如に言及するためにギリシャ文字を使用していたので，私はS^DやS^Δといった記号を使用している。それ以来，それらの扱いにくい記号は多くの心理学者を悩ませている。

　心理学科をとりまく知的な生活は高度なものだった。毎週開催される討論会は，大まかに構造化されていて，いつも刺激的で興味をそそるものだった。私たちはプラット先生，ビービ＝センター（John Gilbert Beebe-Center）先生，マリー先生と対等に議論した。この形式ばらないやり方は，マリー先生が最近私に思い出させた，私が彼に書いた手紙に示されている。マリー先生は彼の「統治（regnancy）」理論について討論会を行った。私は，彼が知るべきだと思っ

53　［原注］現存する書類からはその期間についてのスパルタ的な特徴を十分に確認できない。
54　ボーリングは「*A History of Experimental Psychology*」を1929年に出版している。
55　［原注］Yule（1911）．

たいくつかのことがあることを伝えるために［以下の内容の］手紙を書いた。彼が子どものとき，性交渉において女性の中に入り込むのは尿だと明確に信じ込むようになった。これが彼の科学的思考に大混乱を与え，彼はいまだ「妊娠（pregnancy）」から「p」[56] を分離することを試みている。

　哲学と心理学の新入生のための合同歓迎会は毎年ホッキング（Hocking）教授主催であった。私が1年生のとき，私は約束の時間に現れたが，もちろんそれは早すぎた。ぴかぴか光る禿げ頭で深くくぼんだ目の小さな老人がじきに到着し，愛想よく私のところにまっすぐきた。その老人はウイングカラー[57] とアスコットタイ[58] を身に着けていた。彼は少し口ごもり，イギリス英語で話した。私は彼を聖職者——おそらく，ある優れたボストン教会の海外からきた説教者——かもしれないと判断した。彼は私にどこの大学に行っていて，どんな哲学を学んだのかを聞いた。彼は私の教授の名前を聞いたことがなく，その教授がエドワーディアン（ジョナサン・エドワーズ（Jonathan Edwards）の信奉者を意味する）であることを説明するのを試みると，彼は混乱するだけだった。その老人は，若い心理学者は哲学に注意を払うべきと話したが，私はバートランド・ラッセルに接し始めたばかりだと伝え，ラッセルの考えは次のようにまったく逆であり，私たちには心理学的認識論が必要だと「彼に」話した。これが15分から20分続き，そうしているうちに部屋はいっぱいになった。他の人たちが私の新しい友人［哲学の話をした老人］と話し始めた。最後にある学生が私の隣に近づいてきて，あの教授とできるだけ親密になりたいと説明し始めた。私が"どの教授？"と聞くと，その学生は"ホワイトヘッド（Whitehead）教授"と答えた[59]。

　私の学位論文はハーバード大学との結びつきが非常にあいまいだった。パー

56　pと同じ発音のpeeは尿を意味する。
57　正装用の襟。
58　幅広のネクタイ。
59　ホワイトヘッドはラッセルと共著で『プリンピキア・マスマティカ』（1910-1913）全3巻を執筆している。つまり，新入生歓迎会でスキナーがラッセルの批判について語った相手は，ラッセルの共著者であるホワイトヘッドだった。そしてスキナーはそれに歓迎会の最後に気づいたのである。

シー・ブリッジマン[60]のもとで研究するためにハーバード大学にきた私の友人を通して，私は「*Logic of Modern Physics*」[61]を知り，ポアンカレ[62]とマッハ[63]［の著作］を読んだ．ボストン・メディカル・ライブラリ[64]で多くの時間を過ごし始め，1930年の夏に反射の概念についての論文を書き，マッハの「*Science of Mechanics*」[65]から部分的に歴史的な方法を適用した．その年の早秋に，ビービ＝センター先生と私の将来について議論した．私は学位論文で論じようとした研究の概要を説明した．彼の見解はいかにも彼らしいものだった．「あなたは自分を誰だと思うか？　ヘルムホルツ（Helmholtz）か？」．彼はすぐに学位論文を仕上げるように私を勇気づけた．ラットの摂食頻度の変化についての研究はすでに熟しており，私は動機づけと反射強度についての2篇の短い論文を書き上げていた．私はこれらを反射の論文に連結させ，特別研究期間から戻ってきたボーリング教授に学位論文として提出した．私はまだ彼からの長い返事を持っている．彼は私が歴史を選択的に使用したことに困っていた．反射の歴史についての学位論文はまったく異なるものであるべきだった．彼は別の筋書きを示唆した．しかし私は彼が私の論点を見落としていると感じ，修正なしで再提出した．彼は私の行動主義的学習に悩まされていることに気づいたので，私はトマス・フッドからの引用を付け加えた[66]．

　　彼女の弱さによる，
　　彼女の邪悪な行動，
　　そして，辛抱強く残す，
　　彼女の罪を彼女の救世主に．

60　Percy Bridgman，アメリカの物理学者．
61　［原注］Bridgman（1927）．
62　Jules-Henri Poincaré，フランスの数学者．
63　Ernst Mach，オーストリアの物理学者．
64　世界で最も大きな医学系の図書館の1つといわれている．
65　［原注］Mach（1893）．
66　トマス・フッドの詩「The Bridge of Sighs」（1844）からの引用．

ボーリング教授は救世主の役目を受け入れた。彼は自身が委員でない学位論文審査委員会を設立した。学位論文は承認され，1930-31 年の秋学期の最後に口頭試問に合格した。私は 6 月までハーバード大学奨学金給付研究員会の残金による支援で，研究室に留まった。

　私がクロージャー（W. J. Crozier）先生とハドソン・ホグランド（Hudson Hoagland）と親密な関係になっているころ，ホグランドは心理学の学位を取得したが，クロージャー先生の総合生理学科で教鞭をとっていた。私はクロージャー先生が心理学から学生をこっそり奪っているのではないかと感じた。しかし彼は熱心に激励し，私が学位を取得した後，2 年間の国立研究会議特別研究員（*National Research Council Fellowship*）に推薦してくれたが，彼の主義を受け入れるようにとか，彼の領域に移るようにといった圧力は全くなかった。博士課程終了後の研究を始めた最初の年に，私はアレクサンダー・フォーブス（Alexander Forbes）とハロウェル・デービス（Hallowell Davis）のもとで医学部で一日おきに中枢神経系の研究を行った。残りの時間にクロージャー先生は私に新しい生物学棟の地下研究室を提供してくれた。私は自分の動物実験装置をそこに移し，そこで 5 年間研究し，最後の 3 年間は，ハーバード大学奨学金給付研究員会の下級研究員だった。

　私は別の場所で自分の研究の発展をより詳細に追跡してきた。ラッセルとワトソンは私の実験方法について一瞥もしなかったが，パブロフは私に目をかけてくれて次のように述べた――環境を制御することで，あなたは行動に秩序を見出すだろう。ホグランドの科目でシェリントン（Sherrington）とマグナス（Magnus）を発見した。私は「*Körperstellung*」[67]を読み，翻訳することを提案した（幸運なことに出版社探しに失敗した）。私の学位論文はシェリントン[68]のシナプスから生理学的な幽霊を追い払ったので，これらの初期の研究者と連絡を取り続けることができたと感じていた。「*The Behavior of Organisms*」（1938 年）を書いているとき，私は"反射"という用語にこだわり続けていた。しかし，オペラント行動のいくつかの特徴は徐々に明確になった。私の最初の

67　［原注］Magnus (1924).［訳注］マグナスの著書「身体の位置」。
68　［原注］Sherrington (1906).

論文は2人のポーランドの生理学者コノルスキー（Konorski）とミラー（Miller）から論戦を申し込まれた。"オペラント"という言葉をはじめて使用したのは，彼らに対する回答の中だった。その機能は，今と同じように当時も，誘発刺激にさかのぼるのではなく，強化随伴性にさかのぼることができる行動を同定することであった。

ミネソタ大学

1936年の春，不況のどん底のとき，下級研究員の終了時期が近付いており，私には仕事がなかった。心理学科から私に届いた最善の申し出はYMCA大学からのものだった。しかしその夏にミネソタ大学で教鞭をとっていたウォルター・ハンター（Walter Hunter）が，大規模な入門科目の小さないくつかのクラスを教える誰かを探していたエリオット（R. M. Elliott）に，私のことを話していた。そこでの最初の給与は1900ドルだった。

ミネソタ大学では，私ははじめて教えただけでなく，大学の心理学を学びはじめ，ウッドワース[69]の教科書で学生たちより1回あるいは2回分先を勉強し続けた。初級科目の800人の学生を20人ずつに分けたクラスを2つ担当した。彼らの多くはすでに医学，法律，ジャーナリズム，工学といった特定の職に従事することを決めていたが，私が5年間で担当した学生の5％は心理学の博士の学位を取得するために進学し，修士の学位を取得しようとした学生はもっと多かった。私はエステス（W. K. Estes）を工学から，ノーマン・ガットマン（Norman Guttman）を哲学からこっそり手に入れた[70]。講義を担当したくなることは二度とないぐらいに，あまり強化されなかった。

言語行動

私は文学をまったくあきらめていなかった。ハーバード大学で，心理学と文学批評をなんとか混ぜ合わせようとしていたI. A. リチャーズ[71]に会い，私は

69　アメリカの心理学者，ウィリアム・ジェームズに師事した。
70　エステスとガットマンはその後スキナーの指導のもとで行動分析学の研究者となった。
71　I. A. Richards．英国の批評家，詩人。

他の文芸仲間と本や技法について議論した。私は編集者の論題 "Has Gertrude Stein a Secret?" を与えられ，*Atlantic Monthly* に論文を寄稿した[72]。ガートルード・スタイン[73]がラドクリフにいたときに出版したある論文が彼女自身の自動筆記を含んでいて，その内容が彼女が後に小説として出版した題材と似ていたことを私は示した。彼女は編集者に次のように回答した。"いいえ，それは彼が考えているほど自動的なものではありません。もし何か秘密があるなら，まったく正反対です。私は余分な（xtra）意識によって，過剰に（xcess）［著作を］完成させるのだと考えていますが，今度は，彼が心理学者であり，私も心理学者だったことで，それ［そのような著作方法］を彼に伝えることで［彼を］利用したのです"。

人間行動を描写する媒介物としてではなく，分析される行動の領域の1つとして，私は文学を見るようになった。ハーバード奨学金給付研究員会での夕食会の後，ホワイトヘッドとの議論によって，私の著書「*Verbal Behavior*」(1957) の研究が始まった。研究員会の会長であるヘンダーソン(L. J. Henderson) からそのような著書は5年かかると警告された。次の夏に会長はフランスから私に葉書を送り，そこには次の言葉が書かれていた。"君の本の冒頭の引用句'言葉は言葉の使用であり，言葉の使用は神である（*Car le mot, ç'est le verbe, et le verbe, ç'est Dieu*）'――ヴィクトル・ユゴー[74]"。

子どもの頃のこととして，私は言語行動に関する興味深い2つの事例を憶えている。［父方の］祖母スキナーはほとんど病的なおしゃべりだった。祖父はまだ若いころに祖母の話を聞くのをやめ，誰かが祖母の家を訪ねると彼女はおしゃべりを始め，私たち全員が暗記している一連の逸話と定型的な批評をよどみなく繰り返した。これより予測可能な言語行動を私は見たことがない。もう1つの例は私の高校の校長で，数学を教えていたボウルズ（Bowles）先生である。先生は好きな話題について長いリストを持っていて，ほとんどどんな刺激に対しても先生の話は脱線した。先生の話を最初に脱線させた意見に投げやり

72　この論文はスキナーの著書「*Cumulative records*」に再掲されている。
73　ガートルード・スタイン。
74　Victor Hugo，フランスの詩人，小説家。

な回答をして最後には数学に戻った。ある日，私は彼が触れた話題についての走り書きのノートを作った。その日は2つの長い大演説となり，驚いたことに，彼は2つ目の話題を締めくくるにあたって，すでに話しはじめ，そして締めくくっていた1つ目の話題に戻ったのである！

　私がハーバード奨学金給付研究員会に在籍していたとき，さらに別の言語現象が私を注目させた。ある美しい日曜の朝，私は地下の防音実験室で，実験装置から聞こえるリズミカルな雑音を背景としながら，ノートをとっていた。私は突然リズムと一緒に"あなたは決して外に出ない，あなたは決して外に出ない，あなたは決して外に出ない（*you'll never get out*）"と自分が静かにつぶやいていることに気づいた。この言葉の妥当性は調査する価値があるだろう。私は（声門閉鎖音で分離される）母音の型を望むだけ繰り返すことができる蓄音機装置を作った[75]。それぞれの見本を実験参加者に優しく聞かせると，実際の話しことばだという錯覚を私は維持することができ，"投影的"言語反応について多くの見本を収集することができた。ハリー・マリー先生は主題統合に関する彼の研究の実験参加者を私の実験に参加させてくれた。

　文学に対する私の興味は，1936年にイボンヌ・ブルー（Yvonne Blue）と結婚したことで復活した。彼女はかつてシカゴ大学で英語を専攻しており，ソーントン・ワイルダー[76]の英作文の科目を履修していた。彼女は精力的な読書家で（速読家でもあり，私のちょうど2倍速く読んだ），私たちの家には常に新しい本があった。私は夏期講習会で文学の心理学という科目を教える機会があり，彼女は私の講義に参加し，私を適切に強化した[77]。私は再度その科目を教え，それが教育ラジオで放送された。その講義コマ数を埋めるため，私は書籍「*The Meaning of Meaning*」[78]から精神分析まで幅広く探し回り，私が成し遂げるべき範囲よりもっと広い言語行動の領域を探求した。概して，私がほとんど信用していない資料は最も評判の良いものだと確かめられたが，私は科学的原則を全く捨てようとはしなかった。たとえば，言語過程の1つとしていくつ

75　この装置は verbal summator と呼ばれている。
76　Thornton Wilder，アメリカの劇作家，小説家。
77　スキナーによる誤った用法。現在では強化の対象は行動である。
78　［原注］Richards & Ogden（1923）．

かの頭韻法[79]の説得的な例を挙げた後，私はそれが疑わしくなり，シェイクスピアの100のソネットの統計的分析を行った．私はある行において偶発的に，強調された語頭の「s」を4つ発見したが，そのような行は偶然から予測されるであろう頻度で生じるだけであった（スウィンバーン[80]［の作品］に関する類似の研究によって，頭韻法だけでなく，複数の音節に拡張された頭韻傾向の論証を私が発見したことはうれしいことだった）．

1941年の秋，グッゲンハイム助成金研究員のときに私は「*Verbal Behavior*」の最終原稿を書き始めた．戦争がその途中に起きたが，1944〜45年に研究員を再開し，原稿の主な部分を書き上げた．その原稿を使ってコロンビア大学で1947年の夏にある科目を教え，同年秋のハーバード大学でのウィリアム・ジェームズ・レクチャー[81]もその原稿を基にしていた．私は「*Science and Human Behavior*」（1953）を執筆するため，最終稿［の完成］を延期した．「*Verbal Behavior*」について，ヘンダーソンは5年かかると予測していたが，執筆し始めてから23年後，1957年に出版された．「*Verbal Behavior*」は，多くの研究とほぼ同時にチャールズ・ファースター（Charles Ferster）と私が出版した「*Schedules of Reinforcement*」（1957）という書籍の2つがかぶったために競合状態となったまま完成した．

ハト計画

1930年代の終わりまでに，ナチスは攻撃用の武器としての飛行機の力を実証した．1939年の春，ミネアポリスからシカゴに向かう列車の中で，私は防衛の方法として可能性のある地対空ミサイルについてむしろぼんやりと考えていた．それらはどのようにして制御されうるだろうか？　もちろん私はレーダーについてまったく知らなかったが，エンジンの排気ガスからの赤外線には可能性がありそうだった．可視的な発光は問題外なのか？　私は列車に並んで飛んでいる鳥の群れに気づき，自分の研究にその回答があるのではないかと突然

79　単語の最初の音の韻を踏む技法．
80　A. C. Swinburne, 英国の詩人，評論家．
81　ハーバード大学の哲学科と心理学科が主催する招待講演．

気づいた。なぜ動物にミサイルを誘導させないのか？　私はミネアポリスに戻り，数羽のハトを購入した。ハト計画についての残りの話はすでに話したとおりである[82]。

「赤ちゃん箱」

　第二次世界大戦が終わる頃，私たちは2人目の子どもを持つことに決めた。妻は子どもを産むことは気にしていなかったが，子どもが生まれて最初の2年間は世話が大変だといった。私は赤ちゃんの世話を機械化することを提案した。四方を棚で囲まれたベビーベッドはまったく自然ではなかった。赤ちゃんを何枚かの布——下着，寝間着，シーツ，毛布，その下にはマットレス——でくるむことは，適切な温度を維持するのに有効でなく，子どもの動きを大きく制限している。その代わりに，私は，赤ちゃんがおむつだけをつけて，表面は麻のように感じられる，ピンと張った合成樹脂の布の上に横たわることができ，外気温に応じて，対流すなわち送風機によってその布から暖かい空気が入ってくる，囲われた空間を作った。

　2人目の娘デボラが病院から我が家にきた時，彼女はその装置に直接入れられ，2年と半年の間，寝床として使用した。私はこの幸せな経験を *Ladies' Home Journal* に報告し，今日，数百の赤ちゃんが，Aircrib[83]と呼ばれるもので育てられている。子どもの養育は保守的であり，その方法はかなりゆっくり受け入れられていったが，医療的，行動的優位性については研究されるべきだろう。恐ろしい結果になるという予測やうわさ話は支持されなかった。デボラはスキーの事故で足を骨折したが，それは「箱」[84]のせいではなかった。それ以外には彼女は極めて健康だった。彼女は今大学に行き，バッハからビートルズまで音楽と芸術に興味を持ち，チェスでは大抵私を負かす。靴屋の子どもたちの物語を完結させるために，上の娘ジュリーは社会学者のアーネスト・バーガス（Ernest Vargas）と結婚し，教育の研究で博士の学位を取得した。そして

82　［原注］『*Skinner for the Classroom*』の第12章（［訳注］Pigeons in a Perican）参照。
83　そよ風ベビーベッド。
84　Aircribのこと。

ジュリーの最初の子どもリサも,もちろんAircribで育てられた[85]。

「WALDEN TWO」

1945年の春,私はミネアポリスでの夕食パーティで,息子と義理の息子が南太平洋(South Pacific)に行っている友人の隣に座った。戦争が終わったら2人は帰ってきて以前の生活を取り戻し,今の聖戦の魂を捨てるだろうと,私は残念な気持ちを伝えた。友人はその代わりにあなたは彼らに何をさせたいかを尋ねたので,私は人生に対する実験的な態度についての議論を始めた。19世紀の共同体のいくつかは健全な有様を示していたと私は言った。友人はその詳細についてせきたて,後にそれを私が出版するよう主張した。私は彼女の主張を真剣に受け取っているとは自分では気づいていなかった。「The Operational Analysis of Psychological Terms」(1948)についての論文は6月1日が締め切りとなっていて,私はその締め切りに間に合った。そして驚いたことに,私は「*Walden Two*」(1948)を書き始めた。それは共同体生活についての実行可能な計画の単なる記述として始まった。私は,わずかな人が訪れるユートピアというありふれた方略を選んだ。登場人物たちはほどなくして小説を乗っ取った。

通常,私は普通の手書きでとてもゆっくり執筆する。論文を一語書くたびに2分かかり,それがおおよその割合である。毎日3-4時間執筆し,私はようやく出版可能な100語を拾い出す。「*Walden Two*」は全く異なる体験だった。私はタイプライターで7週間かけてこの小説を執筆した。これは明らかに[自分の行動を]自分で治療する冒険であり,バリス(Burris)とフレイジャー(Frazier)[86]によって表現された私自身の行動の2つの側面を仲裁するために苦

---

85 [原注]さらなる顛末。ジュリーとアーニーはウェストバージニア大学の教育学部の教授になった。リサは現在自分をクリスと呼んでいるが,全寮制の学校にいる。彼女の妹ジャスティンは自宅で教育をしている。デボラは芸術家として成功し,ウォーリック大学で国際学を教えているバリー・ブザン(Barry Buzan)と結婚した。彼らはロンドンに住んでいる。さらなる顛末については「*Skinner for the Classroom*」の第14章([訳注] Baby in a Box)参照。

86 「*Walden Two*」の主要な2人の登場人物。

闘した。小説のある部分では強い感情を伴いつつ執筆した。フレイジャーの部屋の場面で，フレイジャーは「*Walden Two*」を擁護したが，彼自身は好ましい人物ではない，すなわち共同体の生活に合わないことを認めた。私はセントポールの自宅近くの通りを歩きながら運動をした。そして帰宅すると熱心に原稿をタイプした。

「*Walden Two*」を読んだ人たちから途切れることなくぽつぽつ手紙を受け取り，彼らはこれまでにそのような共同体が設立されたのか，もしそうならいかにして参加できるのかを知りたがった。かつて私は真剣に実際の実験について考えた。それは20世紀の最も劇的な冒険の1つになっていたかもしれない。しかしそれにはもっと若い人が必要であり，長い目で見れば「*Walden Two*」の原理をより早く進歩させるような，別のことをする機会を私はあきらめていない。この実際の実験を考えるために組織されたある会議には最近100人近い人たちが参加している[87]。

インディアナ大学

1945年の秋，私はインディアナ大学で心理学科の学科長になった。私はミネソタ大学から，「*Verbal Behavior*」の未完原稿と，「*Walden Two*」の原稿，Aircribとそのかわいい居住者，雑多なたくさんの実験装置を一緒に連れて行った。自分には管理職の経験がなかったが，私が学科長であった短い間その学科は存続した。私は学部の教育を行わなかったが，「*Science and Human Behavior*」のセルフコントロールの章は，その多くの部分が，私の生涯で唯一うまくいった集団思考のセミナーとの共同の産物である。管理職としての責任があったにも関わらず，反応時間，低頻度反応の分化強化，2つの操作体，見本合わせといった数多くの実験をすべてハトで行った。これらの研究のほとんどは「Are Theories of Learning Necessary?」(1950)[88] で報告されている。

---

87 ［原注］「*Walden Two*」にひらめきを感じた多くの共同体がアメリカ，カナダ，メキシコにあるが，その共同体は常にとても「*Walden Two*」に似ているわけではない。
88 本書第6章に収録されている。

実験行動分析学

　他の人々は今や同じ方針に沿って研究を始めている。ミネソタ大学で博士号を取得したエステス（W. K. Estes）は弱化の効果についての論文を書き，それは古典となっている。フレッド・ケラーはコロンビア大学で「*The Behavior of Organisms*」を基に大学院生の教育を行っており，ショーンフェルド（W. N. Schoenfeld）と共に大学で革新的な入門科目の計画を立てている。コミュニケーションの問題が生じたので，ケラーと私は実験行動分析学の［その後の］一連の年次大会となった［最初の］ものを始めた。1946年の春にインディアナ大学で最初に開催された大会に参加した人たちは，*Journal of the Experimental Analysis of Behavior* の第5巻（1962）の写真に掲載されている。ついに私たちはアメリカ心理学会が開催されるときに集まるようになり，後にそのプログラムの1つで集まるようになった。部門3[89]が，拡大する私たちの活動のための場所や時間を提供できなくなったとき，別の部門25[90]を作るというおそらく必然的な一歩を踏み出した。

　そうしている間に，専門学術雑誌の必要性が明らかになってきた。私は高価でないニュースレターを提案したが，より積極的な意見が優勢となった。小さな自前の学会が作られ，*Journal of the Experimental Analysis of Behavior* が創設された。この学問分野の歴史は，優れた装置の利用可能性の増大によって追跡することができ，それは分析対象となる強化随伴性の複雑さと巧妙さの増大を反映している[91]。

再びハーバード大学へ

　1947年に私がハーバード大学でウィリアム・ジェームズ・レクチャーを行ったとき，学科の専任教員になることを依頼され，私たちは1948年にケンブリッジに引っ越した。ミネソタ大学での入門教育を思い出し，私はハーバード大学の科目一覧に人間行動の科目を追加することを提案した。初年度はほとん

---

[89] 実験心理学部門。
[90] 行動分析学部門。
[91] ［原注］アメリカ心理学会における実験行動分析学部門は1964年に作られた。行動分析学会は1974年に創立された。両者の組織はそれぞれ基礎と応用の領域に携わっている。

ど大失敗だった。400人以上の学生が"楽な(gut)"科目を期待して登録した。私には適切な教科書もなく，急いで準備したガリ版印刷の紙を配布しただけだった。私の講義の少人数クラスを担当していた人たちは誠実だったが混乱した。後にこの科目は一般教育課程に組み込まれ，徐々に改良された。1953年までには「*Science and Human Behavior*」が教科書として利用できるようになった。

そうしている間に，私はハトの実験室を立ち上げ，チャールズ・ファースターと5年以上一緒にとても幸せに研究を行った。このときが私の研究歴の中の頂点であった。興味深い発見なしに1週間が過ぎることはほとんどなかった。私たちが最も効果的に扱った行動はおそらく私たち自身の行動だった。私たちの共同研究が終わりに近づいたころ，大量の未分析，未投稿のデータがあることに気づき，本の執筆をかろうじて支援できる環境を設計した。その中で私たちはこれまでにないほど働いた。ある春学期と長い暑い夏に教科書，用語解説を執筆し，1000個以上の図を準備した。そのうちの900以上の図は公表された。

1950年代から60年代の初期における私の研究室の成功はその多くの部分が，以下に述べる優秀な大学院生のおかげである。全員を私が指導したわけではないが，ダグラス・アンガー (Douglas G. Anger)，ジェームス・アンリカー (James E. Anliker)，ドナルド・ブラウ (Donald S. Blough)，リチャード・ハーンスタイン (Richard J. Herrnstein, 彼は今やハーバードの教員で私の同僚である)，アルフレード・ラグマイ (Alfredo V. Lagmay)，ウィリアム・モース (William H. Morse)，ネイサン・アズリン (Nathan H. Azrin)，オグデン・リンズレイ (Ogden R. Lindsley)，ルイス・ゴラブ (Lewis R. Gollub)，マシュー・イスラエル (Matthew L. Israel)，ハーラン・レーン (Harlan L. Lane)，ジョージ・レイノルズ (George S. Reynolds)，チャールズ・カタニア (A. Charles Catania)，ハーバート・テラス (Herbert S. Terrace)，ニール・ピーターソン (Neil J. Peterson) である。私は直接的な援助をほとんどしなかったが，全員が重要な貢献をなし，そして貢献し続けている。

技術的応用

ミネソタ大学でヘロン (W. T. Heron) と私は，ある種の薬物がオペラント行

動に及ぼす効果について研究していた。1950 年代には心理薬理学に対する強い関心が突然生じた。ほとんどの大規模製薬会社がオペラント実験室を立ち上げ，そのうちのいくつかは新しい化合物のスクリーニングのためだけの実験室であったが，多くはオペラント行動の基礎研究の機会を提供していた。この関心の多くはウォルター・リード軍医療センターのジョセフ・V・ブレディによって生み出されたものである。ハーバード大学医学部薬理学科のピーター・デューズ（Peter Dews）は，私の研究室と緊密な共同研究を始め，ほどなくして自身の学科で活動的な教育課程を組織化した。

1950 年代のはじめ，後にハーバード大学医学部精神医学科の学科長になったハリー・ソロモン（Harry Solomon）博士は，マサチューセッツ州のウォルサムにあるメトロポリタン州立病院において，精神病患者のオペラント行動研究のための研究室を私が立ち上げるのを支援してくれた。オグデン・リンズレイがそれを引き継ぎ，彼がそこで始めた研究は，今では他の多くの研究室で進められている。アズリンら研究者たちは，病棟の精神病患者の管理にオペラント原理を拡張し，個人に対する療法への応用に対する関心が大きくなっている[92]。

子どもを対象としたオペラント行動の散発的な研究は 1930 年代にさかのぼる。シドニー・ビジュー（Sidney Bijou）は他の研究者と一緒に，特に保育園，診療所，家庭の子どもの行動に，実験的分析の原理を積極的に適用した。ファースターは私たちの強化スケジュールの研究から自閉症児の研究に移り，今や知的発達障害者の研究のためのオペラント研究室が多く存在する。ほとんどの実践的な応用は私たちが行動を理解するのに貢献している。幸運なことに，それらの応用研究は基礎科学を覆い隠してはいない。多くの研究室は［応用研究の］技術的な重要性とは別にオペラント行動それ自体の研究を続けている。

1930 年代後半，自分の最初の子どもの教育について考えはじめ，私は「*Something to Think About*」という題名の書籍を執筆し始めた。それは完成しなかったが，イラストの仕事もしていた。その書籍には後にプログラム学習

---

92 ［原注］*The Journal of Applied Behavior Analysis* は 1968 年に創刊され，その後 20 以上の関連学術雑誌が創刊された。

と呼ばれるようになる例が含まれていた。娘たちが学校に行くようになると，私は親としての普通の関心を［教育に対して］示したが，学習領域の専門家として話すことは注意深くやめていた。1953年当時，下の娘はケンブリッジの私立学校4年生だった。11月11日の参観日に参加し，私は算数のクラスで部屋の後ろに座っていた。突然，その状況が完全に不合理なように見えた。そこには20人の極めて価値ある生物個体がいる。その教師自身には何の落ち度もないけれども，その教師は私たちが学習過程について知るほぼすべてのものに違反していた。

私は学校の科目を教えるのに有用な強化随伴性を分析し始め，生徒一人ひとりに対してそのような随伴性を教師が提供できるようにする一連のティーチング・マシーンを設計した。1954年の春にピッツバーグ大学で開催された，心理学における最近の傾向に関する会議で，私は単語のつづりと計算を教える機械装置を実演し，説明した。その年に私はティーチング・マシーン運動に夢中になった。ハーバード大学における一連の研究プロジェクトはついにプログラム学習委員会の設立につながり，そこでジェイムス・ホランド（James G. Holland）との非常に貴重な共同研究を行った[93]。

経済，統治，宗教は，言語学，心理療法，教育よりも心理学からさらに遠くに離れており，共通原理を検証することが必要だという共同の関心を，ほとんどの人たちは持っていない。しかし私はこの方向に自分自身がゆっくり移っているのを理解しており，国立衛生研究所からの貢献賞［研究助成金の一種］のもとで働いており，実験行動分析学の視点から社会科学を探求することが私に許可されることになっていた[94]。

---

93 ［原注］ホランドとスキナーはハーバード大学でのスキナーの学部科目の一部を作成し，1961年に『The Analysis of Behavior』として出版した。スキナーは『The Technology of Teaching』においてその領域の調査を行い，1968年に出版した。The Pittsburgh Paperと呼ばれる論文は『Skinner for the Classroom』の第10章（［訳注］The Science of Learning and the Art of Teaching）に掲載されている。

94 ［原注］この探求は1971年に『Beyond Freedom and Dignity』として出版された。『Skinner for the Classroom』の「B. F. Skinner...An Autobiography」のあとがき（Postscript）参照。

科学者としての私の行動

しばしばいわれることであるが，行動主義者は自分自身を自分の研究対象とは見ない。たとえば，行動主義者は自分が言ったことをある意味真実だとみなすが，彼らが研究している人たちが言うことには，それを真実だとみなすという考えを適用しない。反対に，たとえば「*Verbal Behavior*」を執筆するという私の行動は，その本で議論している種の行動のはずである。自己陶酔からであれ科学的好奇心からであれ，私はラットやハトと同様に私自身に大いに関心を寄せている。私は同じ定式化を適用し，同種の因果関係を探し，同じ方法で行動を操作し，時に［実験事態と］ひけを取らない成功を収めた。もし私の科学者としての人生にいくらかの光があたると信じていなければ，この種の個人的な事実を出版しなかっただろう。

私は神，警察，そして人が考えることを恐れるように教えられた。結果として私は大きな苦労をすることなく，大抵はすべきことをした。私はどんな日も"無駄に過ぎてゆく"ことのないように試みた。研究したくないときに研究し，教えたくないときに教えた。実験動物からの要求があったときに動物の世話をし，実験を行った（私の最初の累積記録のいくつかには12月25日と1月1日の捺印が押されている）。私は論文と報告書の締め切りに間に合わせた。執筆と研究においては，私は自分を欺く行為と激しく戦っていた。私は問題をあいまいにするという犠牲を払うことになる，効果的な比喩を使うことを避ける。私は議論において保証なく妥当だと思わせるような修辞的な文学的手法を避ける（そして私は時々，他の人が使っているそのような文学的手法のリストを作って自分自身で安心する）。数学が役に立つときがあるかも知れないとしても，私は数学によって授けられる保証のない威信を避ける。私はそれを簡単にできたとしても，自分のデータから感動的な生理学的理論を紡ぎ出さない。私は事実に合わせた仮説を発明することで，探求実験[95]を「決定実験（*experimentum crucis*）」[96]に転用することは決してない。私は，言わなければならないことを正確に述べることができるまで，可能な限り文章を書き直す（原因を探し続けることは，幼少

---

95 重要な現象を発見するような探索的実験。
96 2つの対立する仮説のいずれが正しいのかを決定する実験。

期の環境のもう1つの産物かもしれない．妻や娘が私に頭が痛いと言うとき，私は"賢く食事をしなかったからかもしれない"あるいは"太陽の下に長く居すぎたからだろう"と言うことが多い．これはほとんど夫，父あるいは友人の耐えられない特性であるとともに，計り知れないほど貴重な科学実践である）．

　私はこれらのすべての特性が有用だったことを認めなければならない．マックス・ウェーバー[97]はプロテスタントの倫理に関して正しかった．しかしその倫理の効果は単に教訓的であり，限定的だった．私の科学的行動を説明する上でより重要なことは，ある種の正の強化である．それはウェーバーに対するフォイヤー（Feuer）[98]の回答によって支持されており，その著書において，著名な科学者のほとんどが"快楽主義的倫理"に従っていることを示している．私は次のような多くのものによって強力に強化されてきた——食物，性行動，音楽，文学，そして私の［研究で得られた］科学的結果．私は絵を描き，粘土で像を作るように実験装置を作った．私はピアノを演奏するように実験を実施した．私は物語や詩を書くように，科学論文や書籍を執筆した．私は，そうしなければいけないとか，締め切りに間に合わせないといけないとか，科目の試験に合格しないといけないとか，"破滅か出版か"と感じたからという理由で実験を計画し実施したことは「決して」ない．私は，強迫的なデータ収集を必要とし，特に消耗するほど分析するまで強化されないようなデータを必要とする実験計画が嫌いである．より豊富な強化子を招き寄せるように，私は実験計画を自由に変更する．私はそれが学位論文だと知る前に学位論文を書いていた．「Walden Two」はまったく計画していなかった．私は自分がプロテスタントであるという理由でセルフマネジメントの実践をしていたかもしれないが，プロテスタント的でない強化子を最大化するという方法でそうしていた．私は正の強化を強調する．たとえば，私は研究結果を可能な限りはっきり見えるように（実際，累積記録のように）して書くように自分を誘導している．要約すると，私は重労働が実際には有用でなくなるように，環境を調整する．

　私の科学的な行動を説明する強化子の中で，他者の意見が上位を占めていな

97　Max Weber．ドイツの社会学者，哲学者。
98　［原注］Feuer（1963）．

いだろうことを私は予測できなかったが，そういう場合もある。容易にその例外を私の過去までたどることができる。私は「Freedom and the Control of Men」(1955-56) が大学 1 年生向けの教科書の現代散文の良い例として出版されたという事実についてつまらない自慢をした。グレイブス先生は喜んでくれただろう。しかし一般的に，他の人たちに対する効果は，私のラットやハトあるいは実験参加者としての人に対する効果よりも重要ではなかった。これが，私が約 20 年間，実際には専門家として認識されずに研究できた理由である。人々は私を支援した (*supported*) が，その支援は私の研究の方向性に対してではなかった。ラットとハトだけが「それ［私の研究の方向性］」を支持した (*supported*)。私はその重要性を決して疑わなかったが，研究が注目を集めるようになって，私はその効果を喜ぶよりも慎重になった。私のファイルにある多くの覚え書きには，私がいわゆる名誉によって気がめいって，恐れていたという事実が説明されている。私は研究に時間がかかり，特定の研究側面が過度に強化されるような名誉を私は差し控えた。

これまで肯定的なものであれ否定的なものであれ，批評的な反応に全く興味をもっていなかったのは，同じ行動様式の一部だった。私は実際「*Verbal Behavior*」についてのチョムスキー (Chomsky) の有名な書評を 12 ページ以上全く読んでいなかった（私が使ったその書評からの引用は I. A. リチャーズから入手した）。私の立場に対するスクライブン (Scriven) の批評へのロシェル・ジョンソン (Rochelle Johnson) の回答の写しを彼女が私に送ってきたとき，スクライブンを一度も読んでいなかったことを思い出しただけだった。クラーク・ハルは，私は間違うことを恐れているので仮説は作らなかったといっていた。言語的な主張は実際正しいか間違っているかであり，ある意味私は自分の主張について正しくありたいと思っている。しかし研究対象の制御における手段により多くの関心を寄せていた。ある妥当な手段は言語的であるが，もしそうだとしても，それらの手段はそれほど正しくも間違ってもおらず，むしろ効果的か効果的でないかであり，議論は役に立たない。同じ理由で正しいはずだと「証明された」，心理学的理論，合理的な方程式，因子分析，数理モデル，仮説演繹体系，あるいは他の言語システムには興味がなかった。

この態度の多くはベーコン的である。私の幼少期のそして極めて偶然のベー

コンとの接触に起因するかどうかわからないが，私は彼の原理に厳密に従った。私は言語的な権威を受け入れない。私は「自然界を研究し，本を研究せず」，生物個体について研究した人たちに対してではなく，生物個体に対して問いを発した。それはベーコンが言ったように，以下のように言うことができると考える。私は他の本からではなく，生の営みから私の本を手に入れた。私はデータを整理するにあたってベーコンに従った。私は無作為な"植物採集"によって事実の収集をしなかった。それはポアンカレが「事実の選択（le choix des faits）」[99]と呼んだものを規定するような原理のためであり，それはポアンカレが議論したように，仮説ではない。私は分類を目的としてではなく，特性を明らかにするために分類する。

　私は，観察と実験の区別をする際にもベーコンに従った。ベーコンは確かに，人間の感覚器官を道具によって拡張することの重要性を過小評価していた。しかし彼は知識が感覚的な接触以上のものだということを強調することでそのように考えていた。私はこれを次のように説明する。「観察」は刺激を過度に強調する。「実験」は効果的な行動（repertoires）を生み出す，［観察された刺激以外の］残りの随伴性を含んでいる。ベーコンの4つのイドラ[100]［という排除すべき先入観］を，誤った考えについての受け入れ可能な行動分析に翻訳ができることにも，私は満足している。

　私の行動主義者としての立場は別のいくつかの原因に由来している。おそらく，ジェレミ・ベンサム[101]と彼のフィクションの理論のように，私は理論的な幽霊についての私の幼少期の恐怖を解決しようとしていた。おそらく"他の人たちは何を考える？"という母の質問に対して，彼らは何も考えないことを証明することでその質問に答えた（しかし"他の人たちは何と「言う？」，"という質問もありうる）。行動主義的認識論は知的な自殺の1つの表現形式だという考えについて，それは自殺ではない，なぜならそこに死体はないからだと，そ

99　私たちはすべての事実を知り尽くすことはできないので，最も興味ある事実，すなわち普遍的な事実，繰り返し起きる機会の多い事実を科学の対象とすべきという考え方。
100　正しい認識を妨げる先入観（種族のイドラ，洞窟のイドラ，市場のイドラ，劇場のイドラ）。
101　Jeremy Bentham，英国の哲学者。

の考えをもてあそんだ。死んだのは小人（*homunculus*）である——皮肉にも，私たちがかつて非常に科学的な活動の源だと考えていた，自発的で創造的な内なる人は，科学的活動によって死ぬことになった[102]。

　私にとって行動主義は，エルンスト・マッハ，アンリ・ポアンカレ，パーシー・ブリッジマンの著作によってはじめて具体化された科学哲学の特別な主張である。ブリッジマン自身は［自分の主張を］決して行動まで拡張しようとしなかった。彼は私が議論「した」ことのある人の1人である。彼が「*The Way Things are*」[103]を出版したとき，彼は私にその冊子とともに次の覚え書きを送ってきた。"この本をお送りします。最善を尽くしなさい！"。私は別のことで忙しかったので何もしなかった。しかし，納得の問題ではなかったので，私は彼を納得させようとは決してできなかっただろう。行動主義は人間行動に対する効果的な実験的研究を可能にする定式化であり，研究対象である自然界についての作業仮説である。［行動主義という定式化を］明確にする必要はあるが，議論する必要はない。私は行動主義の立場が最終的に勝利することに疑いはない——それが最終的に正しいと証明されるわけではないが，人間についての科学がうまくいくための，最も直接的な道筋を提供するだろう。

　私はバートランド・ラッセル，ワトソン，パブロフからの恩恵を認めている。私はワトソンに会ったことはないが，彼の影響はもちろん重要である。ソーンダイク（Thorndike，彼は行動主義者ではないが行動の科学においてなお重要な人物である）には少し会ったことがある。彼は私が言語行動に関心を寄せていることを知っており，著書である「*Studies in the Psychology of Language*」[104]を送ってくれた。私は彼に感謝状を書く時，頭韻法についての私の分析に加えて，次の文章を書いた。"私の書籍「*The Behavior of Organisms*」について *Bulletin* に掲載されたヒルガード（Hilgard）の書評は，数多くの貴方の研究が私と同じ方向性であることを認識しそこなっていたことを思い出させた…。私は全

102　内なる人（homunculus）自体が，自発性や創造性といった人間の自由意志の源であるという伝統的な考え方は，行動分析学の発展によって不要となったことを比喩的に述べている。
103　［原注］Bridgman (1959).
104　［原注］Thorndike (1938).

体として最新の心理学的考え方とともに，貴方の考え方を明らかにしたように思う。私が貴方の問題箱の実験を単に引きついでいたことは常に明らかであったが，その事実を私の読者に思い出させるなどということは全く思い浮かばなかった"ソーンダイクは以下のように回答した。"私はもし'学派'を創設していたとしても，それよりもあなたのような研究者の手助けになっていることのほうが満足だ"

　ウォルター・ハンター[105]についてよく知っている。彼は専門的な助言を私に提供してくれた。彼が"アメリカ心理学界で成功するにはたった1つの小さな着想があればよい"といったときのゆがんだほほえみを思い出す（彼は親指と人差し指でその着想の大きさを測定した）。クラーク・ハルがケンブリッジの私の研究室を訪れ，いくつかの提案をしてくれたが，私は決してそれに従わなかった。私はイェール大学の彼の講義で話をし，彼が亡くなる直前に彼の肖像画の除幕式に招待された。私はかつて彼の本棚にあった，「*Experimental Studies in Learning*」という表題の，私のいくつかの論文を一冊に装丁した本を持っている。

　トールマン[106]は1931年にハーバード大学の夏期講習で教え，私たちは多くの長い議論をしてきた。私は飢餓という概念を動因の1つとして分析してきた。私の学位論文ではそれを"第3"の変数と呼んだ——それは刺激と反応に加えて，シェリントンのシナプス状態のような仲介的な位置を占める変数だった。私はトールマンの後の定式化はそれにとても似ているといつも感じていた。「*The Behavior of Organisms*」が出版されたとき，彼は次のような手紙を書い[て送ってき]た。

　　オペラントとレスポンデントという2つの単語を私は素晴らしいと思う。……私は以前に何度も言ったように，次に君がすべきことは，2つのレバーを設置し，そこで弁別を獲得することで生じる機能が，1つのレバーだけのときの単純な機能とどのような関係をもつのかを調べることである。

105　かつてスキナーがミネソタ大学で教員になるきっかけとなった人物。
106　E.C. Tolman，アメリカの心理学者。

おそらくあなたは正しくて，根本的な法則を発見するには"行動―比率（*behavior-ratio*)"は扱いにくいだろうが，それは最終的には予測されるべきであり，誰かがそれらの関係と根本的な分析を明らかにするべきものである。私はあなたが美しいほど無傷でハーバード大学を通過してゆくことを祝いたいと思っている！

追伸　もちろん私は本の序文に地獄（*Hell*）として言及されたことをうれしく感じた。

私がその友情に価値を置いているもう1人の行動主義者は，カンター（J. R. Kantor）である。インディアナ大学での彼との多くの議論で，私は彼の非凡な学識から恩恵を受けた。彼は，私が自分の考えから"幽霊"を完全には追い払うことができていないと，私に確信させた。

行動の制御

私はもう1つのベーコンの原理をとてもゆっくり学んだ。"自然界の要求には従うべきだ"。「*Walden Two*」のフレイジャーは私に次のように言っている。

> ある予測のとおりにならなかったときに感じた激しい怒りを思い出す。私は被験体（subject）に次のように叫んだかもしれない。"行動しろ，こんちくしょう！　おまえのすべきことをしろ！"最終的に私は，被験体は常に正しいと理解した。彼らは常に彼らが行動すべきとおりに行動した。間違っていたのは私だ。私が間違った予測をしていた。

しかし自然界の要求に従うことにはもう1つの面があった。いったん[自然界に]従うと，自然界はこちらのいうことに従ってくれる。ベーコンの基本設計に基づいた王立協会と同じように，「*New Atlantis*」[107]のソロモンの館の論点は，知識は有用であるべきということである。その100年後――その新時代を開く画期的なできごとを私は我が家で特に感じたのだが――ディドロ[108]は

107　フランシス・ベーコンによるユートピア小説。1627年に出版。

知識は有用であるべきというその主題を「*Encyclopëdie*」[109] において発展させた。その100年後，進歩（progress）という概念が進化の理論において新たな意味を帯びるようになった。「*Walden Two*」は私の「*New Atlantis*」である。教育に実験行動分析学を適用するとき，子どもの時のベーコンが父親の家で見た標語に，私は立ち返るのではないかと思う。「教育は進歩をもたらす（Moniti Meliora）」。私は進歩を信じており，自分の研究における実践的な意味に常に注意を払い続けている。

　私は「*Walden Two*」を執筆した後，人間行動の制御（control）について明示的に語り始めた。インディアナに短い期間滞在していたとき，制御は確かに空気のように存在していた。「*Science and Human Behavior*」と，そのためにこの書籍を執筆した講義科目において，私はその制御という主題を苦心して作り上げた。1955年の夏，私たちが小さな家を持っているメイン州モンヒガン島で，私は *American Scholar* の特集号のために "Freedom and the Control of Men" を執筆した。その中で私は自由と決定論についてかなり［明確で］強い立場を取った。私の立場は特に人道主義の人たちからいくらか厳しく攻撃され，彼らは私の立場が西洋の民主主義の考え方と対立し，個人の役割を軽く扱っていると感じた。私はマキャベリ主義者，共産主義者，独裁者，その他多くの名前で呼ばれた。事実としては，私は民主主義的哲学の両端を受け入れるが，今最も一般的に採用されている中間に対しては意見が異なる。私はどうにかして到達した現在の立場からは，偶然あるいは混沌であることの長所を理解できない。私は，私たち自身が自分たちの未来を計画し，必然的に生じるであろうさまざまな問題を解決することで，行動の科学の優位性を獲得すると信じている。大きな危険は，暴君の利己的な目的によって科学が誤用されることではなく，善意の人々が行動の科学を人道的な目標に向けて前進することが，いわゆる民主的な原理によって妨害されることである。私は楽観主義者であり続けるが，悲観的な瞬間が1963年8月5日の次の覚え書きにあるのを発見した。

108　Donis Diderot，フランスの哲学者。
109　百科全書，1751-1772年に出版。

ある時代の終わり

　昨夜，[次女の]デボラと私はガードナー・コックス[110]の庭園に音楽を聴きに行った。若い人たちのグループは，そのほとんどが現在あるいはかつてのハーバード大学あるいはラドクリフ大学の学生で，彼らはウィリアム・バード[111]のミサ曲を歌っていた。それは「無伴奏」で多くの歌い手にとって初見だった。とても見事だった。その夜はとても心地よかった。でこぼこの雲が空を通り過ぎ，その1つが細かな霧雨をつかの間，降らせた。その庭には丸い芝地があり，低木とわずかな古い木に囲まれていた。6つの明かりが緑の枝を照らしていた。子猫たちが芝生の上で遊んでいた。私たちは折り畳み椅子に小さなグループになって座っていた。2, 3のジェット機以外，その夜は静かで音楽は楽しかった。「主よ，哀れみたまえ（Kyrie eleison）」……私は「Walden Two」とバッハのミサ曲ロ短調のことを考えていた。そしてこのような無害で，美しく，敏感な喜びは，おそらくその終わりが近づいていることについても考えていた。これはテムズ川を漂い海へと下る水上の音楽[112]だった。なぜ？

　フィリス・コックス[113]はその疑問に答えたかもしれない。私がおやすみと言うと，彼女はその音楽を指揮していた若い男性の方を指さし，"ご存知でしょうが，彼はあなたのことを危険な人物だと考えている。ティーチング・マシーン……独裁者……"

　おそらく与えられたいかなる人生を維持するとしても，私たちの唯一の希望は，今や科学，特に人間行動の科学とそれに由来する技術にある。私たちは科学的に人生を送ることについて心配する必要はない。科学的な人生自体がうまくそれに対処する。しかし科学の実践と繋がっておらず，人間のさまざまな出来事における科学の役割を誤解しているような同種の支援が先行する人生は悲劇である。

　私たちがその夜座っていた庭園は一時期エイサ・グレイ（Asa Gray）が所有

110　Gardner Cox．アメリカの画家。
111　William Byrd．英国の作曲家。
112　ドイツ生まれの作曲家ヘンデルの「Watermusic」。
113　この庭園の持ち主ガードナー・コックスの妻。

していた。高校生のとき私はグレイの「*How Plants Grow*」という題名の教科書で植物学を学んだ。私はある一節に大変感銘を受けたので，50 年近く私の覚書を自分が作った冊子に保存していた。それはハツカダイコンについての話だった。わたしは現在グレイの目的主義を受け入れないが，ものについての自然界の計画における，個人の論理的な位置づけを示唆する詩心を受け入れないことはない。

　二年生植物[114]の根は大きく重くなり，滋養の宝庫となり，人間や動物は喜んで食物として利用する。澱粉，砂糖，粘液，他の栄養，香りの良い産物という形で，その植物は（花や外観に何も費やすことなく）夏の間の作業による利益を使わずに蓄えた。何のために？　次の季節での成長が始まると，はっきり現れる。この豊富に蓄えられた栄養が与えられ，茎が急に強く張り出し，枝が分かれ，たくさんの花をつけ，種が熟し，根に蓄積された栄養がほとんどすべて費やされ，今や中身が軽く，空になり，そして死ぬ。種が熟す時にはすでにその植物全体がそうなっている。

引用文献

Batson, J. B. (1919). *Psychology from the standpoint of a behaviorist*. Philadelphia: Lippincott.
Bridgman, P. (1927). *The logic of modern physics*. New York: Macmillan.
Bridgman, P. (1959). *The way things are*. Cambridge: Harvard University Press.
Durning-Lawrence, E. (1910). *Bacon is Shakespeare*. London: Gay and Hancock.
Feuer, L. (1963). *The scientific intellectual*. New York: Basic Books.
Loeb, J. (1900). *Physiology of the brain and comparative psychology*. New York: Putnam.
Mach, E. (1893). *The science of mechanics, a critical and historical account of its development*. Chicago: Open Court.
Magnus, R. (1924). *Körperstellung*. Berlin: Springer.
Pavlov, I. (1927). *Conditioned reflexes*. London: Oxford.
Richards, I. A., & Ogden, C. K. (1923). *The meaning of meaning*. New York: Harcourt, Brace & World.
Russell, B. (1925). *Philosophy*. New York: Norton.
Sherrington, C. S. (1906). *The integrative action of the nervous system*. New York: Charles Scribner's Sons.

114　芽生えから花が咲き実がなり枯れるまでに 2 年を要する植物。

Thompson, L. (Ed.). (1964). *Selected letters of Robert Frost.* New York: Holt, Rinehart & Winston.
Thorndike, E. L. (1938). *Studies in the psychology of language.* Archives of Psycbology, No. 231.
Watson, J. B. (1924). *Behaviorism.* New York: People's Institute.
Watson, J. B. (1928). *Psychological care of infant and child.* New York: Norton.
Yule, G. (1911). *An introduction to the theory of statistics.* London: Griffin.

あとがき

　1964 年，アメリカ心理学会の社会心理学部門の招待により，"The Science of Behavior and Human Dignity." と題した講演を行った。そこでその後 6 年間のほとんどをついやした主題——個人の自由と尊厳に対する行動の科学の明白な侵害——について述べた。自由に対する疑問には長い歴史があり——多くの哲学者，理論家，行動科学者は決定論者であった——しかし尊厳や価値を感じることについての疑問はあまり注目されてこなかった。私たちは通常自分たちの欠点については環境を原因とするが，私たちの成果は自分の功績にしたがる。それにもかかわらず，科学的分析が私たちの行動についての遺伝的な歴史，そして個人的な歴史をたどるにつれ，自分たち自身に責任があることはだんだん少なくなっているようである。
　それは私が 1971 年に出版した「*Beyond Freedom and Dignity*」の主題となった。おそらくこの書籍は，若い人達がほとんどの社会的な制御から解放された 10 年の終わりに登場したため，かなりの注目を集めた。*Time* 誌はこの書籍を表紙に載せ，その関連記事を書き，何カ月もベストセラー一覧に掲載された。反応は肯定的なものと否定的なものの両方であり，否定的なものの多くはとても乱暴なものだった。*Time* 誌の表紙は私が "私たちには自由は許されない" と主張しているとし，書籍の題名が確かに自由と尊厳に反対していると，その書籍を読んでいない人たちを納得させた。しかし私たちは自分たちの行動に決して責任はないという科学的な証拠にもかかわらず，自由で価値があると「感じる」ことが重要であり，科学的な事実を認識することによって，人々が可能な限り自由で価値があると感じるようになる世界に速やかに移行することができるかもしれないと私は主張している。個人の自由と尊厳を越えた "向こ

う側"にあるのは，種の存続，より即時的には，より十分に種の潜在能力を実感できる人生である．

「*Beyond Freedom and Dignity*」に対する批判的な反応は，多くの人たちが行動主義的な立場を誤解していることを明らかにした．評論家たちは心理学の科目で学んだ行動主義を思い出す傾向にあった．行動は刺激に対する反応といわれている．人々はラットやハトであるかのように扱われ，創造的思考はそこに含まれていない，などである．多くの心理学者は私が考えていることが無益な方向に進んでいると書きなぐっていた．行動主義的な立場を再出発させる必要があるように思われ，そのようにする努力の中で私は1974年に「*About Behaviorism*」を出版した．中心的な主題は単純である．哲学者と多くの心理学者は自己中心主義的である．人は世界を知覚し，その概念を形成し，思考過程に従事し，意図的あるいは目的的に世界で行為をなすといわれていた．行動主義的な立場は，ちょうど反対である．人は刺激を与える環境の制御下に入り，その環境における微妙な特性に対して反応し，多くの複雑なやり方でそれに反応する．そしてそれは以前の反応に随伴した結果によるのである．自然淘汰の相似として，その環境は行動を「選択し」，創造的な思考，目的，計画を引き受ける．心理学の主題としてとても一般的になったその認知的過程は，強化の随伴性の役割をまさに不実記載（*misrepresentation*）［あるいは誤って表象］している．その認知過程はその環境と関係のある行動から推測されており，"脳の中の適切な場所に向かう神経がない"ので直接観察することができない．

それと同時に，私は未来についての書籍を執筆し始めた．人口過剰，資源の枯渇，環境の汚染，核兵器による大破壊の可能性の増大も，それに対して何かがなされなければ"自由と尊厳を超えた"ところにある．私は書籍の長さになる原稿を執筆し，同じ長さの改訂版を作成したが，これは出版しないことに決めた．その代わりに，私はその主題について講演を行い，それらのうちの1つの題名"Are We Free to Have a Future?"においてそれと「*Beyond Freedom and Dignity*」との関係を示した．私は現在その立場についてさらなる意見表明のための仕事をしている．

「*Beyond Freedom and Dignity*」に対する多くの攻撃は個人的なものだった．評論には私の肖像画が添えてあり，私の頭にはラットやハトの身体がくっつい

ていた。あるキャンパスでは私の人形が吊るされた。私は，"自分と自分の主張を正しく報告する"時であり，自叙伝を書くべきだと決断した。私はいくつかのルールを決めて始めた。いつでも可能な限り回想ではなく，文書の証拠を使う。その話をそれが起きた通りに語り，できるだけ当時の解釈はしない。個人的な詳細を含むだろうが，それらと心理学者としての私の人生との関係を読者が推測できるようにする。第1巻「*Particulars of My Life*」は，私が心理学の大学院生としてハーバード大学に行くときまでの話であり，第2巻「*The Shaping of a Behaviorist*」は，次の20年間，私がハーバード大学に教授として戻るときまでであり，第3巻はその話が完結することを私は望んでいる。

1964年，私は国立衛生研究所から貢献賞を5年間授与され，それはさらに5年間更新することができた。これによって，私は大学の仕事から解放され，実験行動分析学の視点からの文化的実践の分析に自らを没頭させることができた。その10年間に執筆した4冊のうち，「*Beyond Freedom and Dignity*」は貢献賞に選定された主題に一番近かった。その補助金は1974年の私の退職のときに終了したが，私は同じようなやり方で仕事を継続した。

ロバート・エプスタインという新しい大学院生の出現により，変化が起きた。彼は「*Reflections on Behaviorism and Society*」という題名の，私が最近出版した論文で構成される1冊の書籍を編集した。また彼は私が何年もかけて書いた数多くの覚え書きを発見し，それらの抜粋を「*Notebook*」という題名で編集した。

より思い切った変化としては，彼は実験室での実験に戻るように私を説得した。実験行動分析学の領域において途方もなく大きな機会がおろそかにされていたと私は考えていたので，そうする準備はできていた。ほとんどの人がハトのような生物個体の行動を形成し維持する強化の随伴性の役割を理解していないようだったが，それは私が「*About Behaviorism*」で議論した，認知過程と呼ばれるものの［想像でない］事実の側の随伴性についてだった。私たちは結局"コロンバン（ハト）・シミュレーション"と呼んだ3年間の計画を含む様々な共同研究を行った。"記号によるコミュニケーション"，"覚え書きの自発的な使用"，"自己概念"，"洞察"，そして他の認知的，創造的過程と呼ばれるような行動を，複雑な強化随伴性を注意深く構成することによって，ハトに披露

させることができた．

訳者解説

　B. F. スキナーについては，様々な側面から語ることが可能である．たとえば，実験心理学者，応用心理学者，哲学者，装置の開発者，本や音楽を愛すること，文筆家，そして人間への関心などである．この自叙伝は，これらの様々な側面がスキナーの生い立ちとどのように関連しているのかを明らかにしている．そして，家族との交流，友人や先生との出会いと交流，大きな時代の流れというスキナーを取り巻く何層にも折り重なった環境が時系列的に変化してゆく中で，どのようなタイミングで，何を選び，何をしたのか，そしてどのような行動指針に従っていたのかを記述することで，その生い立ちを明らかにしている．スキナーはその幼少期から，家に書籍がたくさんあり，シェイクスピアやフランシス・ベーコンの書籍に接する機会があり，家族や友人とともに音楽を愛し，さまざまな装置を作っていた．これらはいずれもがその生涯に深く関わる大きな要素であろう．また，この自叙伝にはあまり明示的に記載されていないが，大きな時代の流れに着目することも重要であろう．たとえば青年時代と重なる禁酒法時代（1920-1933 年）や世界恐慌（1929-1940 年頃），ミネソタ大学での研究と第二次世界大戦（1939-1945 年），ハーバード大学での研究と公民権運動（1950-60 年代），マッカーシズム（1950 年代）などである．それらを背景として，スキナーの研究成果や著作は心理学だけでなく広く世間にインパクトを与えると同時に時代からの影響を受けていたことがわかる．

　またこの自叙伝には，スキナーの博学さあるいは幅広い興味や業績ゆえに，数多くの人物，書籍，楽曲，詩などが登場する．そしてそこには意外な文脈が隠されていたりする．たとえば，自叙伝の最後の章「ある時代の終わり」には一見唐突に「テムズ川」という単語が出てくる．しかしその場面で演奏されていたと自叙伝に記述されている「水上の音楽」についての物語を調べると，作曲者ヘンデルが新しい国王との和解のため，プレゼントとしてテムズ川で演奏したことが明らかになる．このように，ふとした文章や単語の背後には，ある意味訳出困難な文脈が隠されていることがある．本章の訳文において注が多いのは，このようなありうる文脈について読者の理解の助けになることを願っての

ことである。幼少期の発明とのつながりで登場した「ルーブ・ゴールドバーグ」という漫画家の描いた漫画については，Web 検索をすることで，見たことのある漫画だと気づく人も多いだろう。またスキナーが投影的な言語反応の実験をするために作った verbal summator については，Skinner (1936) が研究の成果をまとめており，現在 Skinner Foundation の Web サイトでその装置による音声を聞くことができる。また本自叙伝に登場した人物の何人かは，本書に収められた別の論文においても登場している。

　最後に，本自叙伝とその後に出版された本格的な自叙伝の三部作の関係について触れておく。三部作の題名は「*Particular of my life*」(Skinner, 1976)，「*Shaping of a behaviorist*」(Skinner, 1979)，「*A matter of consequences*」(Skinner, 1983) であり，本自叙伝はこの三部作より数年前の 1967 年に出版された書籍に収録されている。そして本自叙伝が「*Skinner for the Classroom*」(1982 年) に再録されるにあたって新たに付け加えられた「あとがき」によれば，この三部作は，「*Beyond Freedom and Dignity*」(1971 年) を書いた後，さまざまな個人的な根拠のない中傷があり，事実を明らかにするために執筆したようである。その一方で，本自叙伝の記述のいくつかは，後に書かれたこの三部作の中にそのまま見出すことができる。その意味で，本自叙伝は，三部作における 1967 年までのダイジェスト版といえるかもしれない。そしてこの「あとがき」を読むことで，1968 年以降の十数年についても知ることができるだろう。本自叙伝は，スキナーが文学を志していたころから抱いていた人間に対する関心がどのようなものだったのかを描こうとしていたように思われる。佐藤 (1991) は「随伴性は縁である」と述べていたが，仏教的な思想との接点を見出すことのできるスキナーの思想は，「鬼手仏心」と表現することもできるかもしれない。この言葉自体は，もう詳しくは思い出せないが私が学生だった頃，そしてまだ行動的な方法論が今ほど世の中に受け入れられていない時代に，誰かが行動的手法について語るときに使っていた言葉である。

引用文献

Epstein, R. & Skinner, B. F. (1982). *Skinner for the classroom: selected papers.* Illinois: Research press.

佐藤方哉（1991）．自覚せざる仏教徒としてのスキナー：随伴性は縁である　行動分析学研究, 5, 107.
Skinner, B. F. (1936). The verbal summator and a method for the study of latent speech. *The Journal of Psychology, 2,* 71-107.
Skinner, B. F. (1976). *Particulars of my life.* New York: Alfred A. Knopf.
Skinner, B. F. (1979). *The shaping of a behaviorist.* New York: Alfred A. Knopf.
Skinner, B. F. (1983). *A matter of consequences.* New York: Alfred A. Knopf.

第2章　科学的方法における一事例史[1]

　大学で教えるということは，そのための専門的な訓練がそこでなされていない唯一の専門職であると言われてきた。そしてなぜこうしたことが起こるのかというと，私たちの大学院が教員ではなく学者や科学者を訓練するからなのだと，一般には主張されている。私たちは知識を広めることよりも，知識を発見することの方に関心を持っている。しかし，あまりにそうたやすく自分たちを正当化できるのだろうか。ある人を科学者にする訓練のやり方を知っていると言うことは，大胆なことである。科学的思考は，人間のすべての活動で最も複雑かつ，おそらく最も微妙なものである。こうした行動を形成しあげる方法を本当に知っているのだろうか。それとも自分たちの大学院に在籍する人のうちの何人かが最終的に科学者になるということを，単に意味しているだけなのだろうか。

　標準的な装置と手続きとを学生に伝える心理学実験のコースを除くと，若い心理学者が一般に受ける科学的方法についての唯一のはっきりとした訓練は，統計学のコースである。ただし，これは入門コース――このコースはあまりに多様な学生にとって必修となっているので，まったくと言っていいほど科学的ではない――を指しているのではなく，"モデル構成""理論構築"そして"実験計画"を含む上級コースを指している。しかしだからといって，統計学や科学的方法論の定式化された構成［種々の統計法や研究法の単元］を，科学的な実践活動と同一視するのは間違いである。これら統計学などの学問分野はそれぞ

---

[1] Skinner, B. F. (1956). A case history in scientific method. *American Psychologist, 11*, 221-233.

れ自らの場を持っているが，科学的研究の場とは一致しない。それらは科学の「ある一」方法を提供するが，しばしば意味されるような［科学的方法論一般としての］「特定の」方法ではない。正式な学問分野として［統計学などの］それら分野が科学史に登場したのはずいぶん後になってのことであり，科学の事実のほとんどは，それらの学問の助けなしに発見されてきたのである。統計学が私たちに科学的思考を与えるという図式に，［電磁誘導の法則を導いた］ファラデーをその電線と磁石と共に当てはめようとするのには，実に多大な手腕が必要である［が，実際には不毛な結果に終わるであろう］。そして現代の科学的実践活動のほとんどは，ことに重要な最初の段階において，［それと］同様に手に負えないものであろう。［心理学］実験室の科学者が，どのように自分の行動が科学的方法論の定式化された分析の中で再構成されていくかを見出す時，困惑し，またしばしばうろたえてしまうことには何の不思議もない。その人は，そうした再構成が，自分が行っていることの適正な表現では全くないと異議を申し立てるであろう。

　しかし彼の異議は聞き入れられそうもない。なぜなら統計学と科学的方法論の威光は絶大なるものだからだ。その威光の大部分は数学と論理学への高い評価からの借りものではあるが，その多くは技法それ自体が盛んに用いられている状態にあることにも由来している。統計家の中には科学的で商業的な企業体に雇用されている専門家がいる。また同じようなサービスを何の見返りもなく——もしくは，せいぜい謝辞に記される程度で同僚に提供する教員や純粋な研究者がいる。多くは熱意のある人たちで，誠心誠意をもって，統計学者ではない科学者に，いかに自分の仕事をもっと効率的にすることができるか，あるいはもっと正確にその結果を査定できるかを，示したがっている。統計学の進歩に貢献する強力な専門学会の数々があり，何百もの技術書や専門雑誌が毎年出版されている。

　これに対して，現場で研究活動をしている科学者は提供するものがほとんどない。研究テーマについて知るべきことすべてをどのように見出したらよいのか，実験装置の適切な部分の考案へと導く良い直感をどのように身につけるか，効率の良い実験的手順をどのように開発していくのか，［自分の研究で行う］無益な作業の流れへの着手をどうやめるのか，自分の研究のより後の段階に最も

第2章　科学的方法における一事例史

すばやく移るにはどうしたらよいか，について語るような本を，現場の科学者は若い心理学者に示すことはできない。そのような科学者にとって第2の天性となってきた研究の習慣は，誰も定式化してこなかったし，そんなものはおそらく決して将来にもないと感じているであろう。Richter（1953）が指摘したように，"最も重要な発見のいくつかは，何らの研究計画もなしになされてきた"し，"言語になる水準で研究をしていない研究者たちがおり，彼らは自分がしていることを言葉にすることができないのである"

もし科学的知識について現時点での集積を作り出す元となった営為［つまり現場での研究活動］を永続させることに関心があるのであれば，科学的過程の極めて重要な部分のいくつかは，数学的，論理的，あるいは他のいかなる形式的な取り扱いにも今や適していないのだということを肝に銘じておかなくてはならない。先の科学者が，自分が行っていることをどのように行うのかを知るには，私たちは人間行動について十分には知っていない。統計学者や方法論者はどのように心が働いているか——すなわちどのように問題が立ち上がり，どのように仮説が作られ，演繹が行われ，重要な実験が計画されるのか——を教えてくれる，もしくは，少なくとも示唆してくれるかもしれない。しかし統計学者や方法論者は，経験的観察や観察データの関数分析に適した方法を持ち合わせていないということを，心理学者としての私たちは彼らに思い出させる立場にある。これら［一連の科学者が行っている行動］は人間行動の諸側面であり，現時点でこれらについて語られうることがいかにわずかであるかを私たち以上に知る者はいないのである。

いつの日か私たちは［現場での心理学者の研究活動の］経験的分析と［統計学や科学的方法論が行う］定式的な再構成との間にある違いを表現することが，もっとよくできるようになるであろう。なぜなら考える人（Man Thinking）[2]の行動について［今までのものに代わる］別の説明［の仕方］を獲得するようになるからである。こうした［別の］説明は，単に特定の科学者が，ある与えられたケースで行ったことをもっともなやり方で再構成するだけでなく，［研究の］実践を評価することを可能にし，私の信ずるところでは，科学的思考を教える

2　ここでは，学者・研究者の比喩として用いられている。

ことも可能にする。しかしそうした日は，[まだ]ある少し離れた先の未来にあろう。それまでの間，私たちはただ，実例の数々を拠り所にするしかない。

　アメリカ心理学会のプロジェクトAのディレクターは，ちょっと前に，研究を専門とする心理学者としての自分の活動を書くよう私に依頼してきた。私は数多くの古いノートや記録をくまなく調べ，これはつらかったが，初期の出版物のいくつかを再読した。このことは定式化された科学的方法の再構成と，少なくとも実際にあった実践の1つの事例との間に見られる対比を，かえってますます私に認識させた。利用できないような一般化された説明に訴えることで私が今ここで示してきた主張を敷衍する代わりに，私は1つの事例史について論じたいと考えた。この事例史は，私たちが最も持ってみたいような事例史の中の1つではないものの，重要さの点でそれに欠けているものはおそらく，[事例に]接近できるということでいくらか帳消しとはなる。それゆえ私は，あなたがたすべてが臨床心理学者——その仕事は年月が過ぎていくにつれて次第に楽になってきている——であると想像するよう求めたい。その一方で，私は[クライアントのように]机を挟んであなたがたと向いあったところに座っているか，心地よい[枕付きの]皮の寝椅子[3]の上で体を伸ばしていることにしよう。

　最初に思い出すことができるのは，私がまだ22歳の時のことだった。私が[単科]大学を卒業してすぐの頃，J.B.ワトソンの行動主義の認識論に関して，ラッセルは，古き *Dial* 誌上で一連の論文を発表した。私は学部生として心理学をまったく履修していなかったが，生物学をたくさん履修していた。そして，生物学の教授が手渡してくれた2冊の本はローブの「*Physiology of the Brain*」と新たに出版されたオックスフォード版のパブロフの「*Conditioned Reflexes*」であった。そしてその時そこに，行動に関する客観的定式化の原則を知識の問題へと外挿しているラッセルがいたのだった！　それから何年もの後，私がラッセル卿に，あなたの論文が私が行動に関心を持つ原因であったと告げた時，それを聞いて彼は，"あれまあ！　その一連の論文は行動主義を屠り去ったと

---

[3] 精神分析で用いられるカウチを意味しており，これからクライアントのように昔を思い出して語っていく。

いつも考えてきたのに！"とただ声高に言うことができただけだった。しかし彼は少なくともワトソンを真剣に取り上げてきたし，だから私も真剣にそうしたのだ。

　私がハーバード大学に大学院での研究のためにやってきたとき，そこでの雰囲気は必ずしも行動［主義の考え方］で満ちていたというわけではなかったが，ウォルター・ハンターはセミナーを講ずるためにクラーク大学から週に一度やってきていた。また自分と同じ大学院生のフレッド・ケラーは，技術的なこまごまとしたことと［当時の］行動主義（Behaviorism）の詭弁の両方にたけていた。私が"イメージとは何か？"とか"赤はどこに存在するか？"という素人談義の砂地獄に嵌まり込んだ時に，彼は何度も，私を救い出してくれた。私はすぐにローブのもとで研究してきたW. J. クロージャーとやりとりするようになった。"神経系に腹を立てていた"とローブが言っていたし，クロージャーもそうだったかもしれない。これが本当だったかどうかはともかく，この２人は神経系について言及することなしに驚くほど上首尾に動物の行動について語ったということは事実であった。私が知る限り，彼らはパブロフとシェリントンの生理学的理論化を［神経系に言及せずに行動を語ることで］相殺し，それゆえに行動の独立した科学の始まりとして，２人の研究者にとって残っている仕事が何であるかを明らかにしたのだった。私の博士論文はその一部がシェリントンのシナプスの操作的分析であり，そこでは中枢神経系についての仮定された状態は行動的法則に置き換えられた。

　しかし，ここで問題としている私の論文の一部は，実験的なものであった。分かっている限り，私はただ，［生理学的な手術などしていない］完全なままの生物個体の行動における法則的過程を単に探求することから始めた。パブロフがその方法を示してきたのだが，しかしその時私は，今の私もできないが，［何らかの］急激な衝撃なしに，唾液分泌反射から日常生活での生物個体の重要な営みへと，移ることができなかった。シェリントンとマグナスは，個体の外科的な部分[4]に規則性を見出してきた。ローブの言い回しを使うと，"全体としての個体"の中に，それと同じような何かを見つけ出すことができなかっ

4　脳の部分的切除などの彼らの研究内容をさす。

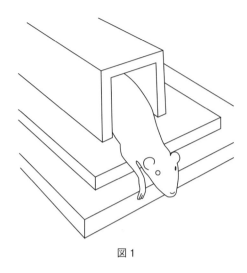

図1

たのだろうか。私はパブロフから次のヒントを得たのだった。それは，条件を統制せよ，さすれば規則性を見出すであろう，である。

　私の最初のちょっとした装置が無音［ラット］放出箱であったことは，驚くことではない。この箱は圧縮空気によって作動させられ，ラットをある装置内へと導く際に起こる面倒をなくすように工夫されていた。ラットを新奇刺激に適応させる方法を研究する際に，最初にこの装置を用いた。それから特別に構造化された空間のある防音箱を作った。ラットは，暗くされたトンネルのずっと向こうの端のところで，空気の働きによって放出された。ラットはトンネルの出口の大変明るい場所に，探し物をしているような恰好で現れた。ラットが前進したことを目立ちやすくさせ，記録を容易にするために，トンネルは機能的なパルテノン［神殿］のような，一続きの階段の頂上におかれた（図1）。ラットはそのトンネルから頭を出し，私がそのラットを観察している，一方からだけしか透視できない窓のところで，おそらくは疑わしそうに一瞥しつつ，その後身を乗り出して注意深く階段を降りる。優しいクリック音（もちろん注意深く調整されたものである）がラットをトンネル内に戻すように働き，少しの間そこに留めることになるだろう。しかしクリック音を繰り返すとその効果は次第に弱まった。可動式の紙テープ上をペンがいったりきたり動くことで，私は

第 2 章　科学的方法における一事例史　　　　　　　　　　57

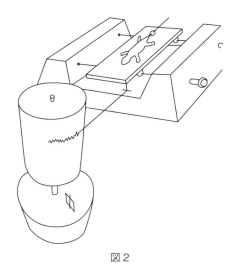

図 2

ラットが前進と後退とをするのを記録した。

　この実験の主要な結果は，ラットの何匹かが赤ん坊を身ごもったことであった。私は幼いラットを注意深く観察することを始めた。マグヌスの除脳した［視床動物の］ネコやウサギと大変よく似たように，［幼い］ラットが再びバランスを得ては，這い回るのを見た。そうして私は幼いラットの姿勢反射の研究に着手することになった。ここに科学的方法論者たちによっては公式に認められてはいない第 1 の原則があった。面白い何かに出会ったら，ほかのすべてを捨てて，それを研究せよ。ということで私はパルテノンを壊して，はじめからやり直した。

　もしも片手で幼いラットをつかみ，尻尾を優しく引っ張るなら，ラットは前方に向かおうとすることであなたに抗うだろう。そしてその後，自分の尻尾を［引っ張っている私の手から］通常解き離すぐらいの突然の鋭い跳躍を使って，空中に飛び出してしまうだろう。私はこの行動を量的に研究しようと決めた。私は布で覆った軽いプラットフォームを作り，ピンと引っ張ったピアノ線の上にそれを据えた（図 2）。もともとネコの「前脛骨筋」[5]の等尺性収縮を記録す

5　1 脛骨から第 1 中足骨と楔状骨まで走る筋肉。*tibials anticus*

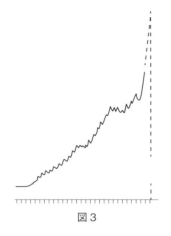

図3

るように工夫されていたシェリントンの振り針金型筋運動記録器の改作物であったが，ここでは［筋反応ではなく］個体全体としての反応に適用させられていた。幼いラットの尻尾を優しく引っ張った時に，そのラットは布の床面にしがみつき，前方に向かって［身体を］引っ張っていった。このプラットフォームの微細な運動を増幅することで，この動きの中の微細振動（トレモロ）についての良好なカイモグラフ記録を得ることができた。そしてその後，尻尾に対する［外部からの］引っ張りが増加した時の，空中への死に物狂いの跳躍の記録も採ることができた（図3）。

　さて，赤ちゃんラットには，大人のラットとして［大人になる］以外に，ほとんど将来はなかった。赤ちゃんラットの行動は，文字通り幼く，普段の営みに役立てるように外挿ができない。しかしもしも先の技術が赤ちゃんラットでうまくいくならば，成熟したラットでそれを試さない理由はないだろう。ラットに何かを取り付けることを避けるには，以下のようにして記録できるようにしなくてはならない。つまり［土台となっている］プラットフォームに対する引っ張りではなく，ラットが前に向かって走ったり，私の注意深く調整されたクリック音に対する反応として急に止まったりする際に働く，弾みのついた推力が記録される必要があった。そこで，科学的実践の第1の原則がもう一度発動して，私はピアノ線のプラットフォームを捨て去り，8フィートの長さの走路を作った。これはU字型のはりの形をした軽い木材でできており，ごくわ

第 2 章　科学的方法における一事例史　　　　　　　　　　59

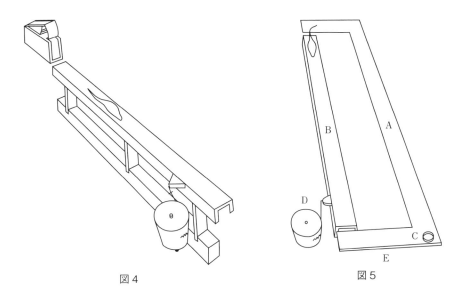

図 4　　　　　　　　　　　　図 5

ずかな縦方向の運動を可能にする弾力性を持った，垂直のガラス板の上にしっかりと据えられた（図 4）。この走路は長いトンネルの床部になっており，ここには示されていないが，その一方に無音放出箱を置き，もう一方の端には私がいて，湿った飼料を少し与えることで走路をこちらにやってくるようにラットを強化し，ラットが走路の中間地点に達した時に時々クリック音を鳴らして，そのプラットフォームの振動についてのカイモグラフの記録を手に入れるべく準備を整えた。

　ここで，科学的実践の第 2 の定式化されていない原則が発動する。すなわち，研究を実施する方法のいくつかは，他より簡単である。私は走路のもう一方の端にラットを運び戻すのに疲れた。それゆえ戻るための走路が付け加えられた（図 5）。今度はラットは C 地点でわずかな餌を食べられ，戻り走路 A を行き，図で示されているようにその端の方を回って，走路 B で元の場所に戻る。E 地点にいる実験者は，D 地点でのカイモグラフからの記録を楽に集めることができた。この方法で，ラットが走路を走り，クリック音が鳴らされると，時たまラットが急に止まることにより［走路を支えている］プラットフォームに対して力を及ぼすことで，膨大な記録が作り出された（図 6）。

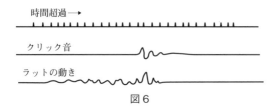
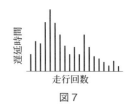

図6   図7

　しかし１つの悩ましい子細な点があった。ラットは次の走行のために，戻りの走路を走り出す前，C地点で過度に長い時間，しばしば待機してしまったのである。これについてどんな説明もないように思われた。しかし，ストップウォッチでこれらの遅延時間を測ってグラフにプロットすると，規則的な変化を示すようにみえた（図7）。もちろんこれが探し求めてきた種類のものであった。私はプラットフォームの動きについてのすべてを忘れ，遅延時間測定だけのためにラットを走らせ始めた。しかし今や走路が８フィートの長さでなくてはならない何の理由もなかったので，第２の原則が再び発動して，ラットが自分自身の［行動への］強化を［自分で］提供できないような理由はないと分かった。

　新しい装置が作られた。図８では，私たちはラットが一走行完了直後に一かけの餌を食べているのを見ている。ラットは自身の活動で餌を生み出した。ラットが戻りの走路Ａから矩形の走路の一番端の終わりまで駆け抜けると，軸Ｃで走路全体がラットの体重で若干傾き，この動きは木製の円盤Ｄを回転させ，［それにより］円盤の円周上をめぐる穴の１つにある餌の一かけらを，漏斗を通して餌皿の中に落とし込むことができる。この餌は精白丸麦で，適度に均一な一個一個となっており，食料品店で見出すことができた唯一の品であった。ラットはこの報酬を楽しむために最後の直線部分（ホームストレッチ）Ｂを走ってくることで，ただその回遊を完成しさえすればよかった。実験者は同時に「自分の」報酬を楽しむことができた。なぜなら餌の装填装置に餌を詰めておき，ラットを装置に入れ，あとはのんびりしていればよかった。［走路Ｂの］各々の傾きはゆっくりと動くカイモグラフ上に記録された。

　第３の定式化されていない科学的実践の原則は次のものである。つまり，ある人々は幸運である。餌装填装置を作り上げた木製円盤は，廃棄された装置の倉庫から取り出したものだった。その円盤には中心軸がたまたまあり，幸いな

第 2 章　科学的方法における一事例史　　　　　　　　　　61

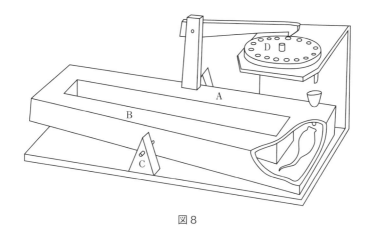

図 8

ことに私はわざわざそれを切り落とそうとはしなかった．ある日，もしも中心軸の周りに糸を巻き付け，餌の装塡装置が空になるにしたがって糸がほどける（図9）ようにすれば，別の種類の記録が得られるだろうと思い浮かんだ．ポリグラフ上での一連の小さな線の上下動としての，走路の上昇下降運動の単なる報告の代わりに，私は「曲線」を得ることになるのだ．そして科学は曲線を大いに使用してきたが，自分が分かりえた限り，ポリグラフ上の小さな線の上下はほとんど使用されていなかった．A に示された古いタイプの［ポリグラフ上の］記録（図10）と B で示された新しいものとの間の違いは大きなものではないように見えるかもしれないが，結局のところ，B の曲線は反応率における事態を明らかにし，また間違いなく他のやり方では見逃されたであろう，その反応率の変化における事態を明らかにしたのだった．糸を巻き取るのではなくほどけるようにすることで，扱いにくい 4 分の 1 象限のデカルト座標に［表示する形で］自分は曲線を得たが，それは簡単に改善された．心理学者は累積曲線をただ極めてゆっくりと採用してきたが，私が思うに，累積曲線は，分析のいくつかの目的にとってかけがえのない 1 つの道具となっていったといってよい．

　もちろん，最終的にはこの走路は不要であることが分かった．餌粒のためにラットは覆いがかけられたトレイへと単に到達できればよく，［餌を食べるために開ける］その覆いの 1 回 1 回の動きが，累積曲線における 1 ステップ分ペンを動かすようにソレノイド[6]を作動させることができた．このやり方で観察さ

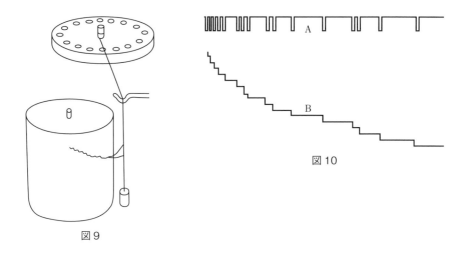

図9

図10

れた反応率における最初の主要な変化は、餌の摂取によるものであった。食べている時間に従って摂食する反応率がどのように減少したのかを示す曲線が、私の論文の別の部分を構成していた。しかし改良は必要だった。[この覆いの]ドアを押し開けるというラットの行動は、*Rattus rattus*[7]の摂食行動の標準的に見られる一部ではなかった。このドアを押す行為は明らかに学習されたものだが、最終的な行動遂行(パフォーマンス)の一部としてのその地位は、はっきりとしていなかった。[むしろ]全く任意なやり方で摂食と結びつけられた、その初発反応となる条件づけされた反応を付け加えることが賢明であるように思われた。私は、手に入った第1番目の装置を選んだ。[ソレノイドで]電磁的に動く餌装填装置を作動させるスイッチが入るように、ラットが都合よく押せるような場所に据えられた、水平の梃もしくはレバーがそれだった。この[反応の]連鎖での初発反応で得られた摂食曲線は、その初発反応がなかった時の曲線と同じ特性を持つことが見出された[8]。

さて、装置を込み入ったものにし始めるや否や、必然的に科学的実践の4番

---

6 導線を筒状に均一に巻き付けたコイルで、電流を流すと電磁石になる。
7 クマネズミの学名。ラットはクマネズミ属をはじめとするやや大型のネズミをいう。
8 つまり初発反応としてレバー押し反応を使っても同じような曲線を得ることができ、生得的反応とは明らかに異なる反応でも同じことが示せた。

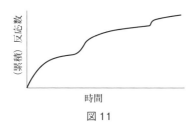

図 11

目の原則が発動される。つまり、装置はしばしば壊れる。私は消去曲線を得るのに、ただ餌装塡装置が動かなくなるのを待つだけであった。最初に、私はこの事態を失敗として取り扱い、この困難な状況を改善しようと焦った。しかし最終的には、もちろん、計画的にこの装置の［電源との］接続を切った。その時はじめて得た完全な消去曲線の興奮を、私はすぐに思い出せる（図11）。とうとう私はパブロフとの遭遇を果たしたのだ！　そこには摂食の生理学的過程によって損なわれることのない曲線があった。この曲線はある特別な強化随伴性だけによる規則的変容であった。それは純粋な行動であった！　装置の故障なしには、自分は消去曲線に辿り着くことはなかっただろうとは言っていない。［実際には］その方向にパブロフがあまりに強い導きを与えてくれていた。しかし最も興味深く驚くべき結果のいくつかが、最初はこれと似た偶然の出来事によって現れてくると言うことには、なんらの誇張もないのである。確実な装置は疑いもなく高く望まれるものではあるが、チャールズ・ファースターと私は、5年間の研究プログラムでのデータを最近再吟味した際に、リレー[9]と真空管の不具合で、私たちが幸福だと思えるいくつもの機会があったことを見出した。

　その後私は、それぞれにレバーと餌装塡装置を備えた、防音かつ換気された箱を4個作り、累積記録器をそれらに配し、骨格筋で動く行動における条件反射の集中的研究に精を出した。数日間、すべての反応を強化し、その後、1日か2日間消去した。この実験では、強化回数、過去の餌箱訓練の量などを変化させた。

9　電磁石の働きで複数の回路を開閉する電子部品の1つ。

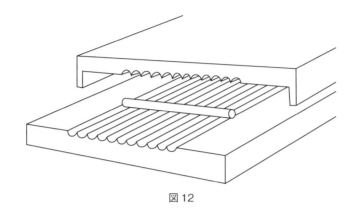

図 12

　この時点で，私ははじめて演繹法を使った。精白丸麦は定常的に用いる餌としてあまりにバランスを欠いていたので，私は前々から使うのをあきらめていた。近所の薬剤師が錠剤製造機を見せてくれ，それと同じやり方で作ってみた（図12）。製造機は溝付きの真鍮の台でできており，その溝をまたぐように固いペースト（私の場合にはラット用の十分な食餌としてマッカラム（MacCollum）の調理法を使って作ったもの）でできた長い円柱をおいた。この溝と同じ溝付きのカッターが，先の円柱状ペーストの上におろされ，そして前後にゆっくりと転がされ，この1本のペーストは，およそ1ダースの球状のペレットに変えられた。これらのペレットは使う前に1日かそこら乾燥させられた。この手順は私にとってつらかったし骨の折れるものだった。1匹1日当たり100個のペレットを食べる8匹のラットは，［ペレットを］作り出すことに簡単に追いつくことができた。ある快適な土曜日の午後，私は乾燥されたペレットの供給量を調べ，算数のある初歩的な定理に訴えることで，もしもその午後のそれからと夜間の時間を錠剤製造機を動かすことに費やさなければ，ペレットの供給は翌月曜日の10時30分までに尽きてしまうということを演繹した。

　私は仮説演繹的方法を軽視しようとは思わないので，喜んでここではその有用性を証言したい。この事態は私に定式化されていない科学的方法の第2の原理を適用させ，なぜ「すべての」レバー押しが強化されねばならないのかを自問させることとなった。後にハロルド・シュロスバーグ（Harold Schlosberg）がその話をしてくれた，ブラウン大学の実験室で起こったことをその時私は知

らなかった。[そこでは]難しい弁別実験を通じてネコに走路を走らせる課題をある大学院生に行わせていた。ある日曜日，その院生は猫の餌の供給が尽きているのを見出した。餌を売る店は閉まっており，学習の頻度説への美しき信仰をもって[忠実に]，院生はネコをいつも通り走らせた後，報酬なしでネコを飼育ケージに戻した。シュロスバーグの報告によれば，そのネコはほぼ48時間の間，ずっと抗議の唸り声をあげていたとのことだった。このことは知らずに，私は毎分1回だけ反応を強化することにし，それ以外の反応はすべて，強化されないままにすることにした。これにより次の2つの結果が得られた。(a) ペレットの供給はほとんど無制限に続き，そして (b) それぞれのラットが示す反応率はかなり一定で安定した。

　さて，定常状態というのは私にとっては物理化学から親しんできたものであり，ゆえに間欠的強化の研究に乗り出した。まもなくラットが安定して示していた，この一定の反応率が，ラットがどのくらいの飢餓状態にあるかに依っていることを見出した。お腹の空いているラットは高い反応率であり，お腹のそれほど減っていないラットほど，反応率はより低い。そのときの私は，餌の遮断化を制御する実用上の問題で悩んでいた。私は，半分の時間は医学部（Medical School）で研究をしていたので（なんと[電気生理学での]従属のクロナキシー（chronaxie of subordination）についてだ），ラットについての研究で適切なスケジュールを維持することができなかったのである。間欠強化のもとでの反応率は，ラットを遮断化の一定レベルで維持するためのスキーマを示唆した。そこでの議論はこんな具合だった。ラットを，ある任意の期間が終了した時でなく，その期間に自発する通常の反応数を完遂した時に強化するとしよう。そしてかなりの餌ペレットを使い，ラットが絶え間なくレバーに接近するようにさせると考えてほしい。そうすれば，そのラットは寝ている期間を除き，四六時中，一定の反応率でレバーを操作するに違いない。なぜならラットはちょっとでもお腹が空いた時はいつでも，[レバーを押すという]仕事を速くし餌を速く取るので，お腹はあまり減らなくなる。一方，あまりお腹が減らなくなったときはいつでも，ラットはより低い反応率で反応するようになるので，餌をあまり取らなくなり，そしてお腹がより減るようになる。強化をある任意の反応数で設定することで，ラットをある任意の遮断化の状態に保つことさえできるに

違いない．昼夜いつでも任意の遮断化状態にあるラットを利用できるように設定できるダイアル付きの装置を，私は思い浮かべた．もちろんそんなことは起こらない[10]．これは"固定時隔"強化というよりも"固定比率"強化であり，すぐに分かったのだが，このスケジュールは大変異なるパフォーマンスのタイプを生み出した[11]．これは科学的実践の第5番目の原則の例であるが，少なくともすでに名付けられていたものである．このことについてウォルター・キャノン（Walter Cannon）はホレス・ウォルポール（Horace Walpole）によって発明された単語で述べている．つまり，「セレンディピティ（serendipity）」──それ以外の何かを探している間に，あるものを［偶然］発見する技法である．

「*The Behavior of Organisms*」という本で，自分の研究結果を公刊したその時点までの自分自身の科学的行動についてここまで説明したことは，今もなお，それを実現できるほどに，形式面においても精神面においても，あらゆる点でそのままの通りである．私が検証した，メモ，データ，および刊行物は，ジョン・スチュアート・ミル（John Stuart Mill）やデューイ（John Dewey）によって述べられた**考える人**[12]のやり方で，あるいは他の科学哲学者による科学的行動の再構成のようなやり方で，私がこれまでに行動してきたということを示してはいない．私は秩序を発見するという永遠の問題以上の**問題**に，出会ったことはない．私はある**仮説**（Hypothesis）を構成することで問題に取り組んだこともない．私は**定理**を演繹する，あるいはそれらを**実験的な検証**にかけたこともない．私が知る限り，あらかじめ考えた行動の**モデル**を立てたことはない．そしてもちろん，生理学的もしくは心的なモデルは確かに［立てたことは］なかったし，自分が信ずるところでは，［心的構成］概念に基づくモデルもない．"反射貯蔵"［というモデル］はアメリカ心理学会のフィラデルフィアでの会合において論文で発表された後，1年かそこらで撤回された不首尾な，しかしそ

10　固定比率スケジュールでは要求反応数が増加すると長い強化後休止が起こるので，考えたほど簡単に遮断化状態を設定できない．

11　固定時隔強化スケジュールは，以前の強化子の提示から一定時間経過後の最初の反応に強化子が提示されるのに対して，固定比率強化スケジュールでは以前の強化子の提示から一定数の反応の自発に対して強化子が提示される．

12　原文で Man Thinking と大文字から始まるものを**考える人**と表現した．以下同じ．

れでも操作的な，概念であった。この概念は，さらなる実験を示唆することに全く役に立たないことを証明したことで，一般には理論についての私の意見の通りであった。もちろん私は基本的な**仮定**（Assumption）に基づいて研究していた——つまり，その秩序を私が単に発見できたとしたならば，行動には秩序が存在していたという［ほどの］仮定であるが——しかしそうした仮定は，演繹的理論がもたらす仮説と混同されることはなかった。私は**事実**のある種の**選別**をしていたが，それは理論に関係するからではなく，ある事実が他の事実よりもより秩序的であったからであるということも同様に本当である。もし仮に私が**実験計画**に少しでも関わっていたら，すでに観察された秩序の何らかの証拠を単に完成させるか，拡張させるかだった[13]。

「*The Behavior of Organisms*」で述べられた実験の大部分は，4匹のラットでの集団で行われた。この本へのかなり一般的な反応は，そのような集団では数が少なすぎるというものだった。4匹のラットでの他の集団が同じことをするかどうかをどうやって知るのか？ ケラーは，この本を擁護して，4匹という集団では「大き」すぎるという論駁でその反応に応酬した。しかし残念なことに，私はそれとは逆のことを信じてしまった。これは，ミネソタ大学でのW. T. ヘロンと関係があったことに一部原因があった。彼を介して私は伝統的な動物心理学とはじめて密に接触することとなった。ヘロンは，迷路での遺伝的な行動，遺伝的な活動性，そしてある種の薬物に関心があった。その効果は，当時，かなり大きな集団を使うことによってのみ検出されうるものだった。私たちは，飢餓がレバー押しの反応率に及ぼす影響について一緒に実験をし，16匹のラットの集団を使った新しい時代の幕を開けた。しかし実験箱は4つしかなく，これではあまりに不便なために，ヘロンは助成金を申請し，レバー付き実験箱と累積記録器が組となった，24セットを作り上げた。私は，24匹すべてのラットの行動結果の平均を一本の平均曲線で記録しただけでなく，12匹のラットから成る2つの[14]小集団のそれぞれ，および6匹のラットから成る4

---

13 ここでは Hypothesis が実験などによって検証すべき心的実在や構成概念についての言明を表す一方，Assumption は秩序だってあらわれる行動についての体系だった記述を指しており，実験遂行のための作業仮説の意味に近いと考えられる。

14 原文中の「4つの（four）」は誤りと思われるので「2つの」とした。

つの小集団のそれぞれについて，平均曲線を記録する取り付け機器を配した (Heron & Skinner, 1939)。そこで私たちは，その後流行し始めた，R. A. フィッシャーの原理に従った実験計画を準備した。いわば，ラテン方格を機械化したのだった。

　この装置を用いてヘロンと私は，「95」匹もの被験体を用い，迷路について利口なラット群と鈍感なラット群における消去の研究を論文として発表した。後に私は 24 匹のラットの集団群についての平均消去曲線を発表したが，W. K. エステスと私は，同じ数の集団で不安についての研究を行った。しかし，"動物の大きな集団を用いる可能性は過去に報告されていたような方法を大幅に改善する。なぜならば有意性検定があてがわれ，個別事例（*single cases*）でははっきりしない行動の特性がもっと容易に検出されるかもしれないからである" という希望［的予測］を，ヘロンと私はきちんと声に出して表明することができたにもかかわらず，［このことは］実際の実施場面で起こったことではなかった。今，述べたいくつかの実験は，ほとんどすべて，私たちがこの，手の込んだ実験箱のセットのために示さなければならなかったものである。疑いもなく，より多くの研究がこれらのセットによってなされることが可能になり，その研究はそれなりの位置を占めたであろうが，この方法の自然な発展には何かが起こっていた。もし 24 台の装置を変えなくてはならないとすると，実験条件の変更を簡単に行うことはできない。厳格さで得られる何らかの利益は，柔軟さで発生する損失と見合う以上のものでなくてはならない。私たちは，もっと前の研究ですでに開発したベースラインを使って研究できる諸過程に，自らを閉じ込めざるをえなかった。他の一連の過程の発見や，自分たちが研究してきた一連の過程についてのもっと洗練された分析をすることにさえ，踏み出すことができなかった。私たちが［この研究で］実際に示した関係がどんなに重要であったとしても，統計学という巨大船体は，漕ぎだしたものの座礁した。私たちがとった方法での技法は，その発展の特別な段階において行き詰ってしまったのだ。

　別の偶然が機械化された統計学から救い出し，私を個別事例に今までよりもいっそう強く集中させるように引き戻してくれた。実は，突然，動物訓練士の工（エンジニア）学的問題に私は直面することになったのである。任意の個体が，任意の時

間に，任意の種類の行動に従事することを，絶対に確実にさせることの責任を
もしあなたが請け負ったならば，すぐに学習理論に我慢がならなくなる。原理，
仮説，定理，さらに2次強化の効果を示す選択点での行動について，5%レベ
ルの有意性が満足された証拠，こうしたもののいずれもが，まったく的外れで
しかなかった。訓練されていないイヌと同じ環境で育てられた平均的なイヌが，
［訓練の結果］有意に高い頻度で輪をくぐってジャンプするのを見に，あるいは
行動の原理を示す象を見に，サーカスに行こうとする人は誰もいない。

　実に手ごわいものとしてドイツ人が見い出した，ロシア人の考案物について
述べることで，敵に援助と便宜を与える[15]ことなしに，おそらくこのことを示
すことができる。ロシア軍は，戦車を爆破するのにイヌを使った。イヌは，木，
低い藪でできた壁，他の覆いの後ろに隠れるよう訓練された。戦車が近づき通
り過ぎたら，そのイヌは戦車に素早く並走するが，イヌの背中に取り付けられ
た小さな磁石付きの地雷は，戦車をダメにするか燃えあがらせるのに十分であ
った。もちろん，そのイヌは取り替えられなくてはならなかった。

　心理学者が，こうした［イヌにとっては］意図していない英雄的行為をさせ
るイヌを用意する際に直面する，技術的ないくつかの問題について，今，考え
てみてほしい。そのイヌは，決まっていない長さの時間，木の後ろで待たねば
ならない。そうそう，ならば待つ行動は間欠的に強化されるべきだ。しかしど
んなスケジュールが，待つ行動を最も高い確率で達成するのだろう。もしもそ
の強化が餌であるなら，どんなものがイヌの健康にもかなった，遮断化の絶対
的に最適なスケジュールなのか。イヌは戦車に向かって走らなければならない，
これは練習用戦車を使ってイヌを強化することで整置（アレンジ）されうるのだが，しかし
もしも速度の速い戦車に追い付くには，イヌはすぐに動き始めなくてはならな
いし，その時，あなただったらどのように短い応答時間を分化的に強化するの
か，特に座っていることや待っていることへの強化を打ち消すにはどうすれば
よいのだろうか[16]。道を行く牛車を御する避難民ではなく，戦車にだけイヌは

15　合衆国憲法第3章第3条［反逆罪］［第1項］にある表現。ここでの「敵」とは合衆国
　　の敵をいう。
16　このパラグラフのはじめのほうで，待つ行動を強化しているので。

反応しなくてはならないが，イヌに関わる限り，戦車を定義している特性とはいったい何になるのだろう。

　［行動の］関数分析（*fuctional analysis*）が，その技術的適用において十分であることを証明したと言える，と私は考えている。環境的条件の操作だけで，全く予期せぬ実践的制御を可能にしたのである。行動は仕様書に従って形成されえ，ほとんど思いのまま無期限に維持されえた。その時に私と一緒に研究していた1人の行動技術者（Keller Breland）は，売れる商品としての行動プロダクション[17]を今や専門としており，*American Psychologist*誌でこの新しい専門職について述べてきた（Breland & Breland, 1951）。

　心理学自体の内部においても，多くの有用な応用がある。ラトリフ（Ratliff）とブラウ（Blough）は，最近，心理物理学的観察者として働くように，ハトを条件づけした。彼らの実験で，ハトは2つの光点が同じ明るさになるまでその2つの光点のうちの1つを調整する，あるいは，暗順応の間での光点をその絶対閾で維持することができる。これをハトが行うように導くために開発してきた技術は，彼らの実験の主目的に間接的にしか関連していないので，［それ以外の分野での］行動的科学の応用を例示しているのである（Ratliff & Blough, 1954）。行動に関するもっと優れた技術が，おそらく最も喫緊に必要とされている分野は，教育である。ここで現在可能な［教育への］応用を述べることはできないが，すべての年齢のレベルで，教育的技術が革命的な変化の間際にあるという推測を思い切って言ってみることで，自分の［教育分野への応用に対する］熱意をおそらく示すことができる。

　［しかし］本論での問題は，科学的実践での行動的技術の影響である。行動における実践的問題に直面すると，必然的に「実験的な」変数を洗練することを強調するようになる。その結果，統計学の標準的手続きのいくつかを，使わないで済ませているように見える。例を挙げよう。実験的処遇についていくつかの細かな点で異なっている，2群の被験体について測定がなされてきたとしよう。この2群での平均値と標準偏差が測定され，その処遇による何らかの違いが評価される。もしその差が期待していた方向ではあるものの統計的に有意

17　コマーシャルなどで特定の行動をする動物を準備する仕事。

でないならば，ほとんどの場合，広く推奨されることは，より大きな集団で研究することであろう。しかし実践的な制御についての私たちの経験によって，［標本数を大きくしなくとも］実験条件を変化させることで厄介な変動性を減じる可能性が示唆されている。つまり関連するすべての変数の1つずつについて，それらを発見すること，詳述すること，そして完全に調べつくすことで，分析下での差異を不明瞭にしている個体差を，「測定に先立って」削ぎ落としていけるであろう。個体差をなくすことは集団の大きさを増加させることでも同じ結果に到達するだろうが，統計学的処理では見極められてきたことがないであろう，新しい変数の発見というボーナスを，ほぼ確実に生み出すことになるであろう。

　同じことは滑らかな曲線についても言えるだろう。不安の研究で，エステスと私はいくつもの曲線を論文で発表したが，それらしい滑らかさは，その各々の曲線が12匹のラットの成績を平均することで得られたものであった。この時に発表された個別のラットの曲線は，平均して得られた曲線が，どの一匹のラットの行動も忠実に代表していないことを示している。平均して得られた曲線は，私たちの主張が正しいことを支持する，曲線の傾きに見られるある変化に都合の良い傾向性を示しており，そうした理由で，個別の曲線を平均することが正当化されているように見えていたのだろう。

　しかし［平均して得られた曲線と］同じように滑らかな曲線が得られるようになるまで，別の方法が個別の事例を探求するべくなされてきた。この別な方法は，個別事例を平均化することによって滑らかさを生み出すといった誘惑を拒否することだけではなく，後に実践的な目的のためにすべての関連条件を操作することを学んだように，それら条件を操作することも意味していたのだろう。その時点で公刊した個別の曲線は，より大きな集団を必要とすることではなく，実験技術の向上が必要であることを指摘している。たとえば図13に，現在行っていることの特徴が出ている，滑らかな曲線がある。こうした曲線は，ファースターと私が，APAのクリーブランドでの会合で準備した，ある供覧実験が進行している際に示されたものである（図13）。ここにはたった一個体について，3つの異なる強化スケジュールが，ランダムに変わる適切な複数の刺激のもとで，極めて斉一的に［それら刺激に］対応した遂行を生み出している。

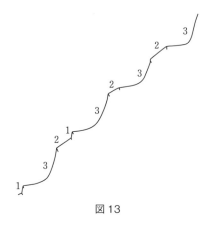

図13

この種の秩序に，統計学的方法の適用を通じて，誰が到達しえようか。

「*The Behavior of Organisms*」の中では，私は累積記録曲線の全体的な傾きとその湾曲具合を取り扱うことで満足しており，［以前に比べ］より微に入り細に穿って示された行動の特性の大まかな分類を行うことだけができた。その行動の微細な部分は，いまや進歩を遂げている。顕微鏡の解像力は何倍にも上がり，行動の基盤的過程を，もっと詳細なレベルまで見ることができる。基礎データとして反応率を選び，累積曲線でこれを簡便に記録することで，行動の重要な時間的側面を「可視化」している。ひとたびこの可視化ができたら，そこでの科学的実践は，単に［その曲線を］見るだけにまで減じられる。新しい世界が，見て調べることに対して開かれている。私たちは顕微鏡，X線カメラ，あるいは望遠鏡を使うように，こうした曲線を使うのである。このことは，この方法が最近，拡張していることによって，よく例証されている。それらは，もはや私の事例史の一部分ではないが，［その拡張を］「［妄想が感染するという］感応（2人組）(*folie à deux*)」精神病あるいは集団神経症として，何人かの批評家たちが述べてきたことについて，私があなたがたに相談することをおそらく許してくれるだろう[18]。

---

18 以下に示す他者との共同研究が示す，個人を越えて起こっていることを臨床心理的な意味での病気として，見ていってほしいとの要請と考えられる。

第2章 科学的方法における一事例史

　［累積曲線を使って可視化するという］この方法の回避行動や逃避行動への初期の適用は，ラットの光嫌悪を研究しているケラーによってなされた。これはマーリィー・シドマン（Murray Sidman）の電撃回避実験によって見事に拡張された。もはや"原理"に訴えて回避や逃避を記述する必要はない。なぜなら，随伴性が変えられるとそれに応じて行動が変化するのを後で私たちは目にするので，私たちは強化の適切な随伴性を整置していったときに行動が発達していくのを「注意して見」ればよいのである。

　ハント（Hunt）とブレィディ（Brady）は，不安を産む刺激の研究で，安定した反応率を使うことを拡張し，電気痙攣ショックによって，また患者における不安の減少に効果がある他の方法によって，反応率の抑制がなくなることを示してきた。リンズリィ（O. R. Lindsley）は，インシュリン－ショック療法と鎮痛剤を使用したイヌで同じことを見出した。ブレィディは，治療後の条件抑制への復帰を追跡する中で，様々な強化スケジュールの関連性を探査することにより，その方法を洗練してきた。これらの実験において，顕微鏡下での毛細血管の収縮を見るのと同じように，ある処遇の効果をあなたは直接「見る」ことになる。

　カフェインとベンゼドリン（Benzedrine）についてのラットでの初期の研究は，リンズリィによってイヌへと拡張されてきた。1回の短い実験期間で1つの薬物のいくつもの効果を評価するための特別な技法が，ちょうどその道の専門家が心電図を読むように，読みとることが可能な行動の記録を生み出す。ハーバード大学医学部の薬理学部門のピーター・デューズ（Peter Dews）博士は，ハトを被験体として用い，用量反応曲線と様々な薬物のタイプとそれらの効果を調べている。ハーバード心理学研究室では，モース（Morse），ハーンスタイン（Hernstein），マーシャル（Marshall）により，薬物についてのさらなる研究が現在進行形でなされており，その技法はいくつかの製薬会社によって採用されている。変動性についての実験的な処遇の，この技法以上のうまいデモはほとんどありえないようであった。［その技法を用いると］「単一の」個体での，「単一の」実験セッションにおいて，薬物の効果の開始，持続時間，減退を，人は観察するのである。

　「欠陥のある」行動を直接的に観察することは，特に重要である。ある個体

に対する臨床的な，あるいは実験的な損傷は，特徴としては，非常に［個に］独特なものである。これゆえに，その個人の行動を直接的に観察できる方法に価値があるのである。リンズリィは，ほぼ致死的な放射線照射の効果について研究しており，トーマス・ローア（Thomas Lohr）は，麻酔と無酸素の長期的な効果を，マサチューセッツ総合病院（Massachusetts General Hospital）のヘンリー・ビーチャー（Henry Beecher）博士と協力して，現在吟味している。その技法は，ハートフォード研究所（Hartford Institute）のカール・プリブラム（Karl Pribram）博士によってサルで神経学的変数に応用されている。こうした研究のパターンは単純である。すなわち関心ある行動を確立し，ある特定の処遇にその個体をおき，その後，先の行動を再び注意深く見るのである。「動機づけ」の研究における実験的制御を使用した素晴らしい例は，アンリカー（J. E. Anliker）がハーバード大学公衆衛生学部（Harvard School of Public Health）のジーン・メイヤー（Jean Mayer）博士との共同で行った，肥満についての研究である。そこでは肥満症のマウスのいくつものタイプにおける摂食行動の異常を，直接的な検査によって比較することが可能となっている。

　精神医学でなされている以上に，より間接的に行動が慣例上記述されている領域はおそらくない。ハリー・ソロモン博士と私自身の資金提供で行われたマサチューセッツ州立病院（Massachusetts State Hospital）での実験で，リンズリィは，精神病的行動の時間的特性に関する量的な研究として特徴づけられるであろう，広範なプログラムを実施している。ここでも，精神病的行動のある特徴を可視化するという問題がある。

　［行動の］測定以前に変動性の源を除去できる程度は，比較心理学と個体差の研究にとっては予期せぬ重要性を持つある結果によって示されている[19]。図14は，固定時隔と固定比率を成分として混成（*multiple fixed-interval fixed-ratio*）スケジュール[20]への応答としての行動を報告した，3本の累積曲線の複写

19　随伴性の整置に基づく反応率の可視化を通して，つまり異なる種，異なる個体を越えて見られる規則性を手に入れることができるということを意味している。

20　混成スケジュールでは，成分となっている各スケジュール（この場合には固定時隔および固定比率スケジュール）を表す手がかり（弁別）刺激があり，また各スケジュールで強化子が提示される。

第 2 章　科学的方法における一事例史　　　　　　　　　75

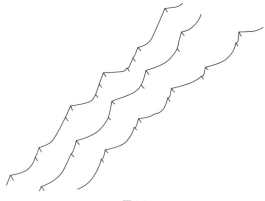

図 14

図を示している。短い線は強化を記している。それら曲線を［その特徴によって］分けてみると，ある場合は固定比率スケジュールでの高い一定の反応率を示す短く急な線，そして別の場合は，個体が強化直後の大変低い反応率から，固定時隔の最後でより高い反応率へと移行する際の，そうした滑らかな加速を示す，いくぶん長い"スキャロップ"がある。3 本の曲線で時隔や比率の値，遮断化の状態，そして曝されるスケジュールは異なっているが，こうした詳細を除けば，これらは非常に似通っている。実は，この 3 つの曲線のうちの 1 つはファースターと私によるいくつかの実験の「ハト」によって，1 つはローアによる無酸素での実験の「ラット」によって，3 番目のものはハートフォード研究所のカール・プリブラムの研究室の「サル」によって，生み出されたものであった。ハト，ラット，サル，3 つのうちいずれが［図 14 の］どの曲線なのか？　それは問題ではない。もちろんこれら 3 つの種は，解剖学上異なっているのと同じように異なった行動のレパートリーを有している。しかしひとたびこの 3 種の動物が環境と接触するやり方や，あるいは環境に働きかけるやり方における違いを許容するならば，これらの動物の行動のそれ以外の部分は驚くほど似た特性を示す。マウス，ネコ，イヌ，ヒトの子どもについても，図 14 に別の累積曲線を加えることができるだろう。そしてこのように大きく異なるいくつかの個体が，それにもかかわらず同じ行動の特性を示すとすると，同じ種の成員間での違いはそれよりもっと希望をもって見られるだろう。一個体の

特異性や個体の特性に関する困難な問題は，生物学的および文化的過程の産物としていつも立ち現れるであろうが，それらが明らかに研究中であるときを除き，これらの影響を少なくする技法を考案することは，まさに実験行動分析学の仕事なのである。

　私たちは個体の科学に手が届く範囲にいる。そこでは直観や理解が観察や分析にとって代わられている。知識に関するある特殊な理論に訴えることによってではなく，個体の科学は，個体の事例において秩序を生み出している関連条件を把握することを増やすことを通じて達成される。

　進歩した技術の第2の結果は，行動理論に対する効果である。別のところで指摘したように，法則や秩序がある想像上の世界を創り出し，それゆえ［実際の］行動それ自体に観察される無秩序に対して私たちを慰めることが，学習理論の機能である。T迷路や跳躍台での得点は，試行から試行でほとんど気まぐれに変化している。それゆえ，もしも私たちが望むように学習が連続的規則的な過程であるならば，この過程は何かほかの次元のシステム内──おそらく神経システムの中，心の中，行動の概念的モデルの中の，いずれかの──で起こっているに違いない。集団の平均値をめぐる統計学的取り扱いと［データを表す］曲線の平均化は，個別のケースの背後にある，そうでなければ接近不可能な，しかしより根本的な過程へと兎にも角にも私たちが進んでいるのだという信念を助長する。たとえば不安についての私たちの論文の全体的な主旨は，そこで観察した変容が必ずしも行動の特性ではなく，行為の若干の変容の中で単に「映し出された」，個体のある理論的状態（"不安"）の特性だということを含意することであった。

　個体への実際的な制御を達成したとき，行動についての諸理論はその特徴となる点を失った。関連している変数を明示し操作している際には，概念的モデルは役に立たない。つまり私たちは行動それ自体に取り組んでいるのである。行動が秩序と一貫性を示す時，生理学的もしくは心的な原因に関心を持つ可能性はずっと少なくなる。データは，理論的なファンタジーに置き換わるものとして立ち現れる。行動の実験的分析において，私たちは1つのテーマに本気で取り組んでいる。そのテーマは，明らかにある個体の行動であるだけでなく，つまり通常の統計学的な手助けなしに接近できるだけでなく，演繹的理論化に

頼ることのない「客観的」で「現実的」なものでもあるのだ。

　統計学的技法は有用な機能を提供するが，［その反面，］手に負えなくなるかもしれないほどに全くもって尊敬に値する地位を獲得してきた。この技法の有無は，良い研究と悪い研究とを区別するのに用いられるという独特な慣習になってきた。［これまで］行動の測定はひどく変動するものであったので，多くの数の被験体から得られた結果のみを信用するようになってきた。ある研究者たちが選択された好都合な事例のみを意識的にあるいは無意識的に報告したので，前もって計画され，その全容が報告された研究を重んじるようになった。測定［結果］が気まぐれだったために，私たちは秩序を取り戻す，巧みに作られた演繹的理論に価値を置くようになった。しかしながら［百歩譲って］，大集団，計画された実験，妥当な理論化といったものが，重要な科学的結果と結びついているとしても，それらなしでは何も達成できないということにはならない。私たちの前に選択の［ための］2つのちょっとした例がここにある。

　どのようにハトにおける暗順応の進行過程を正確に定めることができるだろうか？　明るい照明光のところから暗い部屋にハトを移す。何が起こるのか？おそらくハトは順応の過程が起こるに従って，どんどんほのかになっていく［調整されていく］照明光の小点を見ることができるだろうが，どのようにこの過程を追跡できるのだろうか？　1つの方法は，暗順応の開始後，決まった時間間隔でハトが選択するような弁別実験装置を用意することだろう。照明光の検査点は広い範囲にわたって変わりうるし，各値での正選択の割合は，かなり正確にその閾値を突き止めることを最終的に可能にするだろう。しかしその（暗順応）曲線のごく少数の点を決定するのに，そしてこれらの点が感受性における実際の変化を示すことを証明するのに，何百回という観察が必要であろう。すでに述べたように，ブラウによってなされた実験の中で，ハトは実験期間全体を通じてその閾値に近い光点を維持する。図15に描かれているような一本の曲線は，何百という莫大なデータの読み取り，およびそれらデータから得られる平均値や標準偏差を含めたものと同じくらい多くの情報をもたらしている。図の情報は，それが1回の実験セッションでの1個体に適用されているために，より正確なものである。しかし平均値と標準偏差の一覧表があるがゆえに，ある仕上がった実験として第1のもの［何百というデータからなる研究］

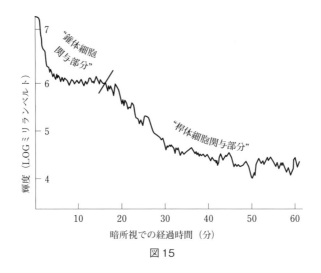

図 15

を受け入れる多くの心理学者は，第 2 のもの［1 匹で 1 日の研究］に難色を示したり，それを予備的研究と呼んだりするだろう．行動の過程を観察している中での，ある人の感覚の直接的な証拠は信用されないのである．

　別の例として，いくつかのタイプの肥満マウスの行動を考えてみよう．すべてのマウスは，食事行動におけるある 1 つのタイプの異常性に病んでいるのか，あるいはそこに何かの差はあるのか？　ある人は，障害物の装置という形で，飢餓状態についてのこうした測定［結果］を用いてこの問いに答えようとするかもしれない．様々に異なる期間中，マウスが食物に自由に接近した後の，食物を得るために格子線を横切る回数が計数され，この回数がデータとなるだろう．データの読み取りには莫大な数が必要であり，結果として得られた平均値は，どの実験期間におけるどの 1 匹のマウスの行動もおそらく記述することはないだろう．［それに対して］もっとずっと良い全体像は，アンリカーが示したように，1 回の実験セッションにおいて，各々の［異常性の］タイプのマウス 1 匹で得られるであろう（Anliker, Personal communication）．図 16 で概略的に報告された実験では，各タイプのマウスは反応の短い"比率"を完成する[21] と

21　少ない回数の反応をする．

第2章　科学的方法における一事例史　　　　　　　　79

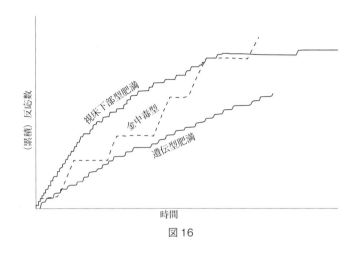

図16

餌の小さな一かけで強化される。視床下部型肥満マウスは，誇張されてはいるが，その他では正常な，摂食曲線を示す。遺伝型肥満マウスはゆっくりと摂食するものの，その時間は際限がなく，しかもその反応率はほとんど変化しない。金中毒型肥満マウスは極めて急速な反応の期間と全く反応しない期間との間の鋭い振幅を示す。これら3つの個別の曲線は，統計学的取り扱いを必要とする測定によって，これまでにおそらく生み出され得てきたものよりも多くの情報を含んでいるが，これら3つの曲線は多くの心理学者によって疑いをもって見られるであろう。なぜならこれらの曲線は個別事例だからである。

　心理学者たちが，行動的過程が直接的に観察されるであろう可能性に，ただゆっくりと目覚めていくに違いないということ，あるいは自分たちの固有の見方であるより古い統計学的かつ理論的な技法を，少しずつしか取り除けないに違いないということは，おそらく自然なことである。しかし［今や，］科学は，それぞれがよく定義された始まりと終わりを持つ，"実験"と呼ばれる，注意深く計画された行程によって，進歩するのではないということを力説する時がやってきた。科学は連続的であり，しばしば無秩序で偶然的な過程である。もし現行の科学的方法論によって求められたパターンに適合するように自分たちの実践を再構成することに私たちが同意しているならば，私たちは，若い心理学者に対して何かためになることをすることはないだろう。統計学者が実験計

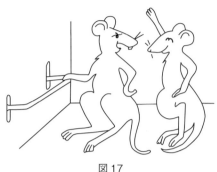

図 17

画によって意味するものは,「自分の」技法が適用可能であるような種類のデータを生み出すような計画である。自分自身の,即時的でおそらくは不可解な目的のために,研究を案出している実験室の科学者の行動のことを,統計学者は意味していない。

　私が述べてきた類いの研究の中で,その行動が最も広範囲に変容し最も完全に制御される個体とは,実験者その人である。この点は Columbia Jester 紙上の漫画家によってよく言い表されている（図17）。この漫画はこう読める。"よお,俺はこいつを条件づけたぜ！　俺がレバーを押し下げるたびにこいつは食べ物を中に落とすんだ"。私たちが研究しているその被験体は,私たちが被験体を強化するよりもずっと効果的に私たちを強化する。結局のところ,私はただ,いかに自分がこのように行動するよう条件づけられてきたかを,あなたに語り続けてきた。そしてもちろん,1つの事例史からあまりに多くのことを議論することは誤りである。心理学者全員が幸運にも共有していない,個人的な特性がなかったならば,私の行動はそうであったようには形成されてはこなかっただろう[22]。フロイトには科学者の動機づけについて言うべき何かがあり,正確な実験計画と演繹的システムの複雑さからもたらされる,完全な満足感に達している人のタイプについてのある洞察を彼は与えてくれた。こうした人は,自分の研究テーマについてよりも,科学者としての成功に関心を持つ傾向があ

---

[22] もしも共有していたならば,自分の行動は他の心理学者と同じようになってしまっただろう。

る。それはちょうど［ひとところに滞在するのでなくいろいろな場所に移動する］移動大使の役割をしばしば引き受けるという事実によって示されている。もしもこれが不公平に見えるようであるならば，私におなじようにお世辞抜きの言葉で，自分自身の動機づけをとりあえず特徴づけさせてほしい。何年も前に，私は「*Wolden Two*」[23]という小説を書くという楽しい夏を過ごした。その登場人物の1人フレイジャーは，私が自分自身にまだ言う準備ができていなかった多くのことを［私の代わりに］語った。そういうことの中に次のものがある。

> バリス，私にはただ1つの重要な特徴がある，私は頑固だ。自分の生活にたった1つの観念しか持ってこなかった。つまり本当の「固定観念」，そっけなく言えば，自分流儀という観念だ。"制御"という言葉がそれを表していると思う。人間行動の制御だ，バリス。実験のはじめの頃の日々には，それは狂暴で利己的な支配への欲求だった。私はある予測が不首尾であったときによく感じていた憤怒を思い出す。自分の実験の被験体に"行動しろ，こいつめ，すべきことやれ！"と怒鳴りつけたかった。最終的に被験体はいつも正しかったということがはっきり分かった。被験体はいつもすべきことを行動した。間違っていたのは私だ。私は間違った予測をしていたんだ。

（フレイジャーと，私自身の言い足りない部分に公正を期して，私はフレイジャーの次の言葉を付け加えたい。"そして自称暴君にとっての奇妙な発見は，唯一の効果的制御の技法とは非利己的であるということだ"もちろん，フレイジャーが意味しているのは提示型強化[24]のことである）

すべての心理学者は，フィッシャー（R. A. Fisher）のように行動すべきであるよりも，私が行動してきたように行動すべきであると言うつもりは全くない。

23　翻訳としては宇津木保・うつきただし 訳『心理学的ユートピア』(1969, 誠信書房) がある。
24　個体の行動に対して刺激が提示されることで，その行動が増加すること。

すべての個体と同じく，科学者は独特な履歴の産物である。科学者が最も適切であると見出した実践は，一部はその履歴に依存しているだろう。幸せなことに，個人的な特異性は，公共物として，科学上で無視できる痕跡しか通常は留めていない。これらの個人的特異性は，科学者の励みになるものに，そして研究の遂行に，私たちが関心を持ったときにのみ重要である。最終的に**考える人**の行動について十分な経験的説明を手にしたとき，このことをすべて理解するであろう。それまでは，すべての科学者を何かの1つの型に嵌め込もうとしないことが，最良であろう。

引用文献

Anliker, J. E. Personal communication.
Breland, K., & Breland, M. (1951). A field of applied animal psychology. *American Psychologist, 6*, 202-204.
Heron, W. T., & Skinner, B. F. (1939). An apparatus for the study of behavior. *The Psychological Record, 3*, 166-176.
Ratliff, F., & Blough, D. S. (1954). Behavioral studies of visual processes in the pigeon. Report of Contract NSori-07663. Psychological Laboratories, Harvard University, September.
Richter, C. P. (1953). Free research versus design research. *Science, 118*, 91-93.

(Received May 16, 1955).

訳者解説

　原論文の注によれば，本論文は，1955年4月米国フィラデルフィアで開催された東部心理学会大会（the Eastern Psychological Association meetings）での会長講演となっている。この時期に，戦後の米ソ対立の産物の1つとして現れた，反共産主義に基づく社会・政治運動であるマッカーシズム（しばしば「赤狩り」と称される）が，ようやく終焉を迎えている。このマッカーシズムのためにカリフォルニア大学の心理学者トールマンは，一時，大学を離れざるをえない状況にあったが，本論文にもその影を読み取ることができる。
　この論文は1人の心理学者の考え方の変遷の履歴をたどることができるという観点から，論文の前半部分が少なくともわが国では，よく引用されてきた。

しかしその真骨頂は何といっても，後半部分の心理学における統計学偏重主義と仮説演繹的理論構築へのスキナーの批判にあるといってよい。1958年に実験行動分析誌 *Journal of the Experimental Analysis of Behavior* が創刊されているので，この時までに彼や彼の賛同者による，「被験体内での再現」を重視し，「作業仮説として（だけ）の理論」の重要性を認めた論文は，「実験計画法に基づいた」「心理的構成概念のモデル」がその中心を占めていた心理学専門雑誌から締め出されていたことが十分に想像される。おそらくその「理不尽さ」への抗議もまた，この論文に影を落としているであろう。

　この傾向は今も続いているが，個別（単一）事例法の重視については，半世紀もたってようやくアメリカ心理学会でも議論の俎上に乗るようになってきた。

第3章　実験的行動分析とは何か？[1]

　アメリカ心理学会の新しい部会は，実験的行動分析として知られるようになった活動を定義する努力を要請している。その領域内に研究のひとまとまりを正確に位置づけることや類似した研究にみえるものを除外することは，そうすることの理由を説明するよりは時にたやすい。何らかの科学的な領域を定義する際に明確な境界を描くことはめったにできないが，いくつかの際立った特徴を指摘しておく価値はある。

従属変数

　行動の科学において自然に得ることのできるデータは，ある任意の行動がある時間において生起する確率である。実験的分析は，反応頻度や反応率の観点からその確率を扱う。確率と同様に，反応率は，もしあるオペラント反応の一つひとつの出現が計数可能な方法で，反応型[2]を特定することができないのであれば，意味のない概念であろう。その特定化は，通常は，装置の一部分——反応生起を感知する"オペランダム[3]"——の助けを借りて成し遂げられる。実際のところ，そのように定義された反応は，個体がそれ自身の生体構造と今

1　[原注] 本論文は，1964年9月6日にロサンゼルスで開催されたアメリカ心理学会年次大会でのオペラント条件づけの応用に関するシンポジウムにおける開会挨拶がもとになっている。(以下略) [訳注] 本書における出典は Skinner, B. F. (1966). What is the experimental analysis of behavior? *Journal of the Experimental Analysis of Behavior, 9*, 213-218.
2　反応の外形的特徴。
3　反応の対象となる操作体のこと。

現在直近にある環境とによって定義された枠組み内で動き回るときに，かなりの一貫性を示す。反応間間隔の分布や，反応率やその変容のオンライン・コンピュータ分析は，ますます使用されるようになっているが，反応率における変容は，通常は，至る所にある累積記録で記録され調べられる。あるオペラント反応の繰り返しの出現について，その生起率を強調することは，実験的行動分析と，以下に述べる方法の1つあるいはそれ以上で進展している心理学の類との違いを際立たせている。

（1）行動は，単に，心的もしくは生理学的な内的活動の現れか兆候として捉えられていて，その内的活動が主要な主題とみなされている。反応率が重要なのは，ひとえに，それによってある過程（たとえば学習や成熟）を辿ることができたり，ある状態や状況（たとえば興奮性の傾向や警戒状態や覚醒状態）を決定できたり，利用可能な心的エネルギーや動因や情動の強度を探知できたりなどするからである。観察された行動がそれほど秩序だっていると期待されないのは，それがかなり雑音を含んだ"遂行"に過ぎないからである。そしてその遂行から，おそらくより安定した状態や過程が，統計的手続きの助けを借りて推測されるはずとされている。これらの実践は注意深く行動を特定することを妨げてきたし，その実践で得られたデータは，上述した反応の確率の評定においてはほとんど役立つことはない。

（2）行動は，ある標準や基準を満たすときにのみ重要であるとされる。ある個体は，たとえば"ある状況に順応する"や，"問題を解決する"や，"環境に適応する"などを行うものとして記述される。他にも，規範的な基準に照らし合わせて，個体の行動は改善したり悪化したりするかもしれないし，発達的な基準に照らし合わせて，個体は進行が阻まれたり加速させられたりするかもしれないなどである。行動のこれらの側面を報告する際に，個体が実際に行っていることを実験者は特定していないかもしれず，［そういう場合には］反応率は満足のいくようには推定されえない。

（3）反応確率における変容がまるで反応や行為であるかのように扱われている。個体は，"弁別し"，"概念を形成し"，"想起し"，"何をするかを学習し"，結果として"何をするかを知る"などと言われる。しかしながら，これらは反応の様相ではない。弁別することは，反応することではなく，2つ以上の刺激

第3章　実験的行動分析とは何か？

に異なって反応することである。ある個体が2つの刺激間の弁別を学習したと述べることは，おそらくは役に立つ事実を報告することであるが，それは，その個体が実際に行っていることを述べてはいない。

(4) 研究されているいくつかの次元は，たとえ定量化できているとしても，反応確率とはいかなる単純な方法でも関係づけられてはいない。反応が実行される強度や，刺激と反応間の経過時間——いわゆる，潜時（latency）や反応時間（reaction time）としばしば不正確に呼ばれている——は，よく知られた測度である。それらの測度が分化強化のもとで変容するとき，それらは実験的分析と関連するが，反応確率に多くの光明を投じるものではないだろう。他のよく知られた測度，たとえば課題を完遂するために要した時間——迷路を通り抜けたり，問題を解決したり，あるページにおけるある種のすべての文字を斜線で消したり——や，なされた誤答の数やある基準に合致するまでに要した試行数は，さらに一層有益ではない。エビングハウスによって最初に強調された行動の1つの側面である"想起量"は，近年にいたって再び新たな人気を得ている。たとえば，実験者は一連の反応がどのようにして，対応する一連の刺激の制御下に至るのかを知りたいかもしれない。しかし，反応確率における変容を追う代わりに，その実験者はその後のある時点で"想起する際に正確に自発される"反応数を計測するのである。

測定される諸側面の任意性や関連性の欠如が相殺されるような場合，実験は，その重要な結果が2つの測度間の比であるようにしばしば計画される。比はそれにも関わらず実験的分析においてはあまり役には立たない。そのような測度は，主にそれらが定量化可能であるという理由で選ばれている——つまり反応の強度は正確に記録可能で，試行数は厳密に測定され，経過時間は最も精度の高い時計において測定される。しかし定量可能性だけでは，十分ではない。［行動の制御において］反応率が基本的な次元であるのは，単に反応が正確に計測可能であるからでなく，反応率が行動の科学の主要な関心と関連しているからである。

(5) 行動がその現れもしくは兆候であると言われている内的実在は，特性，才能，態度，能力などであり，それに対して心理測定の様々な技術が考案されてきた。しかし最も完璧な統計的技術や最も注意深い操作的定義でさえ，次の

事実を変えることはないだろう。つまりそれは，データが獲得される"検査"は非常にゆるく制御された実験空間であり，測度とみなされるその"得点"は，先に挙げたような任意の特徴のいくつかを持っているという事実である。これらの技術が対象としてきた重要な問題——たとえば反応群の確率における共変関係——は，その結果が実験的分析において有益になる以前に，他の方法で研究されるに違いない。

　(6) 行動を観察する代わりに，実験者は，環境のある設定のもとで何をするかについての被験者の叙述や，成功確率についての被験者による推定，有効な強化随伴性群についての被験者による印象，現在の変数の強度についての被験者による評価を記録し研究する。行動の観察はこのような方法で迂回することはできない。なぜなら被験者は，自分が反応する確率や，あるいはそのような確率に影響する変数のどちらも，正確に記述することはできないからである。もし被験者にそれができるとすれば，その人は与えられた状況の設定に適切な累積記録を描くことができるはずだが，このようなことはとても考えられないことのように思われる。

独立変数

　実験的分析の課題は，反応確率がその関数であるようなすべての変数を発見することである。それは簡単な仕事ではないが，少なくとも明確なものである。それは行動の実験的分析と他の方法を多くの点で区別する。

　(1) 刺激は，もちろん重要な独立変数である。［刺激が］反射の概念と初期に関連したことは，個体が反応することを仕向ける刺し棒（goad）の役割を刺激に与えた。これは，個体によって環境が刺激となるように仕向けられている——見えたり聞こえたりなどするようになる——という伝統的な見解とおそらく同じぐらい間違っていた。実験的分析の立場は，刺激が止めることができない力という特徴を保持しているという伝統的な刺激‐反応心理学や条件反射の定式化の立場とは異なる。しかしながら，だからといって，個体が次のような用語によって示唆される方法で環境に作用しているということにはならない。つまり，その用語とは，「探索する，同定する，知覚する，経験する，分類する，判断する」や，刺激に対するその後の反応を記述するようにみえる用語，

たとえば「どのように何かが見えたかを思い起こす」や，「何が起きたかを思い出す」である。そのような用語は，個体を情報処理過程として記述するコンピュータ技術から拝借した表現と同様に，個体が実際に行っていることを明確に述べていない。弁別刺激（よく知られた"S^D"）の概念や関連する刺激性制御の考えは，独立変数としてのより妥当な役割を刺激に割り当てる。

　実験的分析は，物理学の言語で刺激を記述する。実験者は，ある刺激が，実験者と同じように個体に見えているかどうかは問わない。たとえば，光の波長に関する般化勾配の研究に際して，光は時には明るさでマッチされ，その勾配は色だけへの反応を表すものとなる。しかしこれはそのデータへの不当な侵犯である。刺激が提示されたときに個体が何を見るかを推測することや，推測されたことは，今，提示されていることであると仮定することは，環境事象を特定する目的で物理学が提供するすべてのものを捨て去ることであろう。いくつかの古典的な問題の重要性は，それによって否定されない。刺激は物理学の用語で特定することがしばしば難しい。異なった刺激が同じ効果を持ち，また同じ刺激が異なった条件では異なった効果を持つように見えるかもしれない。しかし，ある種の不変性に到達するために，実験者の反応に頼ることはなんの解決にもならない。同様に，"ある課題の複雑性に関連するパラメータ"や，ある状況の"欲求不満（フラストレーション）を引き起こす"もしくは"不安を生成する"特性に対するどのような言及もまた，被験者や実験者がその複雑性や情動の指標としての役割を果たしていようとも，いかがわしいものである。

　(2) その他の独立変数は，動機づけと情動に関する古典的領域で見出される。実験的分析者は，内的状態をそのようなものとしては操作しない。分析者が操作するのは，空腹ではなく食物の摂取である。また獲得された動因としての恐怖ではなく嫌悪刺激を，不安ではなく嫌悪刺激に先行する刺激を操作する。分析者が投与するのは薬物であり，薬物の生理学的効果ではない。分析者はある変数として個体の年齢を取り上げるが，成熟のある水準を取り上げはしない。分析者は付随する従属変数を時には使用するが，［行動の］測度としてではない。たとえば，分析者は遮断化の履歴の代わりに体重を使用するかもしれないが，それは遮断化の単なる別の効果にすぎず，空腹の測度ではない。

　(3) いわゆる"強化随伴性"は，実験的分析で研究される独立変数の1つの

重要な特徴である。いくつかのよく知られている随伴性は，たとえば条件づけや消去，強化遅延である。ややより複雑な随伴性，たとえば刺激弁別や反応分化の原因となっている随伴性もまたかなりよく知られている。しかし多くの心理学者は，現在よく研究されている随伴性の複雑さに気づいていない。多くの標準的な強化スケジュールに加えて，強化は，オンラインのコンピュータ分析によって検知された反応率や，反応率の変容率，反応率変容の特定のパターンに随伴するであろう。随伴性は，様々な方法で相互に関連するいくつもの刺激と反応に関与するであろう。教示を用いた随伴性についてのプログラムを設計するためには，かなりの技能が必要であろう。そしてそのプログラムは行動をこの種の複雑な最終の随伴性の制御下に置く。事実，プログラミングの重要性はしばしば完全に見落とされている。たとえば，ある種の個体やある年齢の個体が"ある種の問題を解決できない"という叙述は，それを言った人が，試みられてきたプログラムを特定し，より良いプログラムが計画されるかもしれない可能性を考察するまでは，無意味なのである。

　被験者に対する教示の中で一連の随伴性群を記述することは，被験者をその随伴性群にさらすことの代わりにはならない。その随伴性群がプログラムされる必要があるときは特にそうである。もちろん教示は，被験者の言語履歴に部分的に依存して効果を持つが，しかしどのように装置が作動するかを実験者が説明した被験者の行動は，その装置によって確立される最終的な随伴性の制御下にある被験者の行動とは必ずしも類似していないだろう。

　強化随伴性は，確率，意思決定，ゲームに関する理論において形式的に分析されてきたが，それらの理論家は，彼自身の行動の観察から離れて，随伴性のある任意のセットがどのような効果を持つのかや，どのような種類のプログラムがそれを効果的にするために必要とされるのかを知るすべをしばしば持っていない。ある仮定——たとえば，ある個体が合理的に振るまう——は，随伴性についての叙述を完成させるために，観察の代わりに時には使用される。教示といった，随伴性についての形式的な叙述は，それ自身の効果を持ち，もし十分詳細に記述された場合は，いくつかのルールを提供するだろう。そうしたルールは，随伴性それ自身に長くさらされることによって生み出されるであろう行動に類似した行動を制御する先行刺激として機能する。しかしながら，その

2つのケースは明確に区別されなければならない。個体が複雑な随伴性の制御下にあるとき，それは，必ずしも複雑な随伴性を記述する"ルールを適用している"わけではない。

　実験的分析の増大しつつある力によって，複雑な随伴性の効果を検討することが可能となってきたが，個体はある認知的過程を働かせることによってのみ，その随伴性に順応すると伝統的には仮定されてきた。そのような認知的過程は，どのように随伴性がある行動を生み出せるかについてのより良い何らかの情報がない場合に，その行動を説明するためだけに考案されてきたということは，時には自明のことである。実験者は，その行動を随伴性と関連させることができないでいたし，個体が幾分かはそのように心的になしてきたと結論せざるをえない。仮定されたこの種の認知的過程はいつかは無視されるだろう。しかしながら，他の過程は前駆的行動——引き続く反応の強化を最大化する際に，そうした反応の持つ効果によって維持されている行動——の内在化した種類かもしれない。前駆的行動は実験的分析の主要なテーマの一部である。それは通常は顕現的な形態で研究されるが，最終的には非顕現的な水準に至るかもしれない。どちらの場合においても，それは心的な活動としてというよりも行動に影響する行動として定義される。

変数間の関係性についての取り扱い

　実験的分析で研究される行動過程は，操作された変数の関数としての［反応］確率（もしくは反応率）の変化で通常は構成される。その変化は，"試行から試行"——初期の心理学研究の偶発的な特徴に由来した慣行——というよりも実時間で現れてくるものである。実時間ということに強調があるのは，なぜ累積記録が有益であるかの別の理由である（累積記録は時には他の種類のデータを"平滑化する"ために使用される。たとえば，迷路を学習したり問題を解決する際の反復試行中になされた誤反応といったデータである。そして進行中の反応の累積記録もまた，同じ種類の根拠のない平滑化を示すとよく示唆される。しかし重要な違いは，実時間における累積曲線の傾きは，行動の意味のある状態を表しているということである）。

　従属変数と独立変数間の関係は，R. A. フィッシャーがその用語を使用した

ような先行する"実験計画"に従って探求されることはまずない。帰無仮説は，無価値なクラスにそれ自身を見出す。生理学的，心的もしくは概念的な仮説を検証するために計画されていない研究は，物理学者や化学者，多くの生物学者にとっては全く理にかなっているように見えるのだけれども，統計学を科学的な方法と認識している人々を困惑させているようにみえるだろう。普通に行う研究活動は，刺激，反応，強化がある随伴性内で相互に関係しあっている，ある実験空間を構成することである。随伴性はある部分は個体がその実験に持ち込む行動に依存している。行動が変容するにつれて装置を変化させるための用意が通常はなされているが，それはあらかじめ決められた計画に従ってなされることはめったにない。変数の実験的制御が，統計解析を通じて推定される重要性の事後評価よりも強調されるのである。研究される個体数は，統計的実験計画における数よりも通常はかなり小さいが，どれか一個体が観察されている時間の長さは通常はずっと長くなっている。

　仮説や理論なしで，重要な事実とそうでない事実を区別することはしばしば不可能と言われているが，実験的行動分析はこのことを実証しているようには思えない。この学問はその過去を積み上げることで進歩してきた。改良された定式化や技術によって，ずっと広範囲にわたるより正確で再現可能なデータが導かれてきたが，それがより以前の研究を全く却下することにつながることはなかった（一例を挙げると，データが検証するよう計画された理論が捨て去られたからといって無意味になるようなデータはほとんどなかった）。振り返ってみると，無作為な目的のない探求はほとんどなかったように思える。たとえば，強化随伴性についての組織的な分析といった研究分野は理論を必要としない。強化スケジュールについての研究において，ファースターと私は，かなりベーコン的［帰納的］な方法で進めた。そこで私たちは，時計や計数器，速度計，固定および変動系列などを組み合わせることによって生み出された様々な可能性についての表を埋めていった。確率，意思決定，ゲームに関する理論で検討されている随伴性の多くは，類似した方法で生み出されており，その"理論"は，もしそれがあればだが，分析されている随伴性のもとで個体が行うであろうことと関連している。実験的行動分析は，発見することに進んでいくことで，その種の理論なしで済ますのである。

随伴性の組織的な操作に加え，人間に関する事柄の解釈は，実験にとっての豊富な示唆の源である。日常生活のいくつかのエピソードにおいて発見される諸条件は，もっと注意深く統制された場合に観察される効果を実際に持つのだろうか？　ある強化履歴は，現在の遂行の原因であることを示すことができるのか？　随伴性のどのような変化が，別の，そしておそらくはより受け入れられる結果を持つようになるのか？　などである。実験者がこの種の疑問に答えようとする際に持っている推量や直観は，科学的方法の定式化された仮説ではない。つまりそれらはさらなる支援が求められる暫定的な叙述にすぎない。科学哲学者は今もなお，仮説演繹モデルに適合するように行動を再構成したいのかもしれないが，その方向への努力はたいしたものにはならない——考える人 (*Man Thinking*)[4] の行動の別の定式化が，実験的分析のはるかに遠くの到達範囲の1つとして垣間見える時は特にそうである（Skinner, 1957）。

　事実の確立された集積を拡大し，効果的な定式化を単純化する研究は，仮説を打倒もしくは広大な理論を確証する研究よりは，通常はあまり印象的なものではない。しかしそれはその埋め合わせるものを持つ。たとえ科学的な方法論者が，ある実験的分析においてしばしば採用されてきた立場を受けいれることに，通常は乗り気ではなかったのだとしても，そうしたい傾向のある人にとって，理論をつくるという活動は決して排除されない。仮説を検証することは全く別として，人は画一性を単純化することを求めているかもしれない。たとえば，なぜ強化スケジュールはそれらが持つ効果を有するのかについての理論を，様々なスケジュールによって生み出された多くの遂行間のある単純化された関係を探し求めることで，発達させるかもしれない。ファースターと私はこの方針に沿って，強化のまさにその瞬間に起こっている条件の重要性を議論して，思い切っていくつかの非公式的な推論を行ったが，こういった意味でのより良い理論は疑いなく可能であり，望ましいことである。

　行動の実験的分析によって発見された関係を表す際に，他の科学から引き出された隠喩や類推はほとんど使用されていない。行動の実験的分析の報告は次のような表現を含むことはまずない。それは「符号化，貯蔵庫からの読み出し，

4　第2章注12を参照。

反響回路，チャンネル過負荷，ゲート制御，加圧，流れ，排水，ネットワーク，中枢，細胞集合体」などである。トールマンのダンゴムシのような地図やスキーマ，レヴィンの場やベクトル，適応的機器として個体を表すブロック図もほとんど使用されない。隠喩や地図，仮説的構造を使用することなく過程を表現する利点は，秩序や厳密さといった偽の感覚によって誤って導かれないことである。フロイトは，仕事を始めたばかりの頃に，フリース[5]に対し，自分は心理学を強固な神経学的基盤上においたと書いた。その理論によって彼は"意識のまさしく条件づけに至るすべてで，神経症の詳細を見る"ことが可能になった（引用は Fine, 1962）。彼の手紙は，神経学や生物学，物理学から拝借した数字，構造，用語を強調していた。フロイトは，"ニューロンの3つのシステム，量の'自由な'そして'束縛された'状態，一次性と二次性の過程，神経系の主要な傾向と妥協による傾向，注意と防衛の2つの生物学的な規則"について言及した。この種の用語は強い高揚感を促し，フロイトはすきだらけの状態にあった。そして，最初の報告において彼は"激しく熱狂的で"あった。1カ月かそこら以内で彼はその理論を捨てた。彼は，振り返ってみるとそれは自分にとって"ある種の逸脱"のように思えると，フリースに語るだけの洞察力は持っていた。

研究に対する態度

実験的行動分析では，いまだ分析されていないものやいまだ説明されていないものへの慎重な態度もまた一般的な特徴である。批判はしばしば次のような形をとってなされる。それは，分析が過度に単純化されている，重要な事実を無視している，いくつかの明確な例外はその定式化がおそらく十分ではありえないことを示しているなどである（たとえば，Miller, Galanter, and Pribram, 1960）。1つの理解可能な応答はより大きな領域を対象にしようと努力する中で，利用可能な事実や原理を広げることかもしれないが，その研究［実験的行動分析］の一般的な計画は別の方略を示唆している。仮説，理論，モデル，およびそれらを支持するデータの統計的操作と異なり，制御された変数の関数として

---

5 フロイトの友人の耳鼻咽喉科・外科の医師。

反応確率の変容を示す滑らかな曲線は確実な事実であり，他［の曲線］を探し求めて人が進むときに，それについて心配する必要はない。欠点や例外は，やがて説明されるだろう。こうした方略は，「*Behavior of Organisms*」という本に関する初期に見られた批判の歴史によって支持されている。この本は，［ヒト］個体についてではなくラット，それもとても小集団のラットについてのものであると言われていた。いったいどのようにして，他の種の動物は言うまでもなく，他のラットが同じように振る舞うだろうことを確信できるのだろうか？　食物と水だけが強化子として使用され，社会的強化子は著しく欠如している。刺激——光とブザー音——はおおまかで，貧弱にしか制御されていない。データが選択点での行動を明らかにするように，2つのレバーが使用されるべきであったろう。そして結局，私たちは，単にラットは他にするべきことが何もないからレバーを押していたのではないということを確信できるのか？　これらの批判はすべて，［実験的］分析の通常の発展の単なる一部として，［特別な］努力も必要とせずに時間の流れの中で回答されてきた。

　ある領域の探求されていない部分について忍耐強く取り組むことは，行動の科学においては特に重要である。なぜなら，私たち自身の主題の部分として，私たちは，いまだ説明されていない事実によって圧倒されるかもしれないからである。捉え難い錯覚，記憶のごまかし，問題を解決するひらめき，これらは魅力的な現象であるが，行動の科学の枠組み内での本当の説明は，言葉の上での原理や"法則"，神経学的な仮説とは異なっているが，現在のところは手が届かないものであるかもしれない。行動の科学が，知識の現在の状態でそのような現象の厳密な説明を与えると主張することは，1600年のギルバート[6]に磁気増幅器を，1840年のファラデーに超電導を説明するように求めるようなものである。初期の物理科学者は彼らの研究主題の自然のままの単純さを享受した。最も微妙な現象の多くは，その科学それ自体の技術的な進歩を通じてのみ出現する。その他の現象は，実際は生じるのだが，それらの領域の部分として認識されていなかった。行動の科学者はそのような自然の援護を享受することはない。行動の科学者は，自身が研究している現象の全範囲に直面している。

6　物理学者のウィリアム・ギルバート。

行動の科学者は，それゆえ，大事なことから取り掛かることをより明確に決意しなければならず，その分析の力が許すときにだけ，より困難な事柄に進んでいく。

　実験的行動分析の最後の特徴。実験的行動分析に従事する人々は，その熱意のために大抵人目を引いてしまう。近年の論文で，Bixenstine（1964）は，すべての行動科学における根拠のない楽観主義を，実験的分析者が取る方法論的な立場が原因であると考えている。これはおそらく実験的分析者の影響を過大評価しているが，いずれにせよ，彼は誤った原因を指摘している。彼は，その楽観主義が，理論を構築するという懸念からの解放より生じると示唆している。そこにはより明確な説明が1つ存在する。それは［実験的行動］分析は正しく働いているということである。

引用文献

Bixenstine, V. E. (1964). Empiricism in latter-day behavioral science. *Science*, 145, 464-467.
Fine, R. (1962). *Freud: A critical re-evaluation of his theories*. New York: McKay.
Miller, G. A., Galanter, E., & Pribram, K. H. (1960). *Plans and the structure of behavior*. New York: Henry Holt.
Skinner, B. F. (1957). *Verbal behavior*. New York: Appleton-Century-Crofts.

訳者解説

　本論文「実験的行動分析とはなにか」は，1966年に「実験的行動分析誌（*Journal of the Experimental Analysis of Behavior*）」に掲載されたものである。論文の冒頭に記述されている通り，本論文は，行動分析学がアメリカ心理学会の25番目の部局として1964年に設立されたことを受けて，行動分析学が扱う研究領域の境界線を明らかにするために執筆されたものである。しかしその一方で，「実験的行動分析とはなにか」という題目の論文が，「実験的行動分析誌」に掲載されるという事実は，本論文が，初学者や他領域の研究者にとっての解説ではなく，すでに実験的行動分析に関わっている研究者に対する研究内容の再確認という意味も併せ持つと言えよう。たとえば，本論文では，教示によって形成された行動は，随伴性によって形成された行動とは異なることが繰り返し強調されているが，これは，それらを混同する誤りがヒトを扱った実験

的行動分析の研究で顕在化してきていることへの警鐘なのかもしれない。

　本論文では，心理学研究の基本となる実験変数（独立変数や従属変数，およびそれらの関数関係）に関して，実験的行動分析が扱うべき事柄を解説しているが，これらは本論文集の他の論文でも繰り返し指摘されてきている。そして最後の「研究への態度」という節では，未解明で未探求な領域が存在することを認めた上で，そのような領域への探求に囚われるのではなく，地に足をつけて研究することの必要性を説いている。この論文が発表された翌年の1967年にナイサー（Neisser）が「*Cognitive Psychology*」を著したことを考慮すれば，認知心理学という新しい領域の台頭と興隆の中で，オペラント学徒に対して，未解明の事実は魅力的に感じるかもしれないが，いずれ実験的行動分析の方法論で明らかにされることであり，実験的行動分析の研究実践に関して迷う必要はないというメッセージを伝えていると言えよう。そして，そのように言い切れる根拠は，最後の「the analysis works（実験的行動分析は正しく働いている）」という文に表されている。

第4章　オペラント行動[1]

　私たちが生物個体の行動に興味があるのは，環境に及ぼす行動の効果のためである（もちろん社会的な環境における1つの効果は，私たちの関心を呼び起こしている）。そういう効果のあるものは，その効果を生み出している［直前の］行動に光を投げかけるが，それらの効果の説明的な役割は，行動の後に効果が起こっているがゆえに，目的論という亡霊を呼び起こしてしまうという事実によって曖昧にされてきている。

　この問題を解決しようとする1つの試みが，ある任意の行動の効果に置き換わる現代風の代理物を作り出すことによってなされてきている。"その生物個体は何のために行動しているのか"という問いを実際の現在に持ってくるために，目的の質や特性というものが，行動にあてがわれるのである。あるいは個体がある効果を達成することを意図している，ある効果があると期待しているためにその個体はあるやり方で行動するとか，と言われている。または，その行動は，ある効果を最大限にしたり最小限にしたりする範囲内で有用性を持っているように特徴づけられている。もちろん目的論的な問題は，次のような問いに答えられるまで解決されはしない。つまり，何がある行為にその目的を与えるのだろうか？　何が，ある効果をもたらすことを期待するように個体を導くのだろうか？　そして行動の中にどのようにして有用性は表されるのだろうか？

　このような問いに対する答えは，最終的には，似たような行動が効果的であった過去の事例の中に見出される。元々の最初の問題も同じ方法で直接，解決

---

[1] Skinner, B. F. (1963). Operant behavior. *American Psychologist, 18*, 503-515.

されうる。ソーンダイク（Thorndike）の効果の法則は，この方向に向かう最初の一歩であった。つまり，ある反応とある環境的な事象（通常はその反応によって産み出されるもの）がおおよそ同時に生起することは，反応しているその個体を変容し，それと同じ種類の反応が再び起きるという確率を高めるのである。その反応自体は，すでに履歴の中へと過ぎ去り，今変容はされない。

　個体にみられる変容を強調することで，ソーンダイクの原則は，目的，意図，期待，効用というような概念を用いることなく，将来の行為のいくつかある原因の中から行為の効果を含めて考えることを可能にした。そのときまで，行動の唯一論証できる原因は，先行刺激であった。誘発刺激の範囲は，パブロフの条件づけによって後に拡張された。そして，その概念は，動物行動学の解発子を含むまでに拡張されうることになった。しかし，単にそれらの刺激を特定したり操作したりすることによっては，行動のごく一部が予測あるいは制御されうるだけである。効果の法則は，行動が，その関数であることを示しうる重要な新しいクラスの変数を追加した。

　ソーンダイクの解決策は，系統発生の目的をダーウィンがどのように扱ったかによっておそらく示唆された。ダーウィン以前には，よく発達した目の目的は，生物個体がよく見えることを可能にするためであると言われてきただろう。自然淘汰の原理は，"よりよく見ること" を，未来[2]から過去[3]へと移動させた。つまり，よりよく発達した目を持った生物個体は，よく見ることのできてきた個体の子孫であり，それゆえそういう生物個体はより多くの子孫を残してきたのである。ソーンダイクは，前述した効果の法則よりも，自然淘汰の原理により近かった。彼は，ある種の後続事象が過去に引き続いて起こってきた反応はより再び起こりやすくなっていたと言う必要はなく，単にその反応はより起きにくくなったのではないと言う必要があった。そうした効果を持つことに失敗した反応は，より恵まれていない種と同様に消滅する傾向にあるがゆえに，先のような反応［ある種の結果が過去に引き続いて起こっていたもの］は，最終的には幅をきかせるのである。

---

[2] 目的的に未来を志向すること。見えるために目が発達したという考え方を指す。
[3] 過去の履歴。目がよく見えるものが生き残ってきたということ。

ソーンダイクは，［行動の］目的という概念よりも，動物がどのようにして問題を解決するかに関心があった。彼の効果の法則は，目的的な定式化では終わらなかった。次の四半世紀の間，行動の研究に使われたこの法則は，行動とその後続事象の間の意図的な関係を強調し続けた。この関係は空間的に表現された。たとえば，迷路の中で，走路で，または開けた空間で，生物個体は，自らのゴールに「向かって」走った。弁別学習のための装置の中で，この個体は食物「へと」導くドアを選んだ。また，シャトルボックス[4]の危険な側「から」逃げ出したり，危険な刺激の源「から離れて」行った。また，くま手や紐を使って対象物を自分たちの「方に向かって」引き寄せた。この実験を行う者は，生物個体と，その個体がそれに向かって動いたり，あるいはそれから離れたりしている対象物の空間的な関係の中に，行為の目的を見ることができよう。その生物個体自身も効果的に行動するためのそのようないくつかの［行動の］型の中に目的的な関係を見ているに違いないとさえ主張された。たとえば，ケーラー（Köhler）はソーンダイクをちょうどこの点で批判した。

　目的，期待，意図の空間的な表現は，ソーンダイクによって強調された最も重要な関係の特徴の１つをわかりにくくした。彼が同定したこの過程（プロセス）は，30年の間，探求されることがないままで，その間，この過程は機械的な習慣形成やパブロフの条件づけの様々な定式化と混同された。しかし，1920 年代後半，行動の後続事象が別種の機器によって研究され始めた。条件反射の研究に用いられたパブロフの技法は，そのような機器の発達に寄与した。パブロフ自身は，そういう後続事象といったものには主に関心がなかったにも関わらず，である。実際，彼の基礎研究では，生物個体はなにかをする「ために」餌を受け取っているのではないと言われていたかもしれない。条件刺激によって誘発された唾液分泌はそれに引き続く食べ物を産み出しはしない。しかし，その実験計画はある瞬間に自動的に与えられる食物を必要としていた。一度この手続きが知られたものになると，似たような方式で反応が食べ物を"もたらす"装置を整置する（arrange）ことは［そこから］さほど大きなステップではなかった。パブロフの同僚の１人である，イヴァノヴ=スモレンスキー（Ivanov-Smolensky,

---

4　能動的回避等を研究する装置。

1927）はソーンダイクに似た実験的な整置を行ったが，そこでは子どもがゴム玉を握り，そしてキャンディを自分の口に入れていた。ミラーとコノルスキー（Miller & Konorski, 1928）は，犬の足に与えるショックがその足の屈曲を誘発し，その結果として生じる動きに引き続いて食べ物の提示が起こるような装置を考案した。犬の足は最終的にはその足にショックが与えられなかった時でさえも屈曲した。アメリカにおいて，D. K. アダムス（Adams, 1929）は似たような整置を猫で使った。英国においては，グリンドレイ（Grindley, 1932）はモルモットで行った。この本質的な特徴は，レバーを押すと給餌器が操作されるという装置に見られるものであろう（Skinner, 1932）。レバーを押すことは，食べ物を得るのに自然なやり方でもないし，あるいは無条件的な方法でもない。レバー押し反応が食べ物を産み出すのは，食べ物がそのレバー押しに引き続くという意味においてのみである。これは，因果律のヒューム主義（*Humean*）の見解である。それにもかかわらず，行動は変容される。行為の後続事象は，どのように，あるいはなぜその後続事象が行為に引き続くのかに関わらず，生物個体を変容する。［行為と後続事象の］結びつきは，関数的である必要も，組織的である必要もない。実際に，それは，ソーンダイクの実験でもそうでなかったようにである。

実用的な利点

このような初期の装置は，目的の空間的な表象を取り除こうとしてデザインされたのではないが，しかしそのときの装置はすべてそれらを取り除くものになり，その事実は広範囲に渡って影響をもたらすこととなった。装置のいくつかは実用的であった。実験者は次のような反応を選ぶことができる。つまり，都合よく記録される反応，生物個体が長い時間疲れることなく素早く遂行できるような反応，あるいは種の特有性を最小限にし，よって行動の反応型に一義的には関連していない特性に関して種間比較を進めていくような反応である。特に，外部の変数から相対的に自由であり，そういう変数によって誘発されたり，喚起されたりする反応とあまり混乱する可能性のない反応を選ぶことが可能であった。たとえば，シャトルボックスを電気ショックの先延ばしや終了の効果について研究するために使う際に，変化がもたらされる行動（一方からも

う一方へ走る，あるいは飛び跳ねる）は，そのショックに対する無条件性の反応，つまり空中に飛び上がる，ジャンプするといったものに反応型としては似ているし，また，ショックが与えられてきた空間から逃避する，より洗練されたパターンにも似ている。またこの変化を受ける行動は，パブロフのやり方で条件づけされたそういう類のものと，警告する刺激によって誘発された類のもの両方の反応にもまた，似ているだろう。こうしたこの不可避な混乱は，あるショックの延期や終了が，ある任意の反応に随伴されることによって回避されうる。その反応とは，たとえば，問題となっている変数には他の点で関連していない，シドマン型の整置[5]におけるレバー押しのようなものである（Sidman, 1953）。

　後続事象と単に時間的に関連している反応はまた，自動化された装置で便利に研究されうるだろう。特に熟練した技術的援助が利用可能でない時は，研究者が多くの実験を同時に行うことができる装置が開発された。自動化された迷路や弁別箱が作られてきた，あるいはすぐに作られたであろうことは真実であるが，最近のプログラミング，および記録装置は，条件が容易に整備できるという理由で任意に整置された後続事象を持つ反応の研究に［その過程を］たどることができる。自動化された装置が利用可能であることは，装置を標準化することに役立ってきたし，また手を使って整置したり，あるいは目で追いかけることが複雑すぎてできないような，反応と後続事象の関係についての研究も促進させてきた。

　別の実用的にもたらされた結果は，用語の面である。反射の概念は，ある反応の後続事象には何の言及もしなかった。反射は，しばしば明らかに"適応的"であり，しかしこれは一義的には系統発生的な効果であった。"オペラント"という用語は，反射と，環境に直接操作する反応とを区別するために導入された（Skinner, 1937）。［このオペラントの］代わりとして用いられてきた"道具的"という用語は，道具を使用することを示唆している。ラットは"食物を得るためにレバーを使う"と言うことは，目的的な含みを持っており，そこに道具としては何も同定されえないときには，［今度は］その個体はある効果を得るために"ある反応を用いている"とよく言われる。たとえば，言語行動は，

5　シドマン型の回避のことと思われる。フリーオペラント型回避とも言う。

"単語の使用"として解釈されているが，しかし，単語は行動とは別に離れたモノとして存在しているという含意は，分析を不要に複雑にしているのである（Skinner, 1957）。別の変更は，"報酬（reward）"から"強化（reinforcement）"であった。報酬は，しばしば契約的に進められた整置の類の中で見られるようなあるやり方で行動したことに「対する」代償を示唆している。強化はその語源的な意味において，単にある反応を強めることを示している。強化は，パブロフの条件づけにおける似た事象も指示しており，そこではやはり報酬は不適切である。このような用語における変更は，自動的に目的的な表現を除去してこなかった（たとえば，"ハトはキイをつつく「ために」強化された"などの表現）が，ある任意の例は通常は言い替えうる。Bernatowicz（1958）が指摘してきたように，同等の目的論的表現は，他の科学の領域においてもよく見られる。

データとしての反応率

反応とその後続事象の間の任意の結びつきについて研究することのもっと重要な結果は，そのときに利用可能となった簡素化された手続きと共に，反応率を行動の1つの特性として強調してきたことである。それより以前の装置は，ほとんどいつも試行から試行にわたる反応を研究するために使われてきた。そこでは，反応率は実験者によって制御され，よってデータとしては分かりにくくなっていた。個体がいつでも反応できる場合には，その個体の反応率は，いくつもの微妙なやり方で，広い範囲にわたって変化する。反応率に見られる変化は，莫大で，以前には多くが気づかれなかった研究主題から成っている（このような変化は累積記録器によって，はっきりと見える形にされた。オペラント行動の研究において，この記録器が至るところにあるのは偶然ではない。累積記録において，反応率と反応率における変化は，十分な時間にわたって一目で見ることができる。この"実験進行と同時の"記録によって，実験者は変化が起きたときにそれに注意を向けることができ，それで適切な手段を取ることができる）。

反応率は，特にそれが科学的な分析の主な課題に関連しているがゆえに重要である。行動がしばしば興味を引くのは，その特徴と呼ぶべきもののためである。動物はつがいの相手に求愛し，住むための場所を作り，自分の子どもの世話をして，食料を探しに行き，縄張りを守るなど魅力的な多くの方法で行動し

第4章 オペラント行動

ている。これらは，研究する価値のあるものであるが，本来備わっている物語は別の課題から注意をそらすことができてしまう。一般的な行動規範に縮約してさえ，「どのようにして」動物が行動するかの物語的(ナラティブ)な説明は，「なぜ」(そのように行動するか)を考察することによって補われるに違いない。求められていることは，ある反応があるときに起きるであろう確率を決定する条件の分析なのである。これはちょうど確率の頻度説と物理学におけるそれに匹敵する問題が示してきたように，反応率は必ずしも反応確率と同等ではない。多くの研究者は反応率をそれ自体によってデータとして取り扱うことを好んでいる。しかし最終的には，行動の予測と制御は，ある反応が自発されるであろう確率の評価を必要とする。反応率についての研究はその方向にある1つの段階なのである。

　反応率は，それ自体注意を引き付けるものではなく，またその従属変数としての有用性が発見された場合にのみ集中的な研究が行われる，ある主題のいくつかの側面の1つである。他の科学もこれに相当するような段階を通ってきている。化学者によって研究された元素や化合物もまた，興味を引く特徴を持っている。それらは，様々な色，質感，そして凝集状態で存在し，熱したり，溶かしたり，化合させたりなどすると驚くべき変成を示す。これらは，ごく自然に最初に注意を引く特徴である。たとえばこれらは，錬金術師の根本的な関心であった。対照的に，物質のある与えられた量の単なる重量は，それ自体にほとんど関心が向けられていなかった。しかし，反応している物質の重さがある法則にしたがっていることが見出されたときにのみ，化学は近代の局面へと移っていったのである。それによってなされうることがあるがゆえに，重さを結合することは重要になった。反応率は行動の科学において，似たような理由によって基本的なデータとして現れてきた。望むらくは，化学に匹敵する結果を伴ってほしいものだが。

　反応率は，初期の頃の器具や手続きから得られる尺度，たとえばある課題を完了するために必要な時間，そういう課題を行うために費やされた時間やそれを行うときに見られた誤反応(エラー)の数といったようなものとは異なっていた。そして，データの2つの種類は，科学的な主題としての行動の異なる概念を導いてきた。私たちは基本的な過程は整然としており，連続的であり，重要であると

信じたがるが，迷路，メモリードラム[6]，シャトルボックスなどの装置から得られたデータは，試行ごとに"ひどいノイズで"データが一様ではなく[7]，それらの次元に対する特定の課題(タスク)や装置に依存している。ゆえに，規則性のある重要な過程は，別のところで探し求められることになる。つまり，精神的な，生理学的な，あるいは単に概念的な，ある内的なシステムの中に，である。この内的システムは，その性質上，生物個体の行為の中に決して直接的に観察されず，またいかなる状況においてもその行為によって正確に表されることもない。オペラント分析においてはそれと同等な内的なシステムは存在しない。反応率の変化は直接的に観察され，この変化は科学的な定式化にとって適切な次元を持ち，さらに熟達した実験的な制御下では，この変化は生物学的な過程一般に期待される統一性を示す。それにもかかわらず，これより古い定式化に慣れている人々は，分析に対する代替的な主題として［反応率の変化を］受け入れることは自分たちには難しいことに気づいた。

行動の過程(プロセス)

その難しさの1つは，反応率の変化は初期の測度から推測される行動の過程とはよく似ていないことである。いくつかの例が学習の領域から引用できるであろう。強化的な後続事象を整置することによって，ある反応が起きる率を増加し，またその後続事象を取り除くことによって，反応率を下げる。これらはオペラント条件づけと消去の過程である。これらの反応の型としての特徴は，随伴性に依存する。たとえば，レバーを押すのに用いられる力は，給餌器を操作するために必要な力に関連している。最初［に必要とされた］中程度の力は，必要となる力を徐々に強めていくことによって，生理学的な限界内ではあるが，もっと強められうる。複雑な反応型は，プログラムと呼ばれる，一連の変化する随伴性でもって，"反応形成され"(シェイピング)うる。このプログラムのそれぞれの段階では，ある反応が喚起され，また後の段階で生物個体が反応するように準備もまたなされる。反応形成のプログラムは，あらかじめ機械的に規定されうるが，

6　対連合学習などの記憶学習で用いる一定時間で文字が次々と提示される装置。

7　変動が大きく安定していないこと。

第4章　オペラント行動

この過程は，実験者が実験を行いながら随伴性をその場で改善するときに最も容易に例示される。

　迷路や問題箱，メモリードラムなどによって喚起される行動もまた反応形成されるが，ほとんどすべての場合，随伴性の特別なプログラムをすることはなしにである。［これらの装置のもとでは］個体は，「最終段階の」複数の随伴性の一群に，通常は即座に曝され，そのためには適切な行動を持ち合わせてはいないのである。しかし，反応は生起する。つまりラットは迷路を探索し，被験者はその次の無意味つづりを推測する。そして，これらのうちのいくつかは最後には最終段階の行為に導くようなやり方で強化されるかもしれない。このことが生じてくる一連の段階から私たちは何を結論づけることができるだろうか。

　このようなデータは，通常はいわゆる学習曲線でプロットされる。この曲線は言わば，試行ごとに課題を完了するために必要な時間，あるいはその課題を行う間になされた誤反応の数を示している。これらは事実であり，ある意味定量化が可能である。このような学習曲線から，制限はあるが別の生物個体が似たような状況でどのように行動するかを予測するであろう。しかし，その曲線の形状は，オペラント分析で明らかにされた条件づけや消去の過程について，ほとんどあるいは何も語らない。その形状は偶発的な随伴性の天然のままの［洗練されていない］全体的な効果を単に記述しているだけであり，しばしばその生物個体についてよりむしろ，その実験装置や手続きについてより多くのことを語っている。

　似たような矛盾が刺激の分析においても見られている。いわゆる刺激－反応理論［S-R理論］では，刺激は慣習的に反応に先立つ何かとして広く定義されている。つまり，条件反射における誘発刺激や，もっと複雑な行動に対する"手がかり［キュー］"，あるいは内的な"動因の状態"でさえも刺激として定義されている。この［刺激という］用語は原因とほとんど同義語であり，原因と結果の間の様々な関係は普通は区別されない。一方，オペラントの刺激性制御は注意深く分析されてきている。いかなる先行刺激を同定したり操作したりすることもせずに，ある反応の反応型を形成することはできるが，刺激はもっと複雑なタイプの随伴性と結びつく。このような随伴性では，ある刺激が存在しているときにある反応が強化され，それによってその反応はその刺激が存在

しているときにより自発されやすくなる。この随伴性における三項，つまり刺激－反応－強化子の間の関係は，研究する価値のある広大な領域を成している。

ある反応がある刺激が存在していたときに強化された場合に，その刺激によって獲得された制御の1つの特性は，いわゆる刺激般化勾配において示される。心的な，神経学的な，あるいは概念的な内的システムにおける仮説的な勾配については何年も議論されてきている。しかし，Guttman (1963) と彼の門下生やそのほかの人の業績のおかげで，行動的な勾配が今や直接観察される。ある色や大きさの丸いキイをつついたときに強化されたハトは，ほかの形や色やサイズのキイに対してはより低い反応率でキイをつつくだろうが，それは元々の［強化された色やサイズ，形］との差異に依存する。もしある［刺激の］特性が存在しているときにその反応が強化されて，他［の刺激特性］が存在しているときには消去される——これはよく知られた弁別の過程であるが——ときには，非常に鋭敏で強力な制御が確立される。授業での供覧実験では，反応が緑のキイではなく赤のキイ制御下に置かれる。キイが緑の間は，何の反応もおきない。キイが赤になったら，そのハトはキイをすぐにつつく。この刺激の力は，ちょうどハトのくちばしがそのキイに向かって動くときに赤から緑に変えることによって劇的に示されうる。そのキイつつき反応は，空中で中断される。［その動きを途中で］止めるにはおそらくそれを続けるよりも多くの労力を要するにも関わらず，である。刺激性制御は，生物個体を微細な弁別に導くプログラムで関連する刺激を変えることによってもまた形成されうる。これは Terrace (1963) が最近示したように，しばしば"誤反応"なしに，である。しかし，このことについては感覚学習の伝統的な研究においてほとんど見られない。たとえば，古典的な多肢選択の装置を使って，生物個体は最終的な随伴性の一群に一度に曝される。適切な行為に向かう個体の進行［具合］は，一連の試行でなされた誤反応数や基準に到達するまでにかかった時間を示す曲線で表される。しかし，繰り返しになるが，これらの測度の次元は恣意的なものであり，そこで示される行動は明らかに［行動の］切り換え［で起こる］，多くは偶発的な随伴性の産物である。

学習についての古典的な研究は，「獲得」の過程を強調してきた。これはおそらくは，ある生物個体が新しい何かをすること，あるいは新しい刺激に反応

することは容易に見ることができるためであろう．しかし，強化もまた，生物個体がその行動が獲得されたずっと後まで反応することを続けているという事実に責任を負っている．この事実は，通常は動機づけ的な要因に帰されてきているが，実験的分析は様々な間欠強化スケジュールが通常は関与していることを示してきている．強化の性質や量は，それが提示されるスケジュールよりもそれほど重要ではないことがしばしばである．繰り返すがプログラミングは重要であり，なぜなら多くのスケジュールは，介在する随伴性を生物個体が経験したときのみ，効果を発揮することができるからである．非常に簡単な例を取り上げてみよう．もし100回の反応が決して自発されないのであれば，100回ごとに強化する装置は，全く効果がないであろう．しかし，2回ごとに強化する，次に5回ごとに強化する，10回ごとに強化するなど，それぞれの段階でその行動が十分に発達するまで待つことで，その個体をもっと［反応を］必要とするスケジュールの制御下に持ってくることができるのである．病的なギャンブラーや研究に専念している科学者は両者ともに関連した（"VR（変動比率）"）スケジュールで強化を受けた特別な履歴がもたらす最終的な行動を示している．この履歴を，前者の場合には社会は予防しようとし，後者の場合には奨励するのである．

　最終的に複雑なスケジュールを制御下に置く履歴は，もちろん，最終的な行為の中では見えていない．かつてとある科学者は，ある薬物の効果を評価する際に，混成固定時隔・固定比率スケジュールの使用を証明するためにある装置を借りた．その装置とともに借りたハトの一羽が偶然死んでしまったので，別のハトを購入して同じ装置に入れたが，驚いたことに何も起こらなかった．私たちはこれと同じ過ちを，「現在の」スケジュールだけを検証することで，人間の行動における強化のはっきりと見える効果を説明しようと試みるときに，犯してしまう[8]．

　経時的もしくは同時的な配置における複数の刺激と反応が関与している複雑な最終的な随伴性は，しばしば問題[9]と呼ばれる．ある個体が最終的な随伴性

8　過去の履歴が現在の行動に影響していることを考慮しないと個体の行動の違いを誤って理解してしまうということ．

の制御下にきたときに，その個体はそのような問題を解決したと言われる。しかし，そのような随伴性群のもとで適切に反応するその個体の能力は，ある一連の介入段階を通してそれらの随伴性群に到達する個体の能力とは区別されなければならない。この意味で個体が問題を解決できるかどうかは，その個体が経験してきたプログラムの可能性と等しいもので，それはそのプログラムを作ったプログラマーの技量であり，またいわゆる問題解決能力と呼ばれる能力と等しいものである。準備されたプログラムの援助なしに，ある個体が問題を解決できるかどうかは，最初に利用可能な行動とその行動に引き続いて起こる，幾分偶発的な随伴性に依るのである。異なる種や，あるいは同種での異なる年齢やその他の特性を持つ個体間においての問題解決能力における明らかな違いは，適切に解釈されなければならない。学習と同じように問題解決も，繰り返しになるがしばしば内的システムに帰されている。しかし，このような仮定された内的な過程は，それらが説明している事実と同じように，もっと複雑なのである。隔離された能力や思考過程[10]に傾倒している人々にとっては，行動それ自体の分析を，居心地良く感じることはあまりなく，それゆえ［行動分析的方法論を］代わりとなる別の取り組みとしては受け入れがたいと思えるのである。

統計学

　別の困難な点は，方法論上［の問題］である。ある内的システムで起きている過程は，通常"統計学"のみを用いて研究されうる。もし学習が単一の行為において決して正確に表されないのならば，複数の行為は平均化されるに違いない。もし内的システムについての記述が直接観察されえないのであれば，仮説が立てられ，そして定理が演繹され検証されるに違いないが，それは，論理学と科学的な方法において確立された実践の後に行われる。もしその内的システムのいくつかの特性が，もっと多くの事実の一群に関連してのみ意味を成すのであれば，因子分析のような手続きが必要とされるであろう。この様式に則

9　問題解決の対象としての問題の意味。
10　現実世界と離れた，○○能力や内的システムなどを指す。

った研究が，その統計的で論理的な手法を洗練化することで評価されるようになっているということは驚くべきことではない。ある実験における信頼性は，研究された被験者の数に比例し，ある実験は，適切に"計画される"場合のみ優れていて，結果は特定の検定によって決定された水準でのみ有意である。

　以上のことの多くは，実験的行動分析にはないものである。この分析では，実験は数個体で通常行われ，行動的な過程を表す曲線は滅多に平均化されず，複雑な心的な活動に帰される行動は直接分析されるなどしている。このより単純な手続きが可能なのは，反応率とその反応率における変化が直接観察可能だからであり，累積記録で示されるときに特にそうである。その効果は顕微鏡の分解能を高めるのと似ている。つまり，新しい［研究］テーマは，すぐに直接，探求を行うことが可能である。［そこには］統計的な方法は不要である。ある個体の示す遂行が安定していたり，あるいはゆっくり変化している場合，次の段階が予測できる確証を評価するために立ち止まることは，大抵の目的にとっては無意味なものである。変数が変えられ，遂行における効果が観察された場合に，変化が本当に起きたということを統計的に立証することは多くの場合，意味のないことである（このような場合に，その個体は"それ自身の統制としてとり扱われて"いると言われることがあるが，この表現，つまり基本的に別の方法論から借用されたものは，潜在的にやっかいなものである）。行動の研究では観察という方法で，多くのことがなされうるが，この観察はファラデー（Faraday）[11]にとって利用可能なもの，たとえば磁石，電線，電池と同程度に洗練されている。最終的には，研究者は，間接的な方法が必要になる周縁的な領域に向かうかもしれない。しかし，そのときまでは，伝統的な統計的方法に付与している権威を放棄せねばならない。

　いくつかの伝統的な方法の使用もまた問題にしなければならない。学習曲線は，その曲線が事例を平均することによっていかに滑らかに作られたとしても，不十分なままである。統計的な手法は，ノイズは消去するかもしれないが，その次元［行動を測定する側面として］はいまだ欠陥がある。［一方，］別の個体の遂行を予測することを可能にする曲線[12]は，それゆえ［上のような学習曲線が想

11　電磁誘導の法則の発見者。

定する]基本的な過程を表してはいない。さらに納得のいく次元を持つ変数における変化を報告している曲線は，多くの場合平均化できない。累積記録にみられる［個体の］特異性は，その生物個体の側の気まぐれな性質，あるいは実験者の側の欠点のある技法ということを必ずしも示しているとは限らない。生物個体と呼ばれる複雑なシステムは精巧で，そのほとんどが未詳の履歴を持っており，この履歴がその個体にある個別性を授けているのである。正確に同じ条件であっても2つの個体は実験に対して同じように反応しないし，またそれら2個体は実験的な空間において随伴性によって同じやり方では影響を受けない（多くの随伴性は，それらが厳密に制御されたとしても典型的ではないだろう。そして，いかなるケースにおいても随伴性は個体が実験に持ち込んだ行動との組み合わせにのみ効果的である）。統計的な手法は，このような個別性を除去することはできない。統計的な手法は個別性を覆い隠し，変造することができるのみである。平均化された曲線は，［そもそも］その曲線を形作っているどの事例についても正確に表していることはまずないのである（Sidman, 1960）。

　個体の個別性を認識している分析は，他の学問領域，たとえば神経学，精神薬理学，精神療法といったところと接点を持つときに，特に価値がある。このような領域においては，一個人に特有な変数のまとまりもまた考慮されるに違いない。その分析の厳格さは必ずしも脅かされはしない。オペラントの方法は，それ特有の巨大な数を利用している。1000匹のラットを1時間ずつ，あるいは100匹のラットを10時間ずつ研究する代わりに，その研究者は1匹のラットを1000時間研究するだろう。この手続きは，個別性を認識した探求にとって適切であるだけではなく，少なくとも，装置の使用や研究者の時間と労力の用いられ方についても同様に効率的である。一貫性や再現性の最終的な検証は，方法の中にではなく，達成された制御の度合いの中に見出され，そうした検証は実験的行動分析が通常容易に通過できるものである。

　オペラント行動についての研究はまた，統計学者によって規定される"実験計画"の後に行われることは滅多にない。たとえばラテン方格にみられるような，変数が事前に配置されている実験計画は，大きな障害である。行動への効

12　累積記録の曲線のこと。

果が直接観察されうるときに，それに関連する変数を，その場で素早く変えたデザインによって操作することで，探求することが最も効率的なのである。似たような実践が近代科学のより多くの分野で貢献してきている。しかし，このことは，フィッシャーの『実験計画（「*The Design of Experiments*」）』の趣旨ではない。ランスロット・ホグベン（Lancelot Hogben, 1957）が次で述べているように，フィッシャーの著書は読み手に以下のようなことを負わせているのである。

> 統計的な方法を頼みとするという影響は，いかなる類のものであっても実験計画が前もって必要となることである。このような状況では，ギルバート（Gilbert）やフック（Hooke）からトムソン（J. J. Thomson）やモーガン（Morgan）に至るまで，実験的な科学者の全体的な創造性は，呻き苦しみ，また実りのない痛みを伴って生みの苦しみを苦労し続けてきている。また今の時代の生物学者にとって，この3世紀の間に実験的な科学のいくつかの領域の劇的な進歩を導いてきた，十分に検証された方法[13]から学ぶべきことは1つもない。(p. 29)

一般的に論理的かつ科学的な方法論と同じように，統計学も科学者の言語行動を強調している。科学者自身の測度がいかに信頼に値するものか，科学者が報告した差異がいかに有意なものであるか，そして，科学者が述べることが真実であると，どのようにして私たちは確信できるのだろうか。科学者の非言語行動は，それほど容易に体系化されたり，分析されたりはしない。このような考慮をする際に，科学者が「為す」ことは彼が「言う」ことよりは重要ではない。しかし，直接的に観察された効果によって導かれた変数を事前に操作することは，多くの点で，共分散を用いた事後分析より優れている。変数を事前に操作することによって，複雑な事例の研究においては，より素早い予測と制御や変数の実践的な組み替えにつながっていく。もちろん，最終的には実験者は言語的に行動しなければならない。彼は自分が何を行ったか，そして何を見た

13　統計のこと。

かを記述しなければならないし，さらに以上の義務を踏まえて自身の研究に従事しなくてはならない。しかし，強迫観念に取りつかれて妥当性や有意差に没頭することは，他の等しく重要な義務にとって有害なものである。

　統計学を用いない方略もまた，研究者の行動上にその効果があるために推奨されるであろう。このような研究者はおそらく彼が研究対象としている個体と同じように，うまくいった実験中に強く強化されている。彼に提示された随伴性群が彼が似たような研究を将来続けるかどうかを大きく決定している。統計的な技法では，しばしば実験の実施とデータの重要性との発見の間に破滅的な遅延が入り込む。これは，[行動分析で言うところの]強化の基本的な原則に対する致命的な妨害である。オペラント行動の学徒たちの中にしばしば見られてきた並々ならぬ熱意は，ことによると自分たちが得ている結果の即時性に帰することができよう。

オペラント分析を迂回すること[14]

　反応率の変化を行動的な過程として受け入れることによって，また自動的な装置の援助で操作可能な環境的な変数を重要視することによって，オペラント行動についての研究は非常に簡素化されてきている。しかし，それは簡単には成し遂げられてきてはいない。技術的な進歩は，増大する厳格さに対する要求によって，また一度に一個体を研究する際に生じる問題によって，さらに相互に関係のあるオペラントをより一層複雑に整置することに着手することによって，相殺されてきている。行動——人間であれ，その他のものであれ——は依然として非常に難しい主題であり続けている。オペラント分析を迂回，あるいは簡略化しているように見える実践が一般的であることは驚くべきことではない。特に被験者と実験者との間の言語的なコミュニケーションが，強化随伴性を明確に整置することや行動の客観的な記録を取ることの代わりに広く用いられている。こうした実践が心的営みの研究に[再び]立ち帰ることになり，心的な用語で自分の研究主題を定式化する心理学者たちによっていまだに好まれている。しかし，こうした実践が生き残っているのは，まるでそれが本質的に

14　迂回とは，オペラント分析をするべきところをそれ風のことをしているという意味。

は行動論的な定式化の多くにおいて省力化装置であるかのように考えられているためである。

　独立変数の操作は，個体が随伴性の一群に曝される代わりに，その随伴性が単に"教示"で記述されるとき，迂回されているように見える。反応を形成する代わりに，被験者はある方法で反応するように告げられる。強化や弱化の履歴は，約束や脅しに取って代わられる。[たとえば]"レバーの動きは，時々コイン配給器を作動させる"とか"……はあなたの足にショックを与える"[という教示がそれに当たる]。提示型強化スケジュール，あるいは除去型強化スケジュールは，それに曝されるよりむしろ次のように記述される。"右のレバーに対する毎回の反応はショックを先延ばしするが，コイン配給器が作動するのに必要な左レバーへの反応回数を増加させる"。ある刺激の制御下に行動を持ってくる代わりに，被験者はまるで弁別が確立されたかのように行動することを告げられる。すなわち"ライトが点いたらスタートせよ，消えたら止まれ"のようにである。このように教示されて，被験者は適切に行動するか，そういう状況下で自発するであろう行動を記述するかのどちらかが求められる。このような言語的な代用物がもたらす影響の範囲は，言語を持たない生物個体――人間であれ，その他のものであれ――がいかにして似たように"教示され"うるかを考察することによって推定されうる。

　もちろん随伴性の記述は，しばしば効果的である。仮説的な後続事象は通常は実践的な目的で使われており（[たとえば，]"もし私があなたに50ドル支払うならば，その仕事をやりますか？"あるいは"もし私がXはそこにあるかもとあなたに告げたならば，そこに行くことについてどのように感じますか？"），このテーマは研究する価値がある。言語教示は，結果として生じる行動が主要な関心の対象でない場合に［使用することの］正当性が主張されるであろう。たとえば，実験者はある被験者に対して強化を通して彼の行動を形成するよりも，むしろ装置の1つをどのように操作するのかを示すかもしれないが，このことはその実験者が反応の獲得［自体］には関心がなく，後にその反応に何が起きるかについて関心がある場合に限ってである。しかし，言語的なコミュニケーションは，変数の整置や操作の代用物ではない。

　強化随伴性の記述がその随伴性に曝されたのと同じ効果を持つに違いないと

いう理由はない。ある被験者が自分が実際に強化されてきたやり方を正確に記述することはほとんどできない。いくつかの単純な随伴性を同定するように訓練されてきたときでさえも，その後新しい随伴性を記述することはできない。特にその随伴性が複雑な場合はなおさらである。よって，実験者によって記述されたことに対して被験者が適切に反応することはほとんど期待できない。その上，被験者と実験者の間の言語随伴性が考慮されなければならない。教示は，もし被験者がそれらに従うならば，その実験とは密接に関係のない後続事象を何らかのやり方で約束したり，［よくない］前兆にしたりする。

　オペラント分析における他の大きな課題は，次のようなときに迂回されているように見えるかもしれない。それは反応率や反応確率が観察されたり推測されたりするように行動を記録する代わりに，実験者が被験者に対して自分の反応の傾向を評価するように，あるいはあるやり方よりも別のやり方で反応することへの選好を表明するように単に依頼する場合である。被験者は自分の"意図"や"計画"を記述することによって，あるいはある行為の後続事象に関連した"期待"を報告することによって，その依頼に応えるであろう。このような行動は探求する価値はあるかもしれないが，オペラント分析において観察される行動の代用にはならない。最も単純な場合のみ，人は自分の現在進行中の行動を正確に記述することができる。ここで難しいのは，言語学的なものではなく，その人にはオペランダム（*an operandum*）[15] が与えられ，その行動の"モデルを示す"こと，たとえばある累積記録を生み出すこと，が許されているかもしれないためである。ある特定の随伴性群に実際に曝された場合に生成される曲線にかなり似ている曲線や，あるいはそういう随伴性群に曝されたときに自分がすでに生成した曲線でさえも，描き出すことは実際的には不可能である。反応率の変化は記述するのがたやすいものではない。このような変化は時間軸上で生じ，そういう変化はグラフ形式に落とし込まれるまでは，第2の観察者であっても"見る"ことができない。被験者自身の行動は，別の難しさも示しており，それはそれほど詳細に［報告］なくてもよいと被験者に許容することでは克服されない。つまりもし被験者に対して，より多くもしくはよ

15　反応する対象のこと。

り少なく反応するか，あるいはより素早くもしくはより素早くなく反応するかを単に言うように求める場合，より少なく［そしてよりゆっくり］言うことをその人に求めるときだけ，その回答が正しいものである確率を高められてきた。どれだけ詳細であろうとも，いかなる報告もまた言語随伴性の問題である。この言語随伴性は自分の行動を被験者に記述するよう誘導するが，それはおそらくは他の場所にある類似した随伴性によって誘導される。その随伴性はその被験者の行動をたとえば，正しいもしくは間違いとして分類するであろうものである。

　整置された，あるいは観察された変数を言語的に代用することは，研究における様々なところで使われるであろう。つまり随伴性が記述され，その後被験者の行動が実際に観察されたり，被験者が随伴性群に曝されて，その後被験者は自分の反応の性質や確率を評価するようにと求められたりなどするかもしれない。似たような実践は，ある事象や手続きの強化的あるいは嫌悪的な特性について評価したり，同時に作用している複数の変数の結果を予測するなどのために使用されるが，こういう実践は同じ批判を受ける。

　心的過程に一番興味がある人にとって，言語コミュニケーション[16]は計画された迂回や近道ではないだろう。それどころかオペラント分析が遠回りをしているように見えるかもしれない。オペラント分析の立ち位置は，行動の学徒は常に心的営み——それはおそらく自分自身のではあるが——に対する関心から始まっていること，また本質的にはその関心についての仮説を検証するために実験を計画していることを主張することで時には弁護されている。その事例がかつて何であったにせよ，オペラントの研究は，実験者自身におそらく効果があった変数を考察することによって，実験者を［意味ある結論に］導けるような時点を通過してから長い時間が経っている。実験的な分析を迂回する際に用いられる内観的な語彙は，現在研究下にある事実の類にとってはどうしようもなく不適切である。もしある領域が別の領域から［語彙などを］借用するならば，その時に負ったものはそれ以降ほぼ確実に，その別の方向にあることになろう。つまり，［行動分析学では］他の個体の研究から，実験者は自分自身を理

16　被験者が言語で伝えること。

解する方に大方行きやすい。知識に関するいくつかの理論では，内観的観察が第一義的なデータとしてみなされているかもしれないが，行動の分析では，内観的観察は，必要ではなかったり，あるいは必ずしも有用でない理論化の一形態である（Skinner, 1963）。

強化随伴性の形式的な分析

　行為の後続事象とその後続事象が行動に及ぼす効果もまた，確率，意思決定，葛藤，さらにゲームの理論の中へと入り込む。ある比率で黒玉と白玉が入っている古典的なつぼは，他の標本空間[17]と同じように，行動に言及することなしに分析されるであろう。しかし，［つぼの中から］黒玉か白玉のどちらかを引くことの結果事象が，ある意味，強化的でないならば，ほとんど関心が保たれることはないだろう（確率理論とギャンブルの間には近しい関連が常にあり続けている。ここでのギャンブルとは，毎回のプレイはそれにかかるコストの範囲で弱化され，いくつかのプレイは強化もされるというものである）。確率理論はしばしば次のような事実もまた考慮する。それは，この強化が間欠スケジュールで起きるであろうこと，そしてその結果として［つぼから玉を］引く人はある主観的な，もしくは感じられた確率を経験する，あるいはある確率で再び玉を引くことを示すという事実である。

　その人がもう一度玉を引くであろう確率は通常は，標本空間の確率関数に関係していると仮定されている。あるシステムについて豊富な知識のある被験者は（それはおそらくそのシステムについての彼自身の経験から推論されるのだけれども），"合理的に"振る舞うことができると言われるとき，ある関係が含意されている。非合理的行動が説明を必要とすると論議されるときにもまた，ある関係が含意される。たとえば，すべての反応が強化されたときに産み出される価値以上に間欠強化は反応確率を高めるという事実は，最近驚きをもたらした（Lawrence & Festinger, 1962）。このような関係はいかなるものでも，もちろん，経験的な事実であり，実験的に測定されるものである。標準的なオペラント装置は，古典的な標本空間の効果を持った強化随伴性を設定するために用いるこ

17　起こる可能性があるすべての事象を含んだ確率の概念。

とができる。必要であれば，[強化]スケジュールは，実際につぼから玉を引くようにプログラムされうる。それから個体は，そのスケジュールに曝され，個体の行動に対する効果が観察される。このような手続きによって，標本空間の確率関数の状態（プログラムされた装置によって整置された強化スケジュール）は明確になる。個体がある時間で反応するであろう確率は，その反応率から推定される。

　２つの確率間の関係は，今ちょうど見てきたような，あるスケジュール下での反応率がそれまでに曝されてきたスケジュールに依るという事実によって複雑になっている。はじめて実験的な空間を経験したとき，個体は反応のある"以前の確率"，いわゆるオペラント水準を示すと言われるかもしれない。一番最初の反応が強化される，あるいはされないと反応率は前者では上がり，後者では低くなる。この短い履歴が，今の異なる状況であることに寄与している。個体が再び反応し，おそらくまた強化されると，その状況はさらに一層大きく変化する。ある随伴性群は，ある行動の遂行を生み出し，その遂行はプログラムされた装置と連結して，他の随伴性を産み出し，翻ってその随伴性は他の行為を産み出す……などとなる。

　行動とプログラム装置との間のこのような多くの相互作用は，注意深く研究されてきている。たとえば，VI（変動時隔）強化スケジュールのもとでは，個体はしばしば長い期間，ほとんど一定の比率で反応する。ゆえにすべての強化はその比率で個体が反応しているときに起きる。「しかしこの条件はその装置によって特定されてはいない」。反応率は弁別刺激になり，今度は強化刺激となり，これは異なる反応率へのいかなる変化にも抵抗する。これは，別の方法では，言わばある精神薬理学的な作用によって喚起されるようなものである。別の例としては，ある一定の時間間隔が過ぎた後の初発反応のみが強化されるとき，その個体はかなり安定した遂行を示すようになり，ある時間間隔中に自発される反応の数は一定に近づいていく。次に，その個体は，一定の時間間隔が過ぎた後のみではなく，一定の反応数を自発したあとにも強化される。後者の条件は，「装置によって特定されてはいないが」，FR（固定比率）スケジュールの特徴を示し，より高い反応率を産み出す。急速な反応が生じれば，FI（固定時隔）スケジュールの遂行の安定性は破壊される。強化ごとの反応数はもは

や一定ではなくなり，安定した間隔的な行動が復活するのは，他のサイクルが始まってからである（Fester & Skinner, 1957）。

　第3番目の例は，確率理論に近いものである。反応が，明らかに固定化された，あるいは変動的な反応数の完了で強化されるスケジュールは，すでに見てきたようにプログラムを通してしばしば達成されるにちがいない。反応数は最初は小さくなければならないが，個体が高い率で反応しているときには，そのスケジュールは強化には好都合で，すぐにその要求数を"引き上げる"ことが可能である。空腹のラットが輪の中を走ることを食物によって強化されているとき，要求される距離[18]は，受け取った食物によって可能である以上に多くのエネルギーを消費するまで増加させることができる（Skinner, 1938）。ギャンブラーの行動はほとんど常に似たような"負の効用"を示すものであるが，同じ種類の引き延ばしの結果である。ギャンブルシステムに内在しているVR（変動比率）スケジュールが行動を維持するのはある強化履歴の後にのみであり，その強化履歴において行動は，ある強力な最終的な随伴性を産み出すためにプログラムされた装置と結び付けられてきた。

　要約すれば，スケジュール［化されている］システムは生物個体がそれに曝されるまでは全く効果を持たず，その後，そのシステムが，随伴性を完全に決定することももはやない。それでも［別の選択肢や］もう1つの反応が選択や意思決定を研究するために導入されると，装置と［個体の］遂行の間の別の相互作用が現れてくる。たとえば，ある被験体が強化スケジュールが独立に設定されている2つのキイAとBのどちらかを押す場合を想定してみよう。［現在の］いずれかのキイを押す行為は，「両方のキイに対する」それ以前の行為とその装置との，合わさった作用を検証することによってのみ説明されうる。たとえば，もし強化が時隔スケジュールでプログラムされているとするならば，Bのキイの後にAのキイに反応することは，Bの後にBに反応するよりも強化されやすい。なぜならば，Bのキイに対して反応がなされている間に，その装置はAのキイでの強化を準備してきた可能性があるからである。AからB［へ変更する］あるいはその逆の行動は，その遂行が単純な交代となる方に向う

18　食べ物が得られるまでに輪の中を走る距離。

第4章　オペラント行動

であろう（Skinner, 1950）。このことは，［それぞれのキイの］スケジュールがかなり異なっていたとしても，両方のキイに同じ反応率をもたらす。この相互作用は，"選択変更後遅延（change-over delay）"で矯正されるかもしれない。たとえば，［AからBへ選択を変更した場合，すでにその時点でBへの反応によって強化子が回収される場面において］，もしBに対する反応は，Aに対する反応がある決められた秒数の間になされれば，強化されないか，あるいは選択変更後の最初の反応は，いずれのキイであっても決して強化されない（Herrnstein, 1961）といったものである。それにもかかわらず，それでも2つのキイに対する随伴性は，他の相互作用の影響を受ける（注意：選択変更後遅延やその他のスケジュールの特徴を操作することで，2つのキイにおける反応率を生み出すことができるかもしれない。そして反応率は合理性や効用に関するいくつかの仮説から予測されるものであろう。これらを最適条件とみなし，おそらくその条件が発見された時点でその研究を打ち切ることはうっとりすることである）。

　遂行とプログラミング・システムの間の相互作用は，もしその遂行がシステムを変化させるのであれば，それはいわゆる"調整（adjusting）"スケジュールとか"連動（interlocking）"スケジュールに見られるようなものであるが，これらはなおさらもっと複雑である（Ferster & Skinner, 1957）。多くの例が，ゲームや葛藤（コンフリクト）の理論に見いだされるにちがいない。これらの理論では，ある生物個体の行動が他個体に影響を及ぼす随伴性を変える，あるいはその逆が生じる。いかなるゲームのルールも，プレイヤーの行為によって変容する対象となるプログラム装置によって表されうる。しかし，実際の強化随伴性はさらにもっと複雑である。なぜなら，一部のような随伴性は，先のような装置によって特定されず，しかし関係するもの全員のそれより前の行為によって生み出された条件を含んでいるためである（形式的な分析に固有の制限があることは，確率，意思決定，葛藤，ゲームに関する数学的な研究が自らをほとんどの場合もっぱら比率スケジュールに限定しているという事実から示唆される。標本空間やルールで定義される随伴性は，反応数の関数として強化を実際的には常に特定し，それは利得，損失，そして最終的な効用を含んだ実践的な問題にまでおそらく遡ることのできる制約である。しかし強化が計数器によって[19]ではなく，時計[20]や速度計[21]によってスケジュールされたとき，装置と遂行の間の相互作用は同じであり，また実験的分析

が十分示してきたように，同じ過程がそこに関与する）。

　標本空間の形式的な特徴，これはそのもとで選択がなされ，ゲームがなされ，あるいは葛藤が解決されるという様々な条件のように，行動を考慮することなしに分析される，あるいはせいぜい淘汰された行為を仮定することによって分析されるであろう[22]。このような形式的な分析に第1に関心を持っている人は，行動に接近する傾向にあるが，それをするとしたらかりそめにも仮説を設定することによってである。これに引き続く研究は，仮説検証の性質を帯び，そしてある仮説が反証されてしまったり，他の理由によって捨て去られてしまったりした場合，それまで集められたデータが価値を失うならば，その仮説は無駄となってしまう。標本空間における随伴性によって生み出された行動の実験的分析は，結果について推測することなしに[23]，実施することができよう。

形式的な分析の使用[24]

　強化随伴性の形式的な分析は，それらの分析が指針として用いられる際にもう1つ別のやり方で行動と関係する。自分のチャンスを計算したり，複数の選択肢を比較したり，ある一手の結果を考えたりしてきた人の行動は，分析されていない随伴性に単に曝されてきた人の行動とは異なるし，またそうした行動よりも通常はもっと効果的である。形式的な分析は，弁別刺激として機能する。このような刺激が強化と完全に相関すると，この［弁別刺激としての形式的な分析の］制御下の行動は，最大限に強化される。時隔スケジュール上で，かつ関連した刺激がない状態では，生物個体は強化されない，あるいは"無駄な"反応を自発する。しかし，強化が利用可能になるときはいつでも，はっきりとした刺激をその装置が提示すると，個体は最終的にはその刺激が存在するときに

19　比率スケジュールのことを指す。
20　時計によるスケジュールは，時隔スケジュールを指す。
21　速度計によるスケジュールは，おそらく反応率を計ることを意味し，分化強化スケジュールを指していると思われる。
22　実際の行動観察によっては分析されていないという意味。
23　仮説を立てることなしにという意味。
24　ルール支配行動の話である。

のみ反応し，反応は1つも無駄にされない。時計は，時隔スケジュールで起こる事象と関連した，この類の刺激を提供しているし，まさにその理由のために作られ用いられている。強化とそれほど密接に関連していない刺激は，［行動の］効率性においてそれほど改善はもたらさない。たとえば，時計のある設定状況がはっきりと弁別されえなければ，いくつかの反応は"反応するべき時間"より前に自発されるであろう。そして，［それに対して］いくつかの潜在的に有効な反応は［反応するべき時間より］遅延されるだろうが，遂行はそれでも立ち直る。強化がある反応率に依存しているとき，速度計は似たような［弁別刺激としての］機能を提供する。

標本空間の形式的な分析は，不正確な時計や速度計と同じ機能を提供する。標本空間のもとでのすべての反応は強化されないが，それでもなお純利益はある。ある人がカードとルールによって整置された随伴性下でポーカーで遊ぶことを学習する際，可能性のある随伴性の中からこの人が抽出する見本は，必然的に制約される。これは長期に亘るゲームであってもである。その人はもっとうまくゲームをプレイするだろうし，ずっと短い履歴の後に，もしもあるプレイをする際に成功のチャンスを示しているテーブルを調べるならば，同様にうまくゲームをプレイするだろう。ポーカーにおける随伴性もまた他のプレイヤーの行動に依っている。それゆえ，その行動に関連している先行刺激もまた有用である。このような随伴性はチェスのようなゲームでは殊更重要である。チェスでプレイすることは，ゲームのルールや敵方の遂行によって生成された，分析されていない随伴性により形成されるだろう。しかし，あるプレイヤーがうまくゲームするのは，もっと短い履歴の後でさえ，さし始めの手，防衛，ゲームの終局など，ある手で起きやすい後続事象のいくつかを示すようなものを調べることができるならば，なのである。

普通，強化と相関している刺激，そしてそれゆえに効率性を改善するのに有用な刺激とは，過去の行動によって残された記録なのである。ある人がある場所から別の場所に行く道を見つけたとき，その道をもう一度行く際に役立つことの証となる軌跡を残すであろう。その人は自分の行動に起きているその変化［新しい道を造ること］を補強し，さらにそちらの方へ行ったことがない他の人にはなおのこと有用であろう道を使いこんでいく。その道は建設される必要は

ない。なぜなら，その道はこの機能[25]を果たしているからである。しかしこの得られた利点は，その痕跡が明らかに残っていることを強化している。たとえば，ある小道は正確に"目印が付け"られるが，それはその小道がもっと容易に辿れるからである。似たような強化的な利点によって，道についての絵や言語的な記述を構成することが導かれてきた。

諺や格言の多くは，社会的，あるいは非社会的な強化随伴性の大雑把な記述である。これらを観察した人は，自分の環境のもっと効果的な制御下に置かれる。文法や綴りのルールはある特定の言語的な強化随伴性をもっと強力に働かせる。社会はその社会の倫理的，法的，そして宗教的な実践を記号化し，記号（コード）に従うことで，個人は社会的な随伴性に直接曝されることがなくても，その随伴性に適切な行動を自発するだろう。科学的な法則は，科学者の行動を導く際に，似たような機能を提供する。

もちろん，人は文法や綴りのルール，効果的な個人の品行のための格言，自分がプレイしているゲームの確率の表，自分自身で使うための科学的な法則を構築することができるであろう。しかし，社会は通常その人にとって予測可能な随伴性を分析する。人は解決するとき，意図を表明するとき，期待を表現するとき，計画を立てるとき，自分自身のためにそれに相当する刺激を構築する。このように生成された刺激は，それらが外部にあって，はっきりと見えて，永続性のあるものである場合——つまりその解決は掲示されている，あるいはその計画は目に見える形で実際に立案されている場合——自分の行動をもっと効果的に制御する。しかし，こういう刺激はちょうどその解決策を思い出したり，その計画を見直したりすることによるように，折に触れて，作り出される場合もまた有用である。このようないかなる弁別刺激からの利益も，弁別刺激がその構築を導いた随伴性をどれだけ正確に表しているかという程度に依存している。

ある与えられた強化随伴性のもとで行動の効率性を高める弁別刺激は重要であるが，これらの刺激を随伴性自体と混同するべきではないし，また，このよ

---

25 行動の効率性を改善するのに有用な刺激の機能のこと。ここでは新しいルートとしての道の機能を指している。

うな随伴性の効果と弁別刺激の効果も混同するべきではない。あるプレイを行う前に自分のチャンスを評価するポーカーのプレイヤーの行動は，そのゲームに長らく曝されたことによって行動が形成されてきたプレイヤーの行動と単に似ているに過ぎない。ある文法のルールを適用することで正確に話している人の行動は，ある言語共同体の中での長い経験によって正しく話している人の行動と単に似ているに過ぎない。効率性は同じかもしれないが，制御している変数は異なり，よってその行動も異なるのである。行動が随伴性のみの成果物である場合には，ある計画に従うとかルールを適用するとかと呼ばれうるであろうものは何一つとして観察されない。"ある言語を学習する子どもは，自力である意味文法を構築してきている"（Chomsky, 1959）と言うことは，ボールをキャッチすることを学習した犬はある意味，力学という科学に関連した部分を構築してきていると言うのと同じように誤解を招くものである。ルール［というもの］が，両方の事例における強化的な随伴性から抽出されうる。そして，一たびそのルールが存在すれば，このルールは指針として使われるであろう。随伴性の直接的な効果は，［ルールとは］異なる性質を持つのである。

　この区別は，すでに強調されている２つの点に関係がある。最初の点において，オペラント分析を迂回する際に使われている教示もまた，仮説的な，あるいは実際の強化随伴性と連関した先行刺激の地位を有している。しかし，そういう教示に対する行動は，随伴性自体に曝されることによって生成される行動ではない。たとえ，ごくまれに，この２つが似ている場合においてもそうである。被験者が自分は教示を理解し，よって何が期待されているかがわかると報告するときに，それに相当する報告可能な状態は，その随伴性自体によって生成されているということではない。第２の点は，これはこの論考が始まった地点にようやく戻ることになるのだが，人があるやり方で行為する際に自分の目的を明確に表明するとき，その人は実際には，"将来の後続事象の現在の代用物"を構築しているのかもしれず，この代用物は引き続いて起こる行動に，おそらく役立つような方法で影響を与えるであろう。しかし，その後続事象単独で生成される行動は，いかなるそれに匹敵するような先行刺激，たとえば感じられた目的や意図といったものの制御下にあるということではない。

強化随伴性

　［ソーンダイクの］効果の法則は，反応と後続事象の単純な時間的な順序——オペラントという用語によって意味される関係——を明示している。現在研究中の強化随伴性は，それよりもずっと複雑である。強化は，ある反応の生起に随伴するだけでなく，その行動の反応型の特定の特徴や，先行刺激の存在や，スケジュールシステムにも随伴するだろう。適切な［行動の］分析は，何が強化的であるのか，そしてそれはどのような条件下であるのかを決定するために，動機づけや情動といった伝統的な領域にもまた手を伸ばさなければならない。複数のオペラントの相互関係のあるシステムは別の問題をもたらす。

　実験的な分析の技法は幸いなことに，［研究］主題の増大する複雑さと釣り合ったまま存続してきている。反応率はさらにより広範囲に，かつさらにより詳細に検証されるようになってきている。累積記録は，反応間時間（IRT, interresponse time）の分布によって，さらにごく最近では"オンライン"のコンピューター処理によって，補完されてきている。反応型の特性のより良い測度が利用可能になってきている。独立変数はより広範囲に，かつもっと複雑なパターンで効果的に制御されてきている。高次の心的過程に帰される多くの行動になぞらえた，オペラントの整置が首尾よく構築され，研究されてきている。

　実験的な空間も改善されてきている。短い毎日の実験期間は，何時間も，何日も，何週間も，さらには何カ月も継続的な観察をすることに移行してきている。実験的な空間で示されるより多くの行動が制御され，記録され，分析されてきている。誕生から環境をすべて制御することがその範囲内にある。動物行動一般の研究においてみられるように，何十万もの現存する種は，いまだに適切に抽出されることからはほど遠いが，装置の実装の問題は，解剖学的，行動的な差異のかなり広範にわたって解決されてきている。

　オペラント行動を定義する強化随伴性は，その他の類の変数の分析においても重要である。行動の刺激性制御はある種の非言語的な心理物理学にとって中心的なものであり，そこでの主な関心は受容器のメカニズムの作用にある。オペラント技法は，次のような際に重要である。それは生理学的な変数，たとえば外科的な，電気的な，化学的な変数の行動的な効果を決める際や，行動のどの側面が遺伝的資質によっているのかを特定する際や，成熟した行動の特徴を

初期の環境にまで辿る際などである。オペラント技法は，不完全で，遅滞した，あるいは精神病的な行動の性質を明確化する際に重要である。リンズレイ（Lindsley, 1963）が指摘したように，精神病者について重要なことは，しばしばその人が何をしているのかではなく，何をしていないのかであり，そういう場合には標準的な条件のもとで通常の遂行を予測できることが大切なのである。

　強化随伴性は，実験室の分析に容易には持ってくるのことのできない行動を解釈する際にもまた価値がある。たとえば，言語行動はその随伴性からのみ定義されうる。つまりその特別な特徴は，強化が他の生物個体によって媒介されているという事実に由来する。教育において，強化の教示的なプログラミングは，ティーチング・マシーン[26]という「存在理由（raison d'etre）」であり，このマシーンの将来は，現在なされている活動が示唆するであろう以上に輝かしい。たとえば，経済学や政治といった，その他の社会科学の領域において［オペラント分析に］匹敵する分析の効果を予測することは時期尚早であるが，もし物理学の技術の歴史が何らかの指南となるのであるならば，実験的な分析からもたらされる知識と技術はいよいよ重要となるであろう。

　一言で言えば，人間行動の領域全般において，オペラント行動を規定する強化随伴性は，偏在しているのではなく，一般に広くいきわたっているのである。この事実に敏感な人々は，彼らが至るところで強化を見ることになるその頻度によってしばしばまごつかされる。ちょうど，マルクス主義者が階級闘争を見るように，あるいはまたフロイト派がエディプスの関係を見るように，である。しかし実際には，強化「が」とりわけ重要なのである。このため，強化の地位がかつて目的という概念によって占められていたことを思い出すことを再確認しているのである。人間のすべての行為に目的を探すことには誰も反対しないであろう。この違いは，［行動の意図・目的という考え方から離れて］今や私たちは［強化や強化随伴性を］効果的に探す立場にあるということである。オペラント行動の研究は，その大変短い歴史において，行動とその後続事象の間の関係の性質を明確化し，またその探求に自然科学の方法を応用する技術を考案してきたのである。

26　一人ひとりの学習者の進度に合わせて教材を提示する機械のこと。

引用文献

Adams, D. K. (1929). Experimental studies of adaptive behavior in cats. *Comparative Psychology Monographs*, *6* (1), 168.
Bernatowicz, A. J. (1958). Teleology in science teaching. *Science*, *128*, 1402-1405.
Chomsky, N. (1959). Review of Skinner's *Verbal behavior*. *Language*, *35*, 26-58.
Ferster, C. B., & Skinner, B. F. (1957). *Schedules of reinforcement*. New York: Appleton-Century-Crofts.
Grindley, G C. (1932). The formation of a simple habit in guinea-pigs. *British Journal of Psychology*, *23*, 127-147.
Guttman, N. (1963). Laws of behavior and facts of perception. In S. Koch (Ed.), *Psychology: A study of a science*. Vol. 5. The process areas, the person, and some applied facts (pp. 114-178). New York: McGraw-Hill.
Herrnstein, R. J. (1961). Relative and absolute strength of response as a function of frequency of reinforcement. *Journal of the Experimental Analysis of Behavior*, *4*, 267-272.
Hogben, L. (1957). *Statistical theory*. London: Norton.
Ivanov-Smolensky, A. G. (1927). On the methods of examining the conditioned food reflexes in children and in mental disorders. *Brain*, *50*, 138-141.
Lawrence, D. H., & Festinger, L. (1962). *Deterrents and reinforcement*. Stanford, Calif.: Stanford University Press.
Lindsley, O. R. (1963). Direct measurement and functional definition of vocal hallucinatory symptoms. *The Journal of Nervous and Mental Disease*, *136*, 293-297.
Miller, S., & Konorski, J. (1928). Sur une forme particuliero des reflexes conditionnels. *Comptes Rendus des Seances de la Societe de Biologie et des ses Filiales (Paris)*, *99*, 1155-1157
Sidman, M. (1953). Avoidance conditioning with brief shock and no exteroceptive warning signal. *Science*, *118*, 157-158.
Sidman, M. (1960). *Tactics of scientific research*. New York: Basic Books.
Skinner, B. F. (1932). Drive and reflex strength: II. *Journal of General Psychology*, *6*, 38-48.
B. F. Skinner (1937). Two types of conditioned reflex: A reply to Konorski and Miller. *The Journal of General Psychology*, *16*, 272-279.
Skinner, B. F. (1938). *The behavior of organisms*. New York: Appleton-Century.
Skinner, B. F. (1950). Are theories of learning necessary? *Psychological Review*, *57*, 193-216.
Skinner, B. F. (1957). *Verbal behavior*. New York: Appleton-Century-Crofts.
B. F. Skinner (1963). Behaviorism at fifty. *Science*, *140*, 951-958.
Terrace, H. S. (1963). Discrimination learning with and without "errors". *Journal of the experimental analysis of behavior*, *6*, 1-27.

第4章　オペラント行動

訳者解説

　本稿は 1963 年に *American Psychology* に発表された「オペラント行動」をテーマにした論考である。行動分析学の研究対象としての根幹である「オペラント行動」について，その特徴を詳細に記述したものである。オペラントという用語は，生物個体が行う行動のうち，その後続事象によって変容するものを表すためにスキナーが作った造語である。これは，先行刺激によって誘発される反射と明確に区別するためでもあった。

　しかし，行動と行動した結果生み出される後続事象という時間的な関係性から，ややもすると，オペラント行動について，生物個体は「餌を得るために〜〜という行動を行った」という目的・意図・期待を含意した表現をされることがあるが，これはオペラント行動についての正確な記述ではない。正しくは，オペラント行動は，後続事象の影響を受けてその行動が強められたり，弱められたりするのであり，その強められた事象，手続きについて「強化」という用語を使うのである。

　オペラント行動を対象にした行動分析学の研究が飛躍的に進んだ 1 つの理由は，そのデータとして「反応率」を採用したことである。それまでは，行動の試行にかかった時間，誤反応の数といった研究者から「見えやすい」変数が行動の研究の尺度として採用されていた。これは，他の科学の領域，たとえば化学の分野で，「目を引く特徴」である，色，形態などに相当する。化学では，「質量」という「目立たないがそこにあるもの」に法則性が発見されてから，従属変数として重要なものとなり，研究を飛躍的に発展させることとなった。同じように行動の科学的研究における「反応率」は，化学の「質量」に匹敵する。

　なぜオペラント行動の研究に意味があるのか，それはあくまでも実際に観察された個体の行動を対象とするところである。これは，古典的な学習についての研究，手法としての統計学を使った研究とは全く異なるアプローチであり，データを平均化しないこと，あらかじめ仮説を立てて検証しないことなどの特徴があることを，時に統計学への辛口の批判を加えながら解説している。

　現在（2019 年）も心理学の分野では，国内外において，行動分析学の手法よりは統計学を使った手法が圧倒的に主流であり，またより科学的であると信じ

られている。このような現状を踏まえると，この論考が書かれた当時と，統計学と行動分析学に対する認知度の間に存在する驚異的な差はまだ縮まっているとは考えられず，本論稿を読むことでオペラント行動の本質，および行動分析学が科学的手法であるとする根拠を理解することができよう。

第5章　心理学的用語の操作的分析[1]

　ボーリング氏（Edwin G. Boring）の提案により 1945 年 9 月に操作主義に関するシンポジウムが開催され，また，*Psychological Review* 誌での特集ともなった。彼は，登壇者が取り組む 11 の質問項目を提示した。私が寄稿したこの版では，いくつものそうした質問項目への数字による参照が省略され，他の部分も簡単な言い換えに置き換えられている。内容の一部は，『言語行動』と『科学と人間行動』の両方において若干修正された形で記されているが，操作主義の問題との関係から，ここに含める価値があるだろう。本稿は *Psychological Review* の許可を得て転載されている。

　操作主義とは，（アルキメデスとは言わないまでもガリレオではすでに理解されていた）実験方法についての新たに洗練された強調ということ以上の何かであるのだろうか？──すなわち，操作主義は現代の科学的な実証主義と（とりわけパース-デューイ型の）プラグマティズムの 1 つの定式化，主としては事実の有意味性と経験的妥当性に関する基準ということ以上のものなのだろうか？この質問への回答がそれに引き続く［質問への回答の］立場を定義する。操作主義は，定義についての新しい理論や様式とは見なされない。操作主義の文献では，重大であったりこれまで無視されてきた特定事例が強調されているが，新しい種類の操作は何ら発見されておらず，白羽の矢が立てられたものもなさ

1　Skinner, B. F. (1961). The operational analysis of psychological terms. In B. F. Skinner *Cumulative record* (pp. 272-286). New York: Appleton-Century-Crofts. 大元の論文は Skinner, B. F. (1945). The operational analysis of psychological terms. *Psychological Review, 52*, 270-277, 291-294.

そうである。操作的分析を高次な構成体（constructs）に制限する理由は何もない。この原則はすべての定義に適用される。これが意味するのは，曖昧な用法の専門用語を採用する気がないのであれば，私たちはあらゆる用語に対してその操作的定義をはっきりとさせなければならないということである。

　操作主義は，(1) ある者による観察，(2) その観察を為す際に含まれる操作的および計算的手続き，(3) 前後の叙述に介在する論理的および数学的な段階，そして (4)「[以上の3つの] 他には何もない」，という [4つの] 事項について述べることの実践として定義できるだろう。これまでのところ，その主要な貢献は第4項目からもたらされており，その項目の通りそれは消極的なものとなっている。私たちは，問題を引き起こしてしまう参照というものについて，それは歴史学，哲学，あるいは言語学といった様々なものの中にその痕跡を遡ることのできる人工物なのだということを示すことで，そうした参照をどのように回避すれば良いのかを学んできている。そして先の3つの項目に関連しては，重要な進歩は何らもたらされていない。なぜならば，操作主義は，それが操作的で，あろうとなかろうと，定義についての良い定義をもってはいないからである。操作主義は，科学者の効果的な言語行動の十分な定式化をもたらしてはこなかった。

　操作主義者は，参照についての論理学的な"対応"理論と，使用されている言語の経験的定式化との間で，板ばさみの状態になっている。それは言語学や意味分析の分野における最先端の著者らと同じような様子である。操作主義者は，科学的方法論や知識論についてのありふれた議論や，あるいはおそらく技術的な議論においてさえも，論理的な用語と一般的な用語との混在を改善させてはいない（たとえばバートランド・ラッセルの最近の『意味と真偽性（「*An inquiry into meaning and truth*」）』）。「定義」は重要な用語であるが，厳密な形で定義されてはいない。ブリッジマンの当初の主張，すなわち"概念は対応する一連の操作と同義である"ということを文字通りに受け取ることはできず，そして概念と操作の関係性について同程度の明示性をもちつつも満足のいくような叙述は他には得られていない。その代わりに，この関係性の話が出るたびに，いくつかの遠回しの表現がかなりうんざりするほど規則的に繰り返される。私たちが聞かされるのは，概念は特定の操作"の観点から"定義される，命題は

操作"に基づく"ものでなければならない。専門用語は"その適用のための具体的な基準"がある場合にのみ何かを指し示す。操作主義は"あらゆる概念の定義をその具体的な操作に参照づける"ことで構成されている、といったことである。[操作主義が目指す]プログラムの輪郭を描くものとしてならばこの種の表現は受け入れられるだろう。しかし、これらは定義についての一般的な枠組みを提供してはおらず、概念と操作の関係についての明示的な叙述とは到底言えないものとなっている。

現在の言語についての理論（theories of language）の弱点は、人間行動の客観的概念がいまだ不完全であるという事実に起因するものだろう。言葉が意味を表現したり伝達したりするのに使用されるという教義は、単に"意味"を（意味が何らかの方法で皮膚の外側に出ていけるという切望をもって）"観念"に置き換えるものであり、それは個体に関する近年の[スキナーらの研究に基づく]心理学的概念と矛盾するものである。条件づけ（または連合）の原理から象徴的な機能を引き出すという試みは、非常に表面的な分析により特徴づけられてきた。個体が記号に反応することについて、"あたかもその記号が置き換えている物体に対して反応するかのように"[2]というのは、全く正しくない。非常に限定された範囲（主に自律神経系の反応の場合）においてのみ、記号を、パブロフ的な意味での単純な代替刺激とみなすことが可能である。"現実"の言語の定式化としての現代論理学は、こうした二元論的な意味論を保持し拡張したものである。しかしそれは、言語行動（verbal behavior）の説明において自身の責任を認識する心理学者に対しては、ほとんど何も訴えるところはない。

この場でより適切な定式化を試みることが私の意図ではない。抜本的な改訂はあまりにも広範囲に渡るので、ここで急いでできるものではない。とはいえ、私はここで、心理学的用語の操作的定義に関連して生じるいくつかの論点を考えることで、このシンポジウムに小さいながらも肯定的な貢献をしたいと思う。以下の論点の多くは、現在準備中のかなり長い時間のかかる仕事の中から抜き出したものとなっており、そこで必要となる基礎研究についてもより入念に準

---

2 [原注] Stevens, S.S. (1939). Psychology and the science of science. *Psychological Bulletin, 36*, 221-263.

備されている。

　欠点があるにせよ，操作的な態度というものはいかなる科学にとっても好ましいものである。古くからの非科学的な起源をもつ語彙が非常に多く存在する心理学ではまさにそうである。特に心理学においては，スティーブンス（Stevens）が操作主義の背景として示したところの科学哲学における広範囲に渡る実証論的な運動が，心理学分野における活気あふれる早期の表明——すなわち行動主義——に表れていたことは，驚くに値しない。スティーブンスが見出したと主張する相違点があるにせよ，行動主義とは，（少なくともほとんどの行動主義者にとっては）伝統的な心的概念に対する徹底的な操作的分析以上のものではなかった。その答えのいくつか（たとえばイメージへのワトソンの立場）には私たちは同意できないかもしれないが，行動主義によって問われた「問い」は，その精神において厳格に操作的であった。私は，アメリカの行動主義が"原始的"であったとするスティーブンスの見解に同意できない。ワトソン（Watson），ワイス（Weiss），トールマン（Tolman），ハンター（Hunter），ラシュレー（Lashley），あるいは他の多くの者たちによる意識の問題への初期の論文は，高度に洗練化された操作的探求の例であっただけではなく，統一された科学的語彙に関心を持つ論理学者ら（たとえばカルナップ（Carnap））が提供する現代の合理的な処置よりも，より幅広い現象を扱おうとする意欲を示していた。しかし行動主義もまた決定的で肯定的な貢献を為すには至らなかった。そして同じ理由から，行動主義は"言語報告（verbal report）"についての受け入れ可能な定式化を終わらすことはなかった。行動主義が発展させた行動の概念では，"主観的な用語の使用"を納得のいく形で包含させることができなかったのである。

　用語，概念，構成体などを，率直にそれらが観察される形で——すなわち言語反応（verbal response）として——扱うのならば，かなりの利点を得ることができる。そうすれば，性質の一側面なり一部なりを選びだして，その概念の中に含めてしまう危険性はなくなる（ここでの問いのいくつかは概念と指示対象とを混在させているように思われる。そうした混在の可能性をより小さくするために「概念」や「構成体」に代わり「用語」を使用することで，少なくともそれは些細なものとなろう）。意味，内容，参照は，反応の特性の中にではなく，その決

定因の中に見出されるべきである。"長さとは何か？"という問いへの満足のいく回答は，"長さ"という反応が自発される状況を列挙すること（あるいはもっと良いのは，そのような状況の一般的記述を与えること）によって得ることができるだろう。2つの全く異なる［刺激］状況が明らかになったとしたら，"長さ"という形態をもつ2つの反応があるということになる。なぜならば，言語反応のクラスは，音声反応の形態だけではなく，その機能的関係によって定義されるからである。これは，その2つの［刺激］状況が密接に関連していることが明らかとなった場合でも当てはまる。異なる刺激が同一の"事物"から生じていることがどれだけはっきりと示されようとも，その2つの反応は同一の刺激によって制御されている訳ではない。

多くの伝統的な心理学的用語について私たちが知りたいこととは，第1には，その2つの反応が自発される特定の刺激作用条件（これは指示対象（referents）を発見すること（finding）に相当する）であり，そして第2には（これがはるかに体系的で重要な問いである），なぜそれぞれの反応がその対応する条件により制御されるのかということである。この第2の方は必ずしも遺伝的な問題ではない。個人は社会から言語（language）を獲得する。言語共同体による強化の行為は，言語行動の適切な機能化に不可欠な，反応と刺激の間の特定の関係を維持することに重要な役割を果たし続ける。したがって，言語の獲得のされ方というものは，より広範な問題の一部に過ぎない。

私たちは，言語反応と特定の刺激との間の標準的な"意味論的"関係に責任を担う条件を，強化理論に深入りすることなく一般化することができる。3つの重要な専門用語がある。すなわち，刺激，反応，そして言語共同体から与えられる強化である（この3つの用語はすべて，ここでの使用法で暗示されているよりもずっと慎重な定義が必要なのだが，その目的のために本筋を離れることをせずとも，以下の主張については進めることができそうである）。この3つの用語の間の有意な相互関係については次のように表すことができよう。すなわち，言語共同体は，その刺激の存在下において反応が自発された場合にのみ，その反応を強化する。たとえば，"赤"という反応の強化は，赤い対象物の存在に随伴している（この随伴性は不変である必要はない）。するとその後，赤い対象物は弁別刺激となり，"赤"という反応をうまく自発させる"機会"となる。

この枠組は，刺激が話し手と共同体の両方に作用することを前提としている。そうでなければ，適切な随伴性が共同体により維持されることはない。しかしながら，この前提は，私的な刺激への反応として表れる多くの"主観的な"用語の場合には欠けている。主観的な用語の問題は，私的刺激の問題と正確に一致はしないが，密接なつながりがある。私たちは，主観的用語の操作的分析に接近するために，私的刺激に対する言語反応の特徴を知る必要がある。

　"私の歯が痛い"という反応の幾分かは，話し手だけが反応することのできる状況の制御下にある。なぜならば他の誰一人として，当該のその歯との間に必要な関係を確立できないからである。これについて神秘的であったり，形而上学的であったりすることは何もない。単純な事実は，各々の話し手が，小さいながらも重要な私的刺激の世界を有しているということである。私たちが知る限り，これらの私的刺激に対する話し手の反応は，外部の事象に対するその話し手の反応に非常によく似たものとなる。それにもかかわらず，私性（privacy）は2つの問題を引き起こす。1つめの問題は，［言語反応を］制御している刺激を指し示すことでその言語反応を説明することが，公的刺激の場合と同じようにはできないことである。私たちが習慣とするのは私的事象の「推測」であるが，これは行動の科学の探求の方向とは真逆のものである。行動の科学では，刺激についての独立した知識を介して反応を予測する。しばしば想定されるのは，改良された生理学的手法によってその解決策が見出されるというものである。たとえば，個体内部のどのような条件が"私は落ち込んでいる"という言語反応を制御しているのかを述べることができ，そしてそうした条件を望み通りに作り出すことができるのならば，外部刺激に対する反応に特徴的な制御や予測が可能となるだろう。ただ当面のところは，公的刺激への反応と私的刺激への反応は等しく規則的であるし，種類も似通っているという信念への穏当な証拠立てで満足しなければならない。

　しかし私性の問題はそうした機器的な侵入によって完全に解決される訳ではない。これらの内的事象が実験室の中でどれほど顕在化されようとも，［実験室の外での］通常の言語的エピソードの中ではそうした内的事象はかなりに私的なものであるという事実が残ってしまう。私たちは，共同体がどのようにして［私的事象の言語的弁別に］必要な強化随伴性を実現するのかという2つめの

問題を解決してはいない。強化する主体がその歯との接続を有していない場合に，"歯が痛い"という反応はどのようにして適切に強化されるのだろうか？もちろん，私的刺激に対する反応が可能かどうかについて疑問はない。普通に考えて"歯が痛い"という反応は十分に起こっており，そして説明されなければならない。しかし，ではなぜその言語反応が起きるのか，それらを制御する刺激との関係は何か，そしてもしあるとすれば，その反応の際立った特徴とは何なのだろうか？

私的刺激に接近（アクセス）することができない言語共同体がその刺激に応じた言語行動を生成するには少なくとも4つの方法がある。

(1) ［言語］反応を制御する刺激が共同体にとって利用可能でなければならないという点については，厳密に言えば真実でない。合理的で規則的な付随物で十分である。たとえば，視覚によって物体を識別している教師から，お盆いっぱいにのせられた物体の名前を学ぶ視覚障害者を考えてみよう。強化は，視覚障害者の反応と教師の［見ている］視覚刺激との随伴性に応じて，提示されたり保留されたりする。しかし［視覚障害者の］反応は完全に触覚刺激で制御されている。満足のいく言語システムは，［教師にとっての］視覚刺激と［視覚障害者にとっての］触覚刺激とが密接に関連し続けるという事実から生じる。

私的刺激の場合にもこれと似たように，痛みの刺激（痛打や組織の損傷など）の公的な付随物に則って強化を随伴させることで，共同体の使用法と一致した"痛い"を子どもに教えることができるだろう。公的刺激と私的刺激との関係が不変である必要はない。時に相反する随伴性があったとしても，単に間欠的な強化によって，反応は条件づけられるだろう。こうした反応の可能性は，公的刺激と私的刺激の連関の度合いによって制限され，それに応じて反応を確立し維持するのに十分な実質的強化が供給される。

(2) 私的刺激への反応に対する言語的強化のための一般的基盤は，その刺激への付随反応によって提供される。歯科医は，(1)のように特定の公的な付随物から歯痛のための刺激を識別することが時には可能であろう。しかし"歯痛"という反応は，それと同じ刺激によって誘発されるが，しかし環境側での随伴性として設定される必要のない反応によって伝達される。共同体は，それに付随する公的刺激からではなく，付帯的で，通常は無条件性で，そして少な

くとも非言語的である反応（顎に手をあてる，表情，声をあげるなど）からその私的刺激を推測する。その推測は常に正しいとは限らず，その言及の精度はやはり連関の度合いによって制限される。

　(3) 私的刺激に対する非常に重要な反応のいくつかは，話し手自身の行動を記述するものとなっている。自身の行動が顕現的である場合，共同体による教示的な強化は，［その行動の中の］目立つ徴候に基づいたものとなる。しかし，おそらく話し手は，［その行動に含まれる］豊富で付加的な自己受容刺激と結びつけてその反応を獲得する。暗闇の中で自分自身の行動を記述する際のように，その自己受容刺激は実質的な意味での完全な制御を想定できるだろう。これは視覚障害者の例に非常に近い。すなわち，話し手と共同体は，異なってはいるが密接に連関した刺激に対して反応するのである。

　ここで，ある反応が非顕現的な，あるいは単に初期的な行動の水準にまで後退すると仮定しよう。そうした私的世界を扱う語彙をどのように説明すればよいのだろうか（私たちの関心は，機器のない通常場面において私的刺激への反応がどのようにして準備されるのかということにあり，機器を用いた非顕現的行動の検出がその答えではないことを繰り返しておく）。2つの有力な可能性がある。後退しつつも生き残った非顕現的反応は，顕現的反応の付随物（あるいはおそらくその一部）と見なすことができるかも知れず，この場合 (1) のように，顕現的反応によって与えられる公的刺激に基づき私的刺激への反応が与えられたということになる。もう1つとしては，その非顕現的反応は，顕現的反応ほどに強くはないが「類似」したものであり，これより弱い形ではあるが「同じ」刺激を供給するのかも知れない。さらに私たちは第3の可能性も有している。公的な兆候を伴って生起する私的刺激のもとで時折強化されるのであれば，その刺激が公的な付随物を持たない場合でも反応は自発されるかもしれない。

　この分類に落とし込める用語は，明らかに行動についてのみの記述であり，他の内的な状態や事象を記述するものではない。なぜなら，同一の刺激が公的でもありかつ私的でもあるという（あるいはもっと良い言い方をすれば公的な付随物があってもなくても）可能性は，行動というものが非顕現的でもありかつ顕現的でもありそうだというユニークな事実から生じているように思われるからである。

第5章　心理学的用語の操作的分析

(4) 転移または刺激誘導の原理は，私的刺激への反応が［共同体による］公的な強化によってどのように維持されるかについての第4の説明を提供する。公的刺激に関連して獲得され維持される反応は，誘導を介して，私的事象への反応として自発されうる。転移は，(3) のような同じ刺激によるものではなく，一致する性質によるものである。私たちはこうして内部の状態を"動揺した"，"落ち込んでいた"，"熱狂的だ"といった形で次から次に記述する。この分類の反応はすべて比喩（換喩のような特別な形態を含む）である。「比喩」という用語は軽蔑の意で用いられているのではなく，単に，私的な事例と実際の反応とを一致させるように分化強化することはできないということを示しているに過ぎない。その語源が示唆するように，この反応は公的な場面から"持ち越される"のである。

要約すると，私的刺激に対する言語反応の強度が維持されるのは，おそらくのところ，(1) および (2) に示した公的な付随物や公的な後続事象に基づいた適切な強化を通して，反応が公的刺激となった際にそれに応じた適切な強化が行われるか，その公的刺激が部分的にのみ類似した刺激から誘導的に引き起こされた私的事例を通してのものとなる。もしこれらの可能性しかないのであれば（そしてこのリストはそれを網羅したものとして示しているが），私的事象に言及する用語というものが，合理的で不変的な慣用法という点で安定しかつ許容された語彙をこれまでに一度も作り出せていない理由を理解できるだろう。この履歴的な事実は，意味についての"一致学派"[3]の支持者にとっての難問である。なぜ私たちは，私的経験の多様な要素に名前をあてがい，首尾一貫した効果的な議論へと進むことができないのだろうか？　その答えは"私的事象に用語があてがわれる"という過程にある。この過程は，言語反応の強化という観点から今まさに大まかに分析したものである。

ここまで検討してきたいずれの条件も，公的刺激の場合における正確な強化随伴性によって達成される参照の明確化を可能にはしない。先の (1) および (2) では，公的事象と私的事象の連関性が不完全である可能性がある。(3) によって包含される刺激の範囲は限られている。そして (4) の私的事象の比喩

3　意味と実体との一致を主張している学派のこと。

的性質は精度の欠如を意味する。したがって，公用語としての厳密な科学的語彙を確立することは不可能であり，また，知る（knowing）ということは弁別的に行動することであるという意味において，話し手は明確な形で"自分自身を知る"ことはできない。分化強化により提供される"重大局面"（この多くは必然的に言語的なものとなる）なくしては，私的刺激の分析はできないのである（これは受容体の利用可能性や容量とはほとんど，あるいはまったく関係のないことである）。

　私たちが検討してきた随伴性は，（たとえば［精神分析的な］合理化に見られるような）参照関係における虚構的な歪みを適切に阻止することにもまた失敗する。私的事象についての叙述は，先行刺激にではなく，その後続刺激に関連した動因の制御下にある場合がある。共同体はこの種の叙述に懐疑的であるし，話し手がその私的な世界について自分自身に話しかける（心理システムの構築において見られるように）という話し手「による」あらゆる試みは自己欺瞞に満ちたものである。

　心理学用語の曖昧さの大部分は，代替的であったり複数であったりする強化様式の可能性から生じている。たとえば"私は空腹だ"という［言語］反応を考えてみよう。共同体は，(1) のような食物摂取の履歴，(2) のような飢餓と関連した付随行動，あるいは (3) のような食物に関係する行動の記述としてのその反応，もしくは以前に食物と関連していた刺激に基づいて，その反応を強化することができる。これに加えて話し手は（場合によっては）空腹時の胃痛という強力な刺激作用を有しているのだが，共同体はその話し手の胃との適切な結びつきがないために，その胃痛は私的なものである。これより，"私は空腹だ"［という表現］は，"私は長い間食べていない" (1)，"その食べ物は私によだれをたらさせる" (2)，"私はがつがつしている" (3)（思いもよらない大量の食物摂取を表す"私は思ったよりも飢えていた"という表現と比較しよう），あるいは"私には空腹感がある"など様々に翻訳されるだろう。これらはすべて"私は空腹だ"と同義語と見なされるかもしれないが，それぞれの同義語とはなっていない。相反関係にある心理学の体系家が［自らの立場を］支持する事例を挙げるのは簡単であるし，話し手を訓練することで自らの体系に合わせて"私は空腹だ"という反応を自発させるのも簡単である。空気注入の技術によ

り，胃の収縮による刺激作用に対する排他的な言語反応を条件づけることができるかもしれない。これは上記の（1）または（2）のいずれかの例になる。あるいは，話し手は（3）のように，非顕現的な水準に後退するかもしれない摂取行動の強度をうまく観察するよう訓練されるかもしれない。すると，"私は空腹だ"という反応は，胃の収縮をほとんどあるいはまったく参照することなしに，摂食傾向を記述するようになる。日々の［言語の］使用は複合的な強化を反映している。これと同じような分析が，動機，感情，そして行為全般を記述するすべての用語について行うことができる。そしてそこには（この場面では特に関心がもたれている）見る，聞くなどの行為も含まれている。

公的な兆候が残っている場合，私的刺激が引き受ける度合いは決して確かなものではない。歯痛の場合に私的事象が優勢的であることは疑いようもないが，これはその相対的な強度によるものであり，分化強化の条件によるものではない。自分自身の行動の記述では，私的な要素はそれほど重要ではないかもしれない。非常に厳格な外部の随伴性は，特に私的事象との連関が不完全である場合には，公的な要素を強調することがある。厳密な科学的語彙においては私的な効果は実質的に排除される。この逆は成り立たない。刺激の複合体の私的な部分だけに基づいて反応することができないのは明白である。「分化強化を私性の性質に随伴させることはできない」。この事実は，伝統的な心理学用語を評価する上で非常に重要である。

"赤"［と言う］反応は，刺激の特定の性質に随伴する強化によって（一般的にも専門的にも）与えられ維持される。話し手と共同体（または心理学者）の両者がその［赤の］刺激にアクセスできることから，その随伴性は非常に正確なものとなるだろう。結果として生じる反応に誰かを困惑させるようなものは何もない。精神物理学の大部分はこの強固な基盤に支えられている。しかし以前の心理学的見解では，話し手が報告しているのは刺激の特性ではなく，ある種の私的事象である赤の感覚についてであり，これは赤の刺激から始まる一連の反応の後期段階と見なされていた。実験者は，その刺激を操作することで私的事象を操作することができることになっていた。これは根拠のない区別のように思われるが，一部の対象者の場合には，この後期段階が他の方法（"イメージ"を喚起することによって）でも生じうることが明らかであり，したがって制

御可能な赤刺激がないと思われる場合においても"赤"と言う反応を喚起することができ，これより私的事象の自律性が証明されたかのようであった。もちろん，これが十分な根拠となるには，他の可能性（たとえば，その反応はイメージの生成が意図された手続きによって生成されたなど）の排除が必要である。

　"イメージの記述"という言語行動は，適切な行動の科学により説明されなければならない。行動主義者も主観主義者も同じ困難に直面する。私的事象が自由［に振る舞うの］であれば，どちらの場合も科学的な記述は不可能である。法則が見い出されれば，イメージへの言及に関わらず，言語行動の規則的な記述が達成される。"指示対象を見つける"といった問題の多くの部分，つまりそうした反応がその指示対象に関連してどのように維持されるのかという残りの問題もまた解決可能である。イメージの記述は，上記のクラス（1）の私的刺激に対する反応の一例であると思われる。すなわち，私的事象が制御可能な外部刺激に付随する場合にそれに関連する用語が確立されるが，その反応は他の時点においても，おそらく同じ私的事象に関連して生起する。そのような語彙のもつ欠点は指摘した通りである。

　私たちは，過去の強化条件に訴えかけることによって，"赤"と言う反応を（少なくとも赤の"経験"と同じくらいに）説明することができる。しかし"私は赤が「見える」"や"私は赤を「意識している」"といったより拡張された表現についてはどうだろうか？　ここでの"赤"は，その表現の残りの部分［の"見える"や"意識している"］への先入観を除けば，公的または私的刺激のいずれかへの反応であろう。しかしその"見える"や"意識している"は，その性質上もしくは定義上，私的である事象を参照しているように思われる。これは，刺激の私性に対して強化を随伴させることはできないという原理に反している。既知のどのような分化強化の方法によっても，特定の私的事象にその参照を絞り込むことはできない。

　もちろん，当初の行動主義の仮説では，この種の用語は自分自身の（一般的には非顕現的な）行動の記述であった。この仮説は，類似した顕現的行動の中に自然かつ公的な片割れを埋め合わせることで，その用語の確立と維持を説明する。こうした用語は一般にクラス（3）である。この仮説の1つの帰結は，各用語に行動的定義が与えられることである。しかしながら，私たちはこの議

論を少し修正する必要がある．"私は赤が見える"と言うことは，赤に対する応答ではなく（これは"見る"についての普通の意味であるが），赤に対するその者の応答に対する応答だということである．"見る"とは，顕現的行動が共同体によって利用可能な場合において，その者自身の行動に関して獲得された用語である．ただしここでの分析によれば，顕現的に見ることの「あらゆる私的な付随物」によって，別の時にもそれは喚起されているであろう．この点において，非行動的な私的な見ること（seeing）が入り込んでくると思われる．最も一般的な私的付随物は，(3) のように，類似の非顕現的行為の中に残る刺激作用のように見えるが，あるいは (1) や (2) のように，そうした反応を制御する何らかの種類の状態または条件であるかも知れない．

　行動的な仮説の優位性は単に方法論的なものではない．行動的に定義できるそうした見るということの側面は，言語共同体によって確立された用語の基本であり，それゆえ公的な談話において最も効果的なものである．また (1) と (3) の事例の比較から示されるのは，顕現的行動が非顕現的行動へとなるように私的な水準へと後退する用語は，私的刺激への反応が進むにつれて，最適な参照精度を有するということである．

　さらなる仮説は実に自然にもたらされる．すなわち，意識することとは，その者自らの行動に応答するという形態としての，社会的な産物であるということである．言語行動は，環境への機械的な作用からではなく，他個体からその強化随伴性が提供されているという事実によって区別され，また簡便に定義される．この仮説は，個人の行動が社会にとって重要であるからこそ，ひるがえって社会がそれを個人にとって重要なものにしているのだと述べることに等しい．個人は，弁別刺激の源泉としての自らの行動に関する言語反応を社会から強化された後にのみ，自身が何をしているのかということに気づくようになる．記述されるべき行動（気づいている行動）は，後に非顕現的な水準へと後退するかもしれないし，そして（この上ない難しさを加えるように）言語反応もおそらくそのようになるかもしれない．行動主義革命の歴史を眺めると，私たちが行動の分析のためのより効果的な語彙を発展させるにつれて，そのように定義された自己認識の可能性というものも拡大されていくという皮肉なねじれがある．結局のところ，他者の心理学（The psychology of the other one）とは，"汝

自身を知れ"ということへの直接的なアプローチなのである[4]。

この議論の主な目的は，実例を考察することによって定義を定義することであった。整合性をもたせるためには，心理学者は，言語行動の経験的科学を発展させることで自らの言語実践を扱わなければならない。残念ながら，そうした定義を定義することにおいて，たとえば"用語使用のための規則"（Feigl）といった形で論理学者の列に加わることはできない。代わりに心理学者は，言語反応としての用語と，その所与の刺激との間の関数関係を説明する強化随伴性に向きあわなくてはならない。これこそが，心理学者による用語使用の"操作的基盤"である。これは論理学ではなく科学なのである。

哲学者はこれを循環論と呼ぶだろう。彼らは，言語行動の経験科学に必要な実験を構成し解釈するためには，心理学者は論理学のルールを採用しなければならないと主張するだろう。しかし，話すということについて話をすることは，考えるということについて考えることや，知るということについて知ることほどに循環論となるものではない。自力で進む，進まないに関わらず，ここでの単純な事実は，言語行動の科学的分析を前進させることが「できる」ということである。最終的に私たちは，科学者としての私たち自身の言語行動をそこに含めることができ，そしておそらく理解することができるようになるだろう。言語行動に関する私たちの最終的な見解が，論理と真理的価値の観点に立つ私たちの科学構造を無効にしていることが明らかになれば，論理学の立場はますます悪いものとなり，私たちの分析はそれらを包含するものとなるだろう。

シンポジウムの参加者は，提出されたすべての論文にコメントするよう求められた。これらのコメントは *Psychological Review* 誌の同じ号に掲載された。私の寄稿は次の通りである。

---

[4] スティーブンスの操作主義では，心理学は自分自身に対してなす観察であっても他者（*the other one*）になされたものと考え，観察者と観察対象とを厳密に区別する必要性が主張されている。ここでのスキナーの文章はそのスティーブンスへの回答となっている。

ブリッジマン（Bridgman）の『現代物理学の論理（「Logic of Modern Physics」）』の出版から2年後の1930年の夏，私は"行動の記述における反射の概念（The concept of the reflex in the description of behavior）"と題する論文を執筆した。これは後に博士論文の前半部として提出され，1931年に発表された。一般的な方法，特に歴史的なアプローチはマッハ（Mach）の『力学（「Science of Mechanics」）』に由来するものであったが，ブリッジマンからの借用が第2段落で認められる。私が思うに，これは『現代物理学の論理』に言及した最初の心理学の出版物であり[5]，それは心理学的概念の最初の明示的な操作的分析であった。

論文が完成してすぐに，私は博士号審査について考え込んでいたのだが，審査委員らの賛同が得られるか心もとない状況であった。私は無条件降伏が必要になるまで待ちたくなかったので，ある和平案を提示した。アカデミズムの倫理に無関心であり無知でもある私がハーバード大学の学部の面々に提案したのは，もし形式的な審査以外のあらゆるものが免除されるのであれば，そのための準備に費やされるであろう時間を，主観的心理学における半ダースほどの重要用語の操作的分析に充てるだろうというものであった。この提案は息をのむような驚きをもって受け取められ，そしてその和平案がそれ以上先へと進むことはなかった[6]。

私が指摘したいのは，その当時——つまり1930年——において，私は主観的な用語の操作的分析を「科学的方法の単なる実習」に過ぎないものとしてみなすことができていたことである。それは伝統的な心理学が切実に必要としていたちょっとした下請け作業であり，私は務めとして，あるいは罪の許しの代償として，喜んでそれに従事した。その分析がたった1つの道筋しか取れないとか，私自身の先入観と関係があるとは思いもしなかった。その結果は，数学

---

5 ［原注］ライル・ラニアー（Lyle H. Lanier）により注意されたのだが，私の論文が発表されるほぼ1年前に，ハリー・ジョンソン（Harry M. Johnson）がブリッジマンの議論を要約し，感覚の強さの概念に操作的な基準を適用したという事実があった（Johnson, H. M. (1930). Some properties of Fechner's "intensity of sensation." Psychological Review, 37, 113-123)。
6 和平案に対する教授たちの反応は否定的なものであったと思われる。

的計算の結果と同じくらいに，あらかじめ定められているように思われた。

　今回のシンポジウムにおいても私はいまだこの見解に立っている。私は，心理学の科学におけるデータは明確に定義されうる，あるいは意味づけられることができ，そしていくつかの概念群は，科学的実践における通常の基準に照らし合わせて最も適切であることが示されうると信じている。それでもなお，これらのことは主観的な心理学が支配していた分野では行われてこなかった。すると疑問はこうである——なぜそうしないのか？

　生物科学や社会科学の中で唯一心理学のみが，同時期の物理学で起きていたことと多くの点で匹敵する革命を経験した。もちろんそれは行動主義であった。その最初の段階は，物理学と同様に，特定の重要概念の観察的基盤の再検討であった。しかしブリッジマンの本が公刊される頃には，初期の行動主義者の大半は，幾ばくかの体系的連続性を主張してきた私たちと同じように，心理学は実際には主観的な概念の再定義を必要とはしないことを理解し始めていた。確立された一連の説明的虚構の再解釈は，行動の科学的記述に必要な道具を確保する方法ではなかった。歴史的な権威は的外れであった。"フロギストン"や"アニマ"と同様に，"意識（consciousness）"，"意志（will）"，"感じること（feeling）"などに永続的な地位を用意する理由はもうなかった。逆に，再定義された概念は扱いにくく不適切であることが判明し，実際そういう概念を機能させようとしたワトソン派の試みは事実上崩壊してしまった。

　こうして，行動主義者たちはブリッジマンの原則を心理主義的心理学の代表的な用語に適用したのであろう（し，そうするのに最も有能であったのだ）が，彼らはこの問題に全く興味を示さなくなってしまった。彼らは，［たとえば］18世紀の化学者が金属物質はフロギストンと結合したガラス化可能な土で構成されていると述べた時に，いったいそれは何について語っていたのかを示すことに時間を費やすべきであった。そうした言明が操作的に分析されたり，現代的な用語に翻訳されたり，あるいは主観的な用語が操作的に定義できるといったことについて疑いの余地はなかった。しかしそのような問題は歴史的な関心事に過ぎず，望まれていたのは，新たに重要性を帯びたデータの直接的分析から導かれる，真新しい概念群であった。それは行動主義者が利用できるエネルギーのすべてを吸収するのに十分なものであった。そしてこの恐るべき子ど

第5章　心理学的用語の操作的分析

も（*enfant terrible*）[7]の動機づけも衰えていったのである。

　もし［あの当時］私の申し出が受け入れられていたのならば，ハーバード大学の心理学部門はもっと幸せになっていたと思う。しかし代わりに起きたのは，ボーリングとスティーブンスの操作主義であった。それは行動主義的運動が見過ごしてきたものを乗り越える試みとして記されているが，私はこれに同意できない。それは行動主義（もはやこれを否定することはできなかった）のより強力な主張のいくつかを認めると同時に，古くからの説明的虚構を保持する試みである。もし心理学が統一科学の一員であるならば，心理学のデータは心的なものではなく行動的なものでなければならないという点には同意する。しかし彼らが採用した立場は"方法論的"行動主義に過ぎない。この教義によれば，世界は公的事象と私的事象とに分けられる。そして心理学は，科学の要件を満たすために自身を前者に限定しなければならない。これは決して満足できる行動主義ではなかったが，解説や擁護が容易な立場であり，行動主義者自身もしばしばこれを利用した。この立場は"非物理主義的"自己認識のための"経験"の保持を許容することから，主観主義者にとっても最も異議の少ないものであった。

　この立場は，虚構を放棄する意志がないことを示しており，真に操作的なものではない。これは，物理学者がアインシュタイン的時間に自身を制限することを認めなくてはならない一方で，ニュートン的絶対時間が"外部のあらゆることとの関係を抜きにすれば等しく"流れていることも「また真実である」と言うようなものである。これは「それでも地球は動いている（*E pur si muove*）」とは正反対である。欠けているのは，次のような大胆かつ刺激的な行動主義の仮説である。すなわち，ある者が観察しそれについて話す物事は，常に"現実の"あるいは"物理的な"世界（または少なくとも"1つの"世界）であり，そして"経験"とは，言語（もちろんそれは単なる音声ではない）の過程の分析を通してのみ理解される派生的構成物だということである。

　公的‐私的の区別から生じる難しさは，今回のシンポジウムにおいて重要な位置を占めており，そのうちの4つについて検討する価値があるだろう。

7　大人が困るようなことを言ったり尋ねたりする。

（1）所与の2組の用語群の間の関係は入り組んだものであることが明らかである。最も頻繁に議論されるのは"弁別"（公的）と"感覚"（私的）の対である。このうちの一方は他方と同じものなのか，あるいは他方へと還元できるものなのか，といったことである。満足のいく解決策は，概念体系に属する用語は必ずしも一対一対応をする訳ではないということになるだろう。それらの用語やそれらの指示対象を等しいものと見なすこと，あるいはその用語を他方へと還元することについて疑問はない。唯一の疑問は翻訳にある——一方の用語群中の1つの用語は，他方の用語群では1つの段落［の長さ］が必要となるかもしれない。

（2）公的－私的の区別は，"合意による真実"という不毛な哲学を強調する。公的とは，つまるところ，2人かそれ以上の者の間で共通しているからこそ合意できるのだという形に単純化してしまうことができる。これは操作主義の本質的な部分ではない。それどころか，操作主義のおかげで私たちは，真実の問題についてのこうした最も不満足な解決策を抜きにして済ませることができる。意見の相違は定義を求めることで解決されることが多く，それには操作的定義が特に役に立つものだが，操作主義は対話や論争に第一義的に関係するものではない。そうではないからこそ，最も有望な原則の1つなのである。砂漠の島の孤独な住民でも操作的定義に到達することができる（充分な言語レパートリーを備える機会がそれ以前に提供されていればである）。概念の良し悪しの究極の基準は，2人の人間の間で合意が得られたかどうかではなく，その概念を使用する科学者が自身の研究対象を適切に操作できるかどうかにある——ロビンソン・クルーソーにとって重要なことは，彼が自分自身に同意しているかどうかではなく，自然に対する制御をどこまで達成できているかである。

　主観的な心理学者がなぜこれほどまでに多くの合意を作り出すかの理由が分かる。それはかつて間主観的な一致について質問するというお気に入りのスポーツであった。"Oさんの緑の感覚がEさんの緑の感覚と同じだということを，あなたはどのようにして知るのですか？"といった具合にである。しかし合意だけではほとんど意味はない。哲学と心理学の歴史の様々な節目において，心理学的用語の定義についての全面的な合意が見られてきた。それは満足できるものではあったが，前進を促すものではなかった。それまで無視されていたで

第5章　心理学的用語の操作的分析　　　　　　　149

あろう分野における誰かが，その用語群が実質的には機能しないことを見出すと，そうした合意は砕け散る可能性が高い。しかしそれでも，合意が実行可能性の鍵となる訳ではない。それどころかそれは逆方向への道となる。

（3）公的と私的の区別は決して身体と心の区別と同じではない。これが方法論的行動主義（前者の公的と私的の区別を採用）が徹底的行動主義（後者の身体と心の区別において心を切り捨てる）と大きく異なる理由である。その結果，徹底的行動主義者は場合によっては私的事象を（それは推測的なものとなろうが，しかしそれでもなお意味のあるものとして）考察するかもしれないが，方法論的な操作主義者はそれができない立場へと自らを意図的に導くことになる。"科学は私的なデータを考慮しない"とボーリングは言う（まさにこの点で当シンポジウムへの私の貢献が置き去りにされるのだが，それには反応したくない）。しかし私は，私の歯の痛みは，それは公的ではないにせよ，私のタイプライターと同じくらいに物理的であると主張する。そして，客観的で操作的な科学というものが，歯の痛みを記述する語彙が獲得され維持される過程を考慮できないという理由は見当たらない。皮肉なことに，この点についてボーリングは私の外的行動の説明に自身を制限しなければならないのだが，私は依然として内側からのボーリングとも言えるであろう何かに興味を抱けるのである。

（4）公的－私的の区別は，科学者の言語行動について，心理学的な分析とは異なる論理学的な分析を導いてしまう。しかしそうなってしまう理由が私には分からない。おそらくそれは，主観主義者がいまだ用語に興味がなく，その用語がこれまでに何を意味していたのかに興味をもっているからであろう。行動の科学が主観主義に関連して解決しなければならない唯一の問題は，言語の分野の中にある。私たちは，心的な事象について話す行動をどう説明すればよいのだろうか？　その解決策は論理学的なものではなく心理学的なものでなければならず，私は本稿でその1つのアプローチを提案するよう努めてきた。現在の心理学の中での操作主義者の間でこの問題に全く関心がもたれていないことは，［本シンポジウムにおいて］言語行動の「因果」分析に興味を示しているようにみえる他の2名のパネリストがともに心理学者ではない（そのうちの1人は論理学者である！）という事実により的確に表されるであろう。

このシンポジウムに対する私の反応は，要するに次の2通りである。まず，

混乱を取り除こうとして生じたのであろう［別の］混乱に，私は落胆している．しかしよくよく考えてみると，心理学における真の操作主義の可能性はまだ十分に吟味されていないようである．私は今でも，少しの努力によって，15年前の熱意を取り戻すことができる（もちろんこれは私的事象である）．

訳者解説

本稿のタイトルは「心理学的用語の操作的分析」である．前半部は1945年9月に行われた操作主義に関するシンポジウムの講演録であり，後半部はその講演録を *Psychological Review* 誌に掲載するに当たって要請されたコメント論文である．心理学史的には，スキナーが自らの立場を「徹底的行動主義（radical behaviorism）」とはじめて表明した記念碑的な論文となっている．

前半部では，私たちが用いる心理学的用語は言語的な弁別オペラント反応として捉えられ，その強化随伴性を分析することこそが，心理学的用語の真の操作的分析であると主張されている．そしてこれに付随して，私的事象の弁別に関する問題が論じられている．すなわち，私的事象の弁別学習には4つの方式が考えられること，そのいずれの方式に従っても弁別の精度には限界があること，これより私的事象の弁別に関係した心理学的用語を厳密な科学的用語に仕上げるのは難しいことが論じられている．また，同じく私的事象の弁別という観点から内観や意識性の形成を分析し，私たちの言う「心」とは言語共同体により作り上げられた社会構成物であるといった議論もなされている．私的事象に関わるこれらの主張は徹底的行動主義の根幹とも言えるもので，その後の『科学と人間行動（「*Science and human behavior*」）』(Skinner, 1953)，『言語行動（「*Verbal behavior*」）』(Skinner, 1957)，『50年目の行動主義（「*Behaviorism at fifty*」）』(Skinner, 1963)，『行動主義について（「*About behaviorism*」）』(Skinner, 1974) でもほぼ同じ内容が繰り返されている．たとえばSkinner (1974) では，"行動の科学は，私的刺激の所在を物理的な実体に求めなければならず，そうすることで心的な営みへの別の説明を提供することができる．すると問いは次の通りとなる．皮膚の内側にあるものは何か，そして私たちはどのようにしてそれを知ることができるのか．私が思うに，その回答こそが，徹底的行動主義の核心である" (p. 233) と述べられている．

本稿の後半部では，徹底的行動主義の立場がより明確に表明されている。まず，ワトソン流の行動主義の時点で，伝統的な心理学的用語（すなわち説明的虚構群）の操作的定義（すなわち行動的解釈）を求めることは，行動の科学にとって不必要であることが明らかであったとする。それらの用語はフロギストンやアニマのようなもので，行動主義の立場に立つ研究が蓄積する新たなデータに適さない概念として単純に捨て去ればよく，"望まれていたのは，新たに重要性を帯びたデータの直接的分析から導かれる真新しい概念群"であった。"しかし代わりに起きたのは，ボーリングとスティーブンスの操作主義"であり，"この教義によれば，世界は公的事象と私的事象とに分けられる。そして心理学は，科学の要請を満たすために，自身を前者に限定しなければならない"とされた。この操作主義のもとでは，公的事象により操作的に定義が可能な限りにおいて伝統的な心理学的用語の分析や使用が認められることとなり，スキナーにとってそれは"虚構を放棄する意志がない"ものとして映った。スキナーは，こうしたボーリング−スティーブンス流の操作主義を方法論的行動主義（methodological behaviorism）と名づけ，これに対立するものとして自らの立場を徹底的行動主義（radical behaviorism）と呼んだ（なお，この用語はスキナーの造語ではなく，ワトソン的な固い行動主義を指すものとして当時一般的に使用されていたものである（Schneider & Morris, 1987））。徹底的行動主義では，公的−私的の区別を重要視する方法論的行動主義を"'合意による真実'という不毛な哲学を強調する"ものと位置づけ，これに対して"概念の良し悪しの究極の基準は，2人の人間の間で合意が得られたかどうかではなく，その概念を使用する科学者が自身の研究対象を適切に操作できるかどうかにある"というプラグマティズムの姿勢が打ち出される。

　ここで方法論的行動主義と徹底的行動主義の違いをもう一度整理しておこう。他者から観察可能な公的事象と（たとえば内観のように）自分にしか観察することのできない私的事象があるとして，方法論的行動主義は，科学者共同体の成員間の合意に第一義的な重要性を付与するという理由から，前者のみが心理学的なデータとして認められるものとし，後者をその対象から除外する。一方で，そうした公的事象から操作的に定義できる限りにおいては，心的な用語・概念・過程の使用を認める（Skinner（1950）では，素朴心理学・心理主義的な色

合いの強い「心的」な理論と，ボーリング-スティーブンス流の操作主義的な色合いの強い「概念的」な理論とが一応は区別されているが，やはりそこに大きな違いを見てはいないようである。本書第6章を参照）。これに対して徹底的行動主義では，私的事象とは単に皮膚の内側で起きている身体的事象に過ぎず，皮膚の外側の公的事象としてのそれと同じやり方で，つまりレスポンデント反応やオペラント反応に関係する随伴性の見方により分析できるとする。ただし私的事象へのそうした分析は困難であったり信頼性が低いものであったりするので，実際にそれを行うのかどうかは，行動の予測と制御にどれほど貢献するかというプラグマティックな真理基準から判断される。一方で，身体と心の区別はこれとは全く異なる問題だと考える。公的事象も私的事象も，皮膚の外側と内側といったように身体の次元にあるのであれば，それは科学の対象になりうる（たとえば内観は言語共同体の不完全な分化強化により形成された私的事象の言語的弁別オペラントとして分析できる）。しかしそれが直接に触れることのできない「心」の次元にあるのであれば，それは科学の対象外となる。それら「心」の次元にある何かは直接の操作が不能な説明的虚構であり，行動の予測と制御をめざす因果分析には役に立たない。そして方法論的行動主義はそうした「心」の次元にある何かを心理学の体系に含めることを擁護してしまうのではないかというのがスキナーの指摘だと考えられる（より詳しい解説として丹野，2019を参照されたい）。

　最後に，本稿での登場人物をめぐる人間関係やその後の展開を少しだけ紹介しておこう。スキナーが大学院に入学した当時，心理学部門のトップの1人として（構成主義のティチェナー（Tichener, E. P.）の教え子であった）ボーリングがいた。部門全体として動物実験はそれほど盛んではなかったものの，スキナーは生理学科のクロージャー（Crozier, W. J.）のもとで動物実験を行うことができた（なおクロージャーはローブ（Loeb, J.）と関係が深く，そのローブはワトソンにも大きな影響を与えており，このワトソンとスキナーが心理学において反心理主義の立場を打ち立てることとなったことは興味深い）。スキナーが本稿で批判対象としたスティーブンスの操作主義に関する最初の論文は，1935年に単著で発表されている（Stevens, 1935a, 1935b）。それはスティーブンスの1934年のハーバード大学での博士学位論文が元となっているが，その後ボーリングからの

大幅な修正案提示を経て投稿されたものでもあった。スキナーとスティーブンスが最初に出会ったのはおそらく 1931 年であり，その後もハーバード・メディカル・スクールでの仕事などで接触する機会も多かったことから，スキナーにとってその操作主義論文は"ボーリング-スティーブンス流"の操作主義として映ったのであろう。スキナーは，訳文中にもある通り彼の 1930 年の博士学位論文においてブリッジマンを引用しており，当初はスティーブンスの操作主義を歓迎したそうである（Hardcastle, 1995）。しかしその後スキナーは考えを変え，本稿の主張へと至ることとなった。本稿の後，スキナーとスティーブンスはハーバード大学において教員として同僚となった。そしてハーンスタイン（Herrnstein, R. J.），カターニア（Catania, A. C.），スタッドン（Staddon, J. E. R.），バウム（Baum, W. M.），ラックリン（Rachlin, H.），といった行動分析を代表する研究者らが，ハーバード大学の大学院生時代に両者の影響を受けることとなった（たとえばハーンスタインは最初にスティーブンスの研究室に所属し，その後スキナーの研究室へと移っている）。近年の新たな行動主義（理論的行動主義，巨視的行動主義，目的論的行動主義）の展開の陰には，彼らが方法論的行動主義と徹底的行動主義という 2 種類の行動主義（の随伴性）を直接に経験したことの影響が考えられる（Baum, 1994, 2002; Catania, 2002; Moxley, 2001; O'Donohue & Ferguson, 2001；新たな行動主義の展開については丹野・坂上，2011 を参照されたい）。

引用文献

Baum, W. M. (1994). Richard J. Herrnstein, a Memoir. *The Behavior Analyst, 17*, 203-206.

Baum, W. M. (2002). The Harvard pigeon lab under Herrnstein. *Journal of the Experimental Analysis of Behavior, 77*, 347-355.

Catania, A. C. (2002). The watershed years of 1958-1962 in the Harvard Pigeon Lab. *Journal of the Experimental Analysis of Behavior, 77*, 327-345.

Hardcastle, G. L. (1995). SS Stevens and the origins of operationism. *Philosophy of Science, 62*, 404-424.

Moxley, R. A. (2001). Sources for Skinner's pragmatic selectionism in 1945. *The Behavior Analyst, 24*, 201-212.

O'Donohue, W., & Ferguson, K. E. (2001). *The psychology of B F Skinner*. Sage.（オドノヒュー，W. T.・ファーガソン，K. E. 佐久間徹（監訳）(2005). スキナーの心理学――応用行動分析学（ABA）の誕生　二瓶社）

Schneider, S. M., & Morris, E. K. (1987). A history of the term radical behaviorism: From Watson to Skinner. *Behavior Analyst, 10*, 27-39.
Skinner, B. F. (1950). Are theories of learning necessary? *Psychological Review, 57*, 193-216.
Skinner, B. F. (1953). *Science and human behavior*. New York: MacMillan.
Skinner, B. F. (1957). *Verbal behavior*. New York: Appleton-Century-Crofts.
Skinner, B. F. (1963). Behaviorism at fifty. *Science, 140*, 951-958.
Skinner, B. F. (1974). *About behaviorism*. New York: Knopf.
Stevens, S. S. (1935a). The operational basis of psychology. *American Journal of Psychology, 47*, 323-330.
Stevens, S. S. (1935b). The operational definition of psychological concepts. *Psychological Review, 42*, 517-527.
丹野貴行 (2019). 徹底的行動主義について 哲学, *142*, 9-42.（三田哲学会発行）
丹野貴行・坂上貴之 (2011). 行動分析学における微視−巨視論争の整理――強化の原理, 分析レベル, 行動主義への分類 行動分析学研究, *25*, 109-126.

第6章　学習理論は必要か？[1]

　あらゆる科学的な営みに不可欠である基本的な仮定は，時に理論と呼ばれる。自然は気まぐれに振る舞うのではなく，秩序正しいというのはその一例である。何らかの叙述もまた，単にそれらがまだ事実ではないという限りにおいて，理論である。科学者は，実験が行われる前にその実験の結果を推測するかもしれない。その予測と結果に関するその後の叙述は，同一の統語的配置において同一の用語で構成されるかもしれないが，それらには確信の度合いにおいて違いがある。この意味において，完全に非理論的な経験的記述というものは存在しない。なぜならば，証拠が完全であることは決してないし，おそらくどのような予測も全くの根拠を持たずになされることは決してないであろうからである。ここでの"理論"という用語は，こうした種類の叙述に言及しているのではない。どこか他の場所の，異なる観察水準で起こり，異なる用語で記述され，測定されるにしても異なる次元で測定されている事象に訴えかけるような，観察事実についてのあらゆる説明について言及しているのである。

　学習の分野では，3種類の理論がこの定義を満たす。最も特徴的なものは生理心理学の領域で見られる。私たちはみな，個体が学習する際に神経系の中で生じると仮定されている変化について良く知っている。それは，シナプス結合が作られたり壊されたり，電場が破壊されたり再形成されたり，イオン濃度が高くなったり拡散したりする，といったことである。神経生理学という科学に

1　[原注] 1949年5月にイリノイ州シカゴで行われた中西部心理学会での会長講演。[訳注] 本書における出典は Skinner, B. F. (1950). Are theories of learning necessary? *Psychological Review, 57*, 193-216.

おけるこの種の叙述は，必ずしも本稿の意味での理論ではない。しかし，ベルが鳴ったときに個体が唾液を分泌するかどうか，灰色の三角形に向かってジャンプするかどうか，*tuz* と読めるカードを *bik* と言うかどうか，母親に似た女性を愛するかどうか，といったことに関心を持つ行動の科学においては，神経系に関するあらゆる叙述は理論である。これは，神経系に関する叙述は［行動と］同じ用語で表現されておらず，それら［神経系に関する叙述］が説明するとされる［行動の］事実と同じ観察方法で確認されることはないという意味においてである。

　2つ目の学習理論は，実際のところ生理心理学的な理論とそれほどかけ離れているわけではない。ただし［その対象への］直接観察の方法に関する同意はほとんど得られていない。この種の理論は人間行動の領域において常に支配的だった。それらは，"何か好ましいものを発見する"ために，あるいは"何かが起こることを予期する"ために，個体がある方法で振る舞うことを学習するのだという，"心的"事象への言及によって構成されている。神経生理学者にとってのシナプス結合と同様に，これらの説明的な事象は，心理主義的な心理学者にとっては理論ではない。しかし行動の科学では，それらは理論なのである。その理由は，説明されている事象にふさわしい方法と用語が，それを説明している事象にふさわしい方法と用語とは異なるためである。

　3つ目の学習理論では，そうした説明的な事象が直接観察されることはない。CNSという文字を，中枢神経系（*Central Nervous System*）の略ではなく，概念的神経系（*Conceptual Nervous System*; Skinner, 1938, p. 421）の略としてとらえるという著者の提案は，重く受け取られてきたように思える。多くの理論家が，生理学的・生化学的に変化している実際の構造としての神経系について話しているわけではなく，特定の動的な出力を伴うシステムとしての神経系について話しているのだと指摘している。この種の理論はどんどん増加しており，それらと同等の操作的な心的事象もまた増加している。予期についての純粋な行動的定義は，心的観察の問題を避けられることと，心的事象がどのように物理的事象を引き起こしうるかという問題を避けられることに利点がある。しかしそのような理論は，説明している事象が，それらが説明すると主張する行動的事実と同一であるとまでは断言しない。行動に関する記述はそのような理論を支

第6章　学習理論は必要か？

持するかもしれないが，用語や統語において類似することは決してないだろう。仮定は良い例である。真の仮定は事実にはなりえない。定理は行動に関する暫定的な叙述として，確認されるかどうか定かではない仮定から演繹されるかもしれないが，現状の意味ではこうした定理は理論ではない。仮定は最後まで理論のままなのである。

　この論文の目的は，これらのいかなる理論も科学的に秩序立てられないということを示すことでもなければ，それらが言及する事象が実際には起こらないかもしれないということや，適切な科学によって研究されることはないかもしれないということを示すことでもない。科学の歴史におけるこの種の理論の功績を否定することは無謀なことだろう。しかしながら，それらが必要かどうかという問いは別の意味を含んでおり，求めるに値するものである。理論は必要ではないというのがその答えであるならば，学習という領域における理論に対して効果的に反論することができるかもしれない。行動の科学は結局のところ，何らかの操作可能な変数との関連の中で行動を扱っていかなければならない。理論は，それが神経的，心的，もしくは概念的であろうと，これらの関係性における仲介の段階について述べているのである。しかし，それらは関連する変数の探求や調査を促す代わりに，しばしば全く反対の効果をもたらす。私たちが行動を神経的事象あるいは心的事象，実在する事象あるいは概念的な事象に帰属させるときに忘れてしまいがちなのは，私たちにはまだ神経的事象や心的事象を説明するという課題があるということである。エサが得られることを予期するから，動物は特定のやり方で活動すると主張する時，学習された行動の説明として始められた課題は，予期を説明するための課題となる。この問題は少なくとも［最初の課題と］同じくらい複雑で，おそらくより難しくなっている。私たちはそうしたことを見ようとせず，さらなる研究を通して見つけられるかもしれない答えの代わりに，別の答えを与えてくれるものとして理論を使う可能性がある。これまでの学習理論の主要な機能は，適切な研究を提案するものではなく，誤った安心感や，「現状維持」に対する不当な満足感を作り出すものであったとも言いうる。

　理論を確かめるために計画された研究もまた，無駄になりがちである。理論が研究を生み出すということについては，その研究が価値あるものでない限り，

その価値を証明しない。多くの無益な実験が理論から生じ，多くのエネルギーや技能がそれらに費やされる。多くの理論は結局覆され，それに関連した研究の大部分は切り捨てられる。よく主張されるように，生産的な研究が理論を必要とするということが真実であるとしたら，確かにこれは正当化されうる。研究を導く理論なしでは，研究が無目的になり，まとまりがなくなってしまうということが主張されている。この見解は，実験科学よりも論理学者を見習い，思考は仮説や演繹，実験的検証，そして確証という段階を必然的に含むものとみなす心理学の教科書で支持されている。しかしこれは多くの科学者が実際に行う研究のやり方ではない。別の理由で重要な実験を計画することは可能だし，吟味されるべき可能性は，そうした研究が，科学が一般に蓄積しているような情報をより直接的にもたらすかどうかということである。

　その代替案は少なくとも考えるに値する。理論なしでどのくらいできるのだろうか？　他にどのような科学的活動が可能だろうか？　そして代わりとなる実践は，私たちが理論について現在持っている先入観にどのような光明を投じるのだろうか？

　理論的な水準でこれらの問いに答えようとすることは矛盾しているだろう。それゆえに，現在，学習理論が盛んな3つの領域におけるいくつかの実験的なデータに目を向けて，より具体的な方法で，理論が持つ機能についての問題を提起していこう[2]。

学習における基礎データ

　個体が学習する際に，実際のところ何が起こっているかという問いに答えるのは，簡単なことではない。行動の科学に興味がある人々は，学習とは行動における変容であると主張するだろうが，彼らはそういった反応や行為そのものに対する明確な言及を避ける傾向がある。"学習とは調整，あるいは状況への

2　[原注] 以下のいくつかのデータは，1941年から1942年にかけてケラー・ブレランド，ノーマン・ガットマン，そしてW. K. エステスと共に取り組んだ，ハトの行動に関する共同研究で得られたものである。そのいくつかは，まだ論文化されていないが，後に著者がインディアナ大学とハーバード大学で引き続いて行ったハトの研究から選ばれたものである。紙面の制限により，ここでは完全な詳細を報告することはできない。

適応である"と言うが，調整や適応は何でできているのだろうか？ それらはデータなのか，あるいはデータからの推論なのか？ "学習とは改良である"と言うが，何の改良なのか，そして誰の観点からの改良なのか？ "学習とは均衡の回復である"と言うが，何が均衡しているのか，そしてそれはどのようにしてそこに加えられたのか？ "学習とは問題解決である"と言うが，問題あるいは解決の物理的次元は何か？ この種の定義は，学習実験において，基本的なデータとして目の前に現れてくるものから目をそむけさせてしまうことを示している。個々の観察はあまりにも些細なものに見える。誤反応のスコアは減少する。しかし私たちには，これが単なる学習の結果ではなく，学習であると言う準備はできていない。個体は10試行成功という基準を満たす。しかし恣意的な基準は，学習過程の普遍性に関する私たちの考え方に反している。

　理論が入り込んでくるのはここである。学習において変化するのは問題箱からの脱出にかかる所要時間ではなく，むしろ結合の強さ，神経経路の伝導率，あるいは習慣の興奮ポテンシャルであるならば，問題は消えてなくなるように見える。箱からの脱出がだんだんと早くなることは学習ではない。それは単なる遂行である。学習は異なる次元系におけるどこか別の場所で生じている。この所要時間は任意の条件に依存しており，しばしば不連続的に変容し，強度の反転を受けることがある。しかしそれでも私たちは，学習過程それ自体は連続的で規則正しく，そして測定上の偶然を超えていると確信する。データからの逃げ場としての理論の使用を説明する上で，これ以上の例はない。

　しかし私たちは結局のところ，観察可能なデータに戻らなければならない。もし学習が，私たちが考えている通りの過程ならば，学習を研究する状況においてその通りに現れなくてはならない。基本的な過程が何らかの他の次元系に属していたとしても，私たちのものさしはそれに関連し，類似した性質を持っていなければならない。しかし，特に私たちが何らかのもっともな制約を受け入れている場合には，生産的な実験状況を見出すのが困難である。ラットや類人猿や子どもの「平均的」な行動において，秩序だった変容を示すことでは不十分である。なぜならば，学習は単一個体の行動における過程だからである。学習の始まりと終わり，あるいはわずかな離散的な段階を記録することでは不十分であろう。なぜならば，一連の横断面では連続的な過程を完全には網羅し

てくれないためである。その変容の次元は、その行動そのものから生じなくてはならない。それらは成功や失敗の外的な判断や、完全性についての外的な基準を強いられてはいけない。しかし、私たちがこれらの要件を念頭に置いて文献を見直すと、大きな快適さを感じるような理論的過程の正当性をほとんど見出すことができない。

たとえば、行動のエネルギー水準や作業出力は適切な形で変容するわけではない。パブロフ型の実験で採用されるような（レスポンデント）行動では、学習中に反応強度の累進的な増加が起こるかもしれない。しかし私たちは、言語的な対象を学んでいくにつれてどんどん叫ぶようになったりはしないし、ラットは条件づけが進むにつれてレバーを強く押すようになったりはしない。オペラント行動では、反応のエネルギーや強度は、ある任意の値が分化的に強化された時にのみはっきりと変容する。すなわち、そのような変容が起こる時が、学習されたということなのである。

誤反応と競合した正反応の出現は、学習の研究で頻繁に使用されるもう1つのデータである。迷路や弁別箱は、これらの用語に還元されうるような結果を生み出す。しかし、誤反応と正反応の行動比は、一個体の一回の実験で連続的に変容する測度を生み出すことができない。ある反応が他の反応よりも優勢になった時点を見ても、両反応における変容の全履歴を得ることはできない。試行や個体を集めた平均曲線は、この問題を解決しないだろう。

最近では潜時にますます注目が向けられている。その妥当性は、エネルギー水準と同じように、条件反射と無条件反射の特性によって示唆されている。しかし、オペラント行動では刺激との関連性が異なっている。潜時という測度は、以下に示すどの例を調べてみてもわかるように、別の考慮すべき事柄を含んでいる。多くのオペラント反応は、関連する刺激と見なされるものがない場合でも自発される可能性がある。そのような場合、反応は刺激が提示される前に起きやすい。この困惑から逃れるために、レバーを固定して刺激が提示されるまで個体がレバーを押せないようにすることは、何の解決にもならない。そのようなことをしても、私たちの期待に沿うことを余儀なくされた時間的関係ではほとんど満足できないためである。走路での潜時はこの異議の対象である。典型的な実験では、試行開始時にラットが入れられている箱のドアが開かれ、ラ

第6章 学習理論は必要か？

ットがその箱から出て行くまでの経過時間が測定される。ドアを開けることは単なる刺激というだけでなく，はじめて反応を可能にさせるという状況の変化でもある。測定された時間は決して潜時という単純なものと同じではなく，他の定式化を必要とする。その多くの部分は，刺激が提示された瞬間にラットが行っていることに依存している。一部の実験者は，ラットがドアの前に行くまで待っているが，そうすることは測定に手を加えることになる。一方で，ラットが行っていることと無関係にドアが開いたならば，最も主要な効果は好都合な待機行動の条件づけである。ラットは結局ドアの近くに滞在したり，ドアの前に行ったりするようになる。その結果として生み出されたより短い開始時間は，反応の潜時が減少したことではなく，都合の良い準備行動の条件づけによるものである。

　個別個体の潜時は，単純な学習過程をたどらない。このことに関連するデータは，反応時間に関する広範な研究の一部として得られた。箱の中に入れられたハトは，ある壁面につけられた円板［つまりキイ］をつつくように条件づけされる。円板の下にある開口部を通してホッパーを［上げて］見せることで，エサが強化子[3]として提示された。ある刺激が提示された後にのみ反応が強化されるならば，それ以外の時には反応は消える。刺激の後すぐに生じる反応を分化的に強化することによって，非常に短い反応時間が得られる（Skinner, 1946a）。しかし，反応は分化強化がなくても同じく非常に速やかに形成されるようになる。注意深く調べてみると，これは効果的な待機行動の上達によるものであることがわかる。ハトは，頭をキイつつきに適した位置に合わせ，円板の前に立つようになる。最適な環境下では，刺激が提示されてから反応が生じるまでの間の平均時間は，分化強化なしでも約3分の1秒の水準になる。用いられている刺激は誘発刺激ではなく弁別刺激であるため，これは本当の反射潜時ではないのだが，学習研究で用いられている潜時の正当な例である。要点は，この測度は連続的にも規則的にも変化しないということである。たとえば，ハトにより多くのエサを与えること[4]によって，ハトが必ずしも反応しないとい

3　原文は"reinforcement"となっているが，"reinforcer"として訳した。
4　先行給餌で遮断化の水準を変化させるという意味。

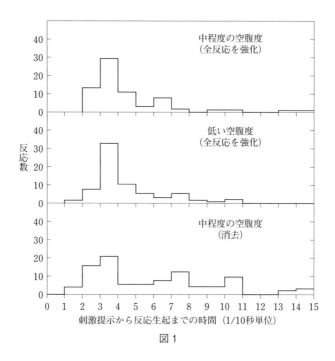

図1

った条件を生み出すとする。しかし，生起した反応は，刺激の提示とほぼ同じ時間関係であることを示す（図1中段）。ここで特に興味深いのは，消去事態では，強化の欠如が情動的な状態を生み出すため，潜時が散らばっていることである。いくつかの反応はすぐに起こり，他の反応は遅れて起こる。しかし最頻値は変容しないままである（図1下段）。より長い潜時は，注意深く調べることで簡単に説明される。情動的な行動は準備の合図が提示された時に進行しやすい。なお，情動的な行動の例は後述する。多くの場合，"Go" シグナルが表示される前にそうした情動的な行動が途切れることはなく，その結果として[反応]開始時間が遅くなる。所定の時間中にハトが単に全く反応しない場合も現れ始める。もし私たちが，1羽以上のハトから得られた多くの測定値を平均したならば，潜時の累進的な延長のようなものを作り出すかもしれない。しかし個々の個体データは連続的な過程を示さない。

吟味されるべきもう1つのデータは，自発された反応についての生起率であ

第6章 学習理論は必要か？

る。幸いにもここでの話はこれまでのものとは異なる。私たちは，反応が自由に繰り返されうる状況を計画したり，観察や計数を容易にできるかもしれない反応を選ぶこと（たとえば小さいレバーやキイに触れたり押したりすること）で，この反応率を研究する。反応はポリグラフで記録されるかもしれないが，より便利な形式は，反応率が即時に傾斜として読み取れる累積曲線である。そのような状況で自発された反応の率は，学習過程に関する私たちの予想と近づく。個体が学習するにつれて反応率は上がる。（たとえば消去のように）学習しなければ反応率は落ちる。様々な種類の弁別刺激が，反応率の変容を伴う反応の制御に用いられるかもしれない。動機づけの変容は反応率を敏感に変化させる。情動を生み出すものとして私たちが話す事象も反応率を変える。反応率が大きく変容する範囲は，およそ 1000：1 の大きさになる場合もある。反応率の変容は，個別の事例においても十分に滑らかであり，複数の事例を平均する必要はない。得られた値は大抵，極めて安定している。ハトでは，15 時間もの間中断なしで，1 時間当たり 4000 から 5000 の反応が維持されることもある。

　反応率は，"学習過程"に関連した条件のもとで，はっきりと，かつ期待された方向に変容する唯一のデータであるように見える。それゆえに，私たちは反応率というデータを，結合の強さや興奮ポテンシャルなどの測定のために，長い間求め続けていたものとして受け入れたくなるかもしれない。しかし，一度効果的なデータを持ってしまうと，私たちはこの種のいかなる理論上の構成体もほとんど必要ないと感じるかもしれない。科学的分野での進歩は通常，満足できる従属変数の発見を待っている。そのような変数が発見されるまで，私たちは理論に頼る。学習理論の中で非常に重要な位置を占めてきた実在は，主に直接観察可能で，生産的なデータの代替物としての役目を果たしてきた。[しかし]そのようなデータが発見された時に，そうした実在が生き残る理由ははとんどなくなってしまう。

　反応率がデータとして成功していることは偶然ではない。なぜならそれは，行動の科学における根本的な課題に特に適しているからである。もし私たちが行動を予測しようとするならば（そしてそれを制御しようとするならば），「反応の確率」を扱わなければならない。行動の科学の仕事は，この確率を評価し，それを決定する条件を探求することである。結合の強度，期待，興奮ポテンシ

ャルなどは，確率という概念を容易に想像される形で携えているが，これらの用語によって示される付加的な性質は，適切な測度の探求を妨げてきた。反応率は確率の"測度"ではないが，これらの用語の定式化において唯一適切なデータである。

　他の科学的学問でも証明することができるように，確率を扱うことは簡単ではない。私たちはある１つの未来の反応が生じる可能性について叙述したいと願うが，私たちのデータはすでに生じた反応の頻度という形式になっている。これらの［すでに生じた］反応は互いに，そして予測される反応にもおそらく類似している。しかしこれは，反応の事例「対」反応のクラスという厄介な問題を引き起こす。私たちが将来の事例を予測するにあたって，考慮すべき反応は正確には何なのか？　もちろん他個体からなる集団によってなされた反応ではない。なぜならそのような統計的データは，当初の問題を解決するよりも多くの問題を惹起するからである。ある一個体において繰り返される反応の頻度について考慮することは，ちょうど述べた実験的状況のようなものを必要とする。

　基本的なデータの問題に関するこの解決策は，オペラント行動が本質的には自発的な現象であるという見解に基づいている。反応潜時と反応強度は，オペラント反応が自発されるということを考慮していないという理由で，測度としては破綻する。それらは反射という研究領域に適した概念である。そこでは誘発刺激によって引き起こされるほとんど変わることのない制御が，反応の確率という概念をとるに足らないものにしている。たとえば潜時の場合について考えてみよう。単純な反射についてはよく知っているので，より自発されやすそうな反応が，より早く自発されるようになるだろうと推測する。しかしそれは真実だろうか？　"早く"という言葉は何を意味しうるか？　反応の予測と同様に，反応の確率は，自発の瞬間に関係している。これはある１つの時点ではあるが，潜時という時間的次元は含まない。その遂行には，反応が開始されてから時間がかかることもあるが，生じる瞬間に持続時間はない[5]。オペラント行動の自発性という特徴と，反応確率がデータとして中心的な位置を占めることを考えると，潜時は私たちの現在の研究課題とは関係がないように見える。

　反応率を基本的なデータとして使用することに対して，様々な異議が唱えら

れてきた。たとえば，そのようなプログラム［反応率を基本的なデータとして使用すること］は，個人の生活の中でのユニークな出来事の多くを，私たちが取り扱うことを妨げているように見えるかもしれない。人は反応率が意味を持つのに十分なほど頻繁には，職業を決めたり，結婚したり，100万ドルを稼いだり，あるいは事故で死んだりはしない。しかし，これらの行為は反応ではない。これらの行為は，それら自体の予測に役立つ単純な単一事象ではない。もし私たちが結婚や成功，事故などを予測したいのならば，それも統計用語以上の何かで予測したいのならば，これらの単一の事象につながり，そしてその事象を構成するより小さな行動単位を扱わなければならない。この単位が反復可能な形で現れるのならば，ここでの分析が応用できるだろう。学習の領域における類似した異議は，頻度を観察できない実験条件に対して，ここでの分析をどの程度まで広げうるのかを問う形となっている。［しかし］そのような状況で学習が起きていないということにはならない。確率という概念は通常，頻度の分析を実行できない事例に対して推定される。行動の領域において，私たちは頻度がデータとして利用可能な状況を整えている。しかし，ここで挙げた事例や，こうした分析への感受性が低い種類の行動を分析したり定式化したりする場合にさえも，確率という概念を使用しているのである。

5　［原注］実際には，それは短くなったり長くなったりしない。潜時が分化強化によって最小値に向かっていくように見える場合には，別の解釈が必要とされる。より活発な行動や行動開始後の実行の速さを分化的に強化するかもしれないが，短い潜時や長い潜時の反応を分化的に強化すると述べることには意味がない。実際のところ，私たちが分化的に強化しているのは，(a) 好ましい待機行動と，(b) より活発な反応である。ヒトを対象とした反応時間の実験において，参加者に対して"できるだけ早く"反応するよう求める場合，本質的に私たちが求めているのは，(a) 自発の基準に到達することなしにできるだけ多くの反応を実行すること，(b) それ以外のことは可能な限りはとんどしないこと，(c) 刺激が提示されたあとは活動的に反応すること，である。これは刺激と反応の間にある最小の測定可能時間を生み出すかもしれないが，この時間は必ずしも基礎的なデータにはなりえないし，実験者の教示がそのように変えてしまったということでもない。長い"潜時"の分化強化に関する類似した解釈も必要とされる。これは精査すれば簡単に立証される。先に引用したハトの実験では，適切な時間までキイに対する反応を遅らせるような予備的行動が条件づけられている。"時を刻む"行動は大抵の場合はっきりと見えるのである。

別の一般的な異議として，反応率は単に一連の潜時にすぎず，それゆえにまったく新しいデータではないというものがある。これが誤りであることを示すのはたやすい。ある反応から次の反応が起こるまでの時間を測定するとき，計測を始めた時点でその個体が何をしていたかということに関して，何ら疑問を持っていない。私たちは，まさにそれが反応の遂行であったということを知っている。これは自然な0である——つまり潜時がそこから測定される任意の時点とは似ても似つかないものである。反応の自由な繰り返しは，潜時とは非常に異なった律動的で周期的なデータを生み出す。多くの周期的な物理的過程が類似性を示唆している。

私たちは，行動の科学における基本的な課題の分析という観点のみで，反応率を基本的なデータとして選ぶのではない。最大の魅力は，実験科学におけるその成功である。これ以降に示すデータは，何ができるかについての例として示される。それは完全な実証を意図したものではない。しかしそれは，はっきりと変容するようなデータを私たちが有している場合，反応確率という概念を伴う理論的な実体をほとんど用いないという事実を裏付けるはずである。

なぜ学習が生じるのか

私たちは学習を反応確率の変容と定義するかもしれないが，それが生じる条件も特定しなければならない。そのためには，反応確率が関数となるような，いくつかの独立変数を調査する必要がある。ここで私たちは，異なる種類の学習理論に遭遇する。

教室における効果の法則の有効な供覧実験は，次のように準備することができるだろう。ハトは「安定」体重の80％に減らされ，小さい半円形の舞台に馴致される。その後，そこで数日間，実験者がスイッチをいれることで作動する給餌器から餌が与えられる。その供覧実験は，餌による適切な強化によって，選択された反応を確立することで構成されている。たとえば，舞台を通して反対側の壁にある目盛りを観測すれば，ハトの頭の頂点が定められた印の上にあがった時にはいつでも，給餌することが可能である。数分のうちに，ハトがその頭の位置をできるだけ高く保ったままケージを歩き回るまで，印の位置はだんだんと高くされる。別の供覧実験では，舞台の床に取り付けられたビー玉を

つつくように条件づけされる。これは，逐次的な段階を強化することによって数分で完了することもある。餌は最初，ハトが単にビー玉に近づいた時に提示される。後に，ビー玉の方向を見下ろした時に，そして頭をビー玉に向けて動かした時に，最終的にはそれをつついた時に提示されるようになる。そのような供覧実験を見た誰もが，効果の法則は理論ではないということが分かる。それは単に選ばれた反応の確率を変容させるための手続きを明確に規定しているだけである。

　しかし，「なぜ」強化にこのような効果があるのかということについて述べようとする時に，理論が立ち現れる。強化は心地よい，満足させる，緊張を低減させる，などの理由で，学習が生じると言われる。消去という逆の過程は，似たような理論で説明される。はじめに強化によって高い反応率まで引き上げられ，その後，強化が与えられなくなったならば，その反応は次第に生じなくなることが観察される。ある一般的な理論では，行動を抑制する状態が構築されたと主張することによってこれを説明する。この"実験的制止"あるいは"反応制止"は，異なる次元系に位置づけられなければならない。なぜならば，行動の水準では，興奮と制止という，相反する過程に対応するものが何もないからである。反応率は，単にある操作によって増加し，別の操作によって減少した。抑制している力からの解放を表していると一般に解釈される特定の効果は，別の方法で解釈されるかもしれない。たとえば，脱抑止は必ずしも抑制の強さを取り除くことを必要としない。それは剰余変数による付加的な力の兆候かもしれない。自発的回復の過程は，抑制という概念を支持するものとしてよく引用されるが，今述べたように他の説明があるかもしれない。

　再びいくつかのデータに目を向けて，なぜ学習が生じるのかという問題を評価してみよう。条件づけは通常，容易に観察できないほど急速なので，消去過程が私たちにより有用な事例を提供してくれるだろう。消去する前の反応を形成する際に様々な強化スケジュールを使うことで，ラットやハトから多くの異なる種類の曲線が一貫して得られてきた。いくつかの関連する条件について考えることで，私たちは理論的な過程に残された余地がどのようなものなのかを理解できるかもしれない。

　条件づけと消去との間の単なる時間経過は，驚くほど効果のない変数である。

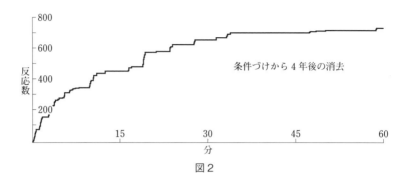

図2

ラットは短命すぎるため，長期間に及ぶ実験を行うのに適していないが，10年あるいは15年生きるかもしれないハトは，理想的な被験体である。5年以上前，20羽のハトは，複雑な視覚的パターンが投影された大きい半透明のキイをつつくように条件づけされた。強化は，安定した高い反応率の維持と，視覚的パターンの固有の特徴をつつくことに随伴した。これらのハトは，保持率を研究するために飼育され続けた。ハトたちは繁殖用として供されている通常の飼育部屋へと移された。このハトの小集団は，6カ月，1年，2年，4年後に，消去のテストを受けた。テストの前に，それぞれのハトは個別の飼育ケージに移された。安定体重の約80％まで体重を減らすために，統制された給餌のスケジュールが用いられた。そしてハトは，キイがない薄暗い実験装置の中で，情動反応が消えるまで何日か給餌された。テスト当日にハトは暗い箱に入れられた。半透明なキイが提示されたが，点灯していなかった。反応は生じなかった。キイに模様が投影された時，4個体すべてがすぐに高頻度で反応した。図2は得られたデータの中で最も大きな曲線を示している。このハトは，4年間見ることのなかった視覚的な模様が提示された後，2秒以内にキイをつついた。しかも，以前に分化強化の基準とされていた正確な場所をつついていた。次の1時間までその反応は続き，約700の反応を自発した。これは，もし消去が4年も遅れなかったならば自発されていたであろう反応の，約2分の1から4分の1であるが，曲線はかなり典型的である。

　動機づけの水準は考慮されるべきもう1つの変数である。空腹が持つ効果の例は別の論文で報告されてきた（Skinner, 1940）。8匹のラットのレバー押し反

第 6 章 学習理論は必要か？

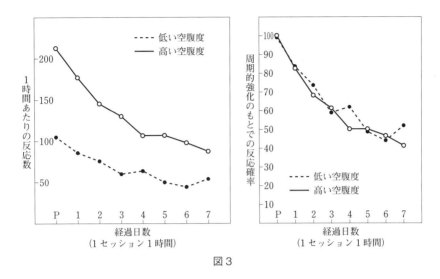

図 3

応が，周期的な強化スケジュール[6]によって確立された。ラットたちには，1日おきに十分な量の餌が供給されていたので，連日の反応率は交互に高くなったり低くなったりした。各4匹のラットからなる2つの小集団は，これらの状況での周期的な強化のもとで維持された反応率が同じくらいになるように振り分けられた。そして反応は消去された。両グループとも1日おきに消去が行われたが，1つのグループは空腹度が高い時に，もう1つのグループは空腹度が低い時に行われた（実験が行われない日は以前と同様に同じ量の餌が与えられていた）。結果は図3に示されている。左[7]のグラフはローデータである。空腹の水準は横軸のPの点において，周期的な強化のもとでの反応率によって示されている。それに続く点は，消去における減少を示している。より低い反応率の曲線に，P点でのポイントを重ね合わせるための係数を掛けると，右のグラフに示したように，曲線はかなり密接に重なる。ラットとハトを用いた他のいくつもの実験が，この普遍的な原理を確認してきた。もし周期的な強化のもとで反応率が持続しているならば，後の消去の曲線の傾きは同じ比率を示す。空腹

6　固定時隔強化スケジュールのこと。
7　図の配置を変更したため訳もあわせて変更した。

の水準は消去曲線の傾きを決めるが、その曲率は決めないのである。

別の変数である反応の難易度については、ここでの話題に特に関連がある（Mowrer & Jones, 1943）。なぜならばそれは、相当な労力を必要とする反応は容易な反応よりもより強い制止を作り出すため、より速い消去につながるという前提に基づく、反応の制止理論の検証に用いられてきたためである。その理論は、単に消去曲線の傾きだけではなく、その曲率も変化することを必要としている。しかし、反応難易度は空腹水準と同じように作用し、単にその傾きを変えるという証拠がある。論文化されてはいないものの、いくつかのデータが報告されてきた（Skinner, 1946b）。ハトは羽と足の動きが制限されるようなジャケットをかぶせられたが、キイと給餌器へ反応するために、頭と首は動かせる状態にされた。この状況での行動は、実験箱を自由に動ける時の行動と量的に非常に良く似ている。しかし、ジャケットを使用することには、ハトがキイまでくちばしを届かせなくてはならない距離を変化させることによって、キイへの反応を容易にまたは困難にすることができるという利点がある。ある実験では、これらの距離は7つの等間隔な任意の単位で表現された。距離7では、ハトはほとんどキイに届かず、距離3では首をそれほどあまり伸ばさなくてもつつくことができた。周期的な強化は一定のベースラインを生み出した。それは実験期間中に素早く位置を変えることによって、反応難易度の効果を観察することを可能にした。図4に記録された5つの記録のそれぞれは、周期的な強化のもとでの15分の実験期間を示す。キイからハトまでの距離は、記録上の数字によって示されている。距離3の反応率が高い一方で、距離7の反応率が大抵かなり低いことが観察されるだろう。中間距離では中間的な傾きが生成されている。ある距離から別の距離への変化が即座に感知されたこともまた、注目に値する。困難な位置での繰り返し反応が、かなりの量の反応制止を生じさせるならば、簡単な反応へ戻った後も、しばらくの間は反応率が低くなると予想するだろう。反対に、もし簡単な反応が反応制止をほとんど形成しないならば、難しいと仮定された位置の後も、しばらくの間はかなり高い反応率を予想するだろう。[しかし]このようなことは起こらなかった。難しい反応の"より急速な消去"は曖昧な表現だった。傾きの定数が影響を受け、それに伴ってある基準までの消去中の反応数も影響を受けたが、曲率には何も影響しないだ

第6章 学習理論は必要か？

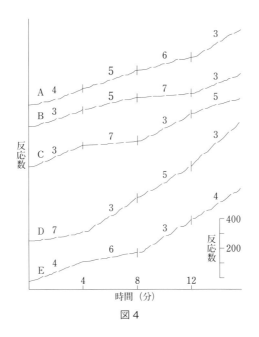

図4

ろう。

　なぜ消去曲線が曲がっているのかという問題について考える1つの方法は，消去を，熱源からシンクへの熱損失や，出口が開いた時の貯水槽の水準値の低下に相当するような消耗の過程だと考えることである。条件づけは，消去によって枯渇するような反応傾向——"貯蔵（reserve）"——を作り上げる。これはおそらく行動の水準での正当な記述である。貯蔵は，異なる次元系に割り当てられないので，必ずしも本稿の意味での理論ではない。それは，言語的にはある反応の一時的な状態に関する叙述を作りだすものの，予測される消去曲線として操作的に定義することもできる。ただしそれはあまり有益な概念ではないし，消去は枯渇の過程であるという見方は，消去曲線がある特定の方法で曲がるという観察事実にほとんど何ももたらさない。

　しかしながら，反応率に影響を与える変数は2つあり，それらは両方とも，消去中に曲率を変える働きもする。これらのうちの1つは，情動という分野に含まれる。私たちが以前強化されていた反応の強化に失敗した時，それは消去

という過程を始めるだけでなく，しばしば欲求不満（フラストレーション）として意味されるような情動反応も引き起こしている。ハトは識別可能なパターンでクークーと鳴き，ケージの中を素早く動き回り，排便し，あるいはしゃがんだ姿勢で素早く羽ばたきして，交尾行動を示す。これはキイをつつく反応と競合しており，おそらく消去の初期における反応率の減少を説明するのに十分である。餌の遮断に基づく反応確率は，そのような情動反応の一部として直接的に減少している可能性もある。その性質が何であれ，この変数の効果は順応によって取り除かれる。繰り返された消去曲線はより平坦になり，後に簡単に述べるスケジュールのいくつかにおいては，反応率の情動的な変容の証拠はほとんど，あるいは全くない。

　2つ目の変数はより深刻な影響を及ぼす。消去中の最大の反応は，反応が強化されていた条件が正確に再現される場合にのみ得られる。光で条件づけされたラット［の反応］は，光がない状態では完全には消去されないだろう。光が再び点灯すると，ラットはより早く反応し始めるだろう。これは，以下の教室での供覧実験が示すように，他の種類の刺激にも言えることである。9羽のハトは間欠強化のもとで黄色い三角形をつつくように条件づけされた。図5に示したセッションにおいて，ハト［の反応］は最初の30分間，このスケジュールで強化された。合成された累積曲線は基本的に直線であり，この期間中のそれぞれのハトにおける1100以上の反応を示している。その後，赤い三角形が黄色の三角形と置き換わり，それ以降の反応は全く強化されなかった。その効果として反応は急速に減少し，消去に移行してからの15分間でわずかな回復がみられただけであった。黄色い三角形に置き換えられたとき，すぐに高頻度の反応が始まり，そして通常の消去曲線が続いた。同様の実験では，付帯する音の高さ，つつかれる模様の形，あるいは模様のサイズが条件づけ中に提示された場合，消去中にもある程度反応率を制御するだろうということが示されている。いくつかの性質は他のものよりも効果的で，そして数量的な評価が可能である。消去過程中，刺激に関するいくつもの数値をランダムな順番で繰り返し変化させることで，各値のもとでの反応率において，刺激般化勾配が直接読み取れるかもしれない。

　これと非常に良く似たことが，消去中に起こるに違いない。あるキイに対す

第6章 学習理論は必要か？

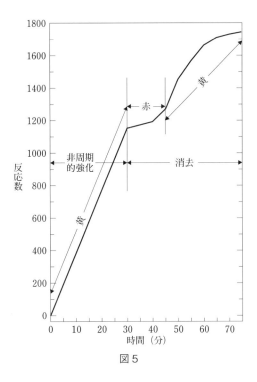

図5

るすべての反応が強化され，それぞれの反応の後に短時間の摂食が続く事態を考えてみよう。行動を消去すると，反応が強化されず，摂食が行われず，そしておそらく新しい情動反応が生じるような状況を作り出している。その状況は，黄色の後の赤い三角形と同じくらい簡単に新奇なものになりうる。もしそうであるならば，それは消去中の反応率の低下を説明することができる。三角形の色を黄色から赤へと「徐々に」変化させることで，図5の2つの垂直線の間に，私たちは「消去曲線のような形の」滑らかな曲線を得られたかもしれない。これは消去のようなことが他に行われていなかったとしても起こっただろう。消去の条件づけはまさに，実験的な状況における新奇性がますます高まるということを，前提としているように見える。これが，消去曲線が曲がることの理由なのだろうか？

いくつかの証拠は"自発的回復"のデータによってもたらされた。長期にわ

たる消去の後でさえ，少なくとも別のセッション開始後のわずかな間，個体はしばしば高い率で反応するだろう．1つの理論は，これはある種の制止からの自発的回復を示していると主張するが，他の説明も可能である．たとえ動物がどんなに注意深く扱われようとも，実験の開始と同時に起こる刺激作用は広範囲に存在しており，それは実験期間の後半部分で起こるどのようなことにも似ていないはずである．［前日のセッションを終えた後に］個体が再び実験状況に置かれた状態で，あるいはそのすぐ後で，反応は強化されてきた．つまりそれがこの刺激作用なのである．消去において，その刺激作用はほんのわずかな瞬間だけ存在する．それが復元された時，黄色い三角形の場合と同じようにさらなる反応が自発される．実験開始という刺激作用の存在下で完全な消去を達成する唯一の方法は，実験を繰り返し開始することである．

　新奇性の効果に関する他の証拠は，周期的な強化の研究からもたらされた．間欠強化が連続強化よりも［反応がゆっくりと減少するような］大きな消去曲線を生み出すという事実は，強化数と消去中の反応数の間の単純な関係を期待する人たちにとって厄介な問題である．しかし実際のところこの関係性はかなり複雑である．周期的な強化の1つの結果は，情動的な変化が除外されていくということである．これが連続する消去曲線の滑らかさの原因かもしれないが，おそらくその大部分の原因というわけではないだろう．後者［反応がゆっくり減少するような大きな消去曲線］は，消去事態における新奇性の欠如に起因するかもしれない．周期的な強化のもとでは，多くの反応が強化なしで，そして直近の摂食が生じなかったときに行われる．それゆえ消去におけるこの状況は完全に新奇な状況ではないのである．

　しかしながら，周期的な強化は単純な解決策ではない．もし私たちが規則的なスケジュールで，たとえば毎分強化するならば，個体はすぐに弁別を形成する．摂食による刺激作用は，その後の強化の欠如と相関しているため，強化直後にはほんのわずかしか，あるいはまったく反応が生じない．どれだけ速く弁別が進展しうるかを図6に示した．この図では，各15分の実験期間中に，周期的強化のもとでハトから得られた最初の5セッション分の曲線を再現している．5番目のスケジュール中（または周期的な強化からおよそ1時間後）には，弁別が各強化後の休止を生み，著しい段階状な曲線になっている．この弁別の

第6章 学習理論は必要か？

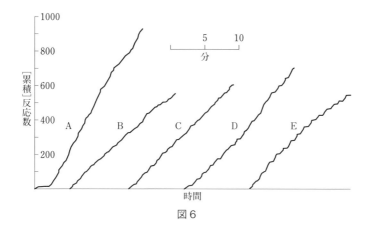

図6

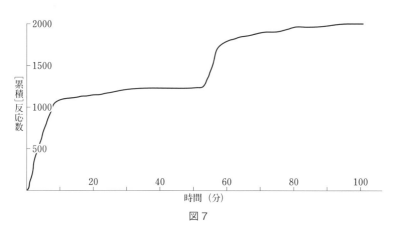

図7

結果として，ハトは強化される時にはほぼ必ず素早く反応している。これは他の弁別の基盤である。素早い反応が好ましい刺激作用をもたらす条件となる。後に続く消去曲線に影響を与える良い例を図7に示した。このハトは数週間にわたって，毎日15分の実験中に毎分1回強化されていた。ここで示された消去曲線では，ハトは先行するスケジュール下では安定した率で反応を始めている。開始時点での素早い正の加速は記録を縮約したために消えている。ハトは周期的な強化中の全体反応率よりも高い反応率に素早く到達し，それを維持している。この期間，ハトは以前に最適に強化と相関していた刺激作用をもたら

す条件を作り出す。最終的には，ある種の疲労が入り込むにつれ，反応率はかなり安定した値を取りながらも急速に低くなり，そして実質的に0になる。そして，反応が通常通りに強化されない条件が実施された。そのため，ハトは再び反応しようとしない。しかし反応が生じた時には，その条件はわずかに改善し，そしてもし反応が続けば，強化が得られていた条件にどんどん類似していく。この"自己触媒"[8]のもとでは，すぐに高い反応率に到達し，2回目のバースト（反応頻発）では500回以上の反応が自発される。それから反応率は急速かつかなり滑らかに減少し，再び0近くになった。この曲線は決して無秩序なものではない。曲率の大部分は滑らかである。しかし，［反応が減少してから］45分の時点で生じた反応のバーストは，相当な強度の残存を示している。仮に消去が単なる疲労だとしたら，それは曲線の初期で現れているはずであった。その曲線の大部分は，主にハトが強化と急速な反応遂行の間に先行する擬似相関によって制御されていると仮定することで，無理なく説明されるかもしれない。

　この仮定は，反応率と強化との間で異なる随伴性が起こりえないような強化スケジュールを構成することで確認することができるだろう。そのような"非周期的強化"ともいうべきスケジュールの1つでは，最も長い時隔は約2分だが，一連の強化された反応間の時隔がとても短いため，強化されていない反応が介在しない。他の時隔は平均1分のままで，これらの値の間に算術的に分布させた。時隔は強化のプログラムを構成するために大雑把にランダム化された。このプログラムのもとでは，以前の強化に関連して強化確率が変化することはなく，そして曲線は図6の曲線Eに示したような段階的な特徴を得ることは決してない（図9は同様のプログラムからの曲線を示している）。結果として，異なる反応率と異なる強化確率との間にはいかなる相関関係も生じなかった。

　非周期的スケジュールに短時間さらされた後の消去曲線を図8に示した。それは特徴的に非周期的強化のもとでの安定した反応率で始まり，周期的強化の後の曲線とは異なり，より高い全体反応率へと加速することはなかった。ある最適な刺激条件において"自己触媒"が生み出された証拠はなかった。また，特徴的に，どちらの方向にも反応率の顕著な不連続性や急激な変化は見られな

8　個体自身の反応が，その反応が強化されるような弁別刺激を形成するという意味。

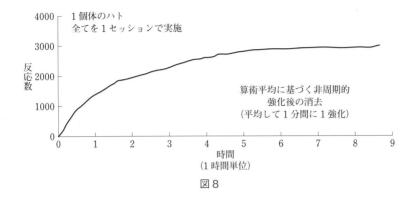

図8

かった。図7では2時間程度だったのに対して、曲線は8時間にわたって広がり続け、単一の規則的な過程を表しているように見える。総反応数はより高かったが、おそらくこれはより長い時間その自発が許されたからである。これらのすべての結果は、私たちがハトに対して（1）摂食による刺激作用と（2）急速な反応による刺激作用に基づいた一組の弁別を形成することを不可能にしたという単一の事実によって説明することができる。

最も長い強化間の時隔がわずか2分だったため、時間の経過に従ってある種の新奇性がなおも導入され続けていたに違いない。これが図8の曲率を説明するかどうかについては、さらに長い時隔を含む他の強化のプログラムによって、ある程度は検証することができる。幾何数列は最短10秒の時隔で開始し、1.54という率を繰り返しかけることによって構成された。これは平均5分という一連の時隔を生み出し、その中で最も長いものは21分を超えた。そのような数列は、毎時間、繰り返し強化のプログラムの中でランダム化された。等差級数からこのプログラムに変化させると、反応率は、最初は長い時隔の間に減少したが、ハトはすぐにその時隔のもとで一定の反応率を維持することができた。2つの記録を、それらが記録された形式のままで図9に示す（ペンは1000反応ごとに0の位置にリセットされる。単一の累積曲線を得るためには、記録を切りとり、持続的な線を生み出すためにセクションをつなぎ合わせる必要がある。元の形式は反応の減少の程度がわかりにくい形で再現されるかもしれない）。各強化は水平のダッシュで表されている。所要時間は約3時間である。この強化プログラム下

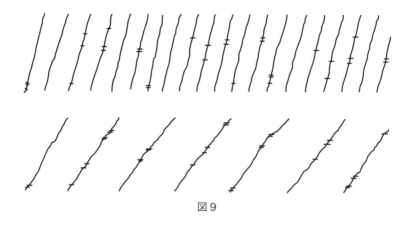

図9

で,異なる全体反応率を維持した2羽のハトの記録が示されている。

そのようなスケジュール下で,強化を受けた後の少なくとも21分の無強化期間で,一定の反応率が維持された。それゆえに,続く消去の間,新奇性はほとんど発達しなかった。図10の曲線①では,ハトはこの幾何的な時隔をもった数時間のセッションに何回もさらされてきた。消去中に自発された反応数は,図8の曲線の約2倍であった。図8の曲線は平均1分の一連の等差的な時隔の後のものであるが,その曲線はそれ以外ではよく似ていた。幾何的な級数で形成されたスケジュールにさらされると,より長く続く反応連を形成するが,その間の反応率はそれほど変わらない。曲線②は,さらに非周期的強化を2時間30分実施した後の,曲線①に続くものである。曲線②に示されている日では,曲線の始まりのところに印されているように,最初に少数の非周期的強化が与えられた。強化が中止された時,数千もの反応にわたってかなり一定の反応率が持続した。曲線③は幾何級数による2時間30分の別の実験セッションの後に記録された。このセッションもまた,短い非周期的強化の系列で始まり,反応率はほとんど変化しないまま,6000を超える強化されない反応の維持が続いた(図10のA)。時隔の平均が5分以上で,はるかに長い例外的な時隔を含む他の系列が,なぜそのようなより長い直線に届かなかったのかということに関する理由は見当たらない。

消去の問題に関するこの批判を受けて,私たちは,消去中に持続していた条

第6章 学習理論は必要か？

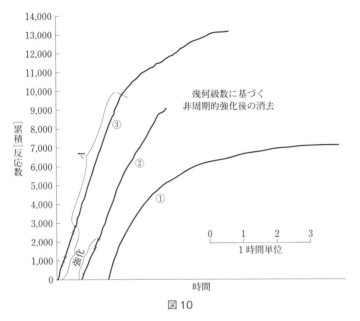

図10

件と非常に良く似ていて，それゆえ長い期間にわたって反応率の低下が起こらない強化スケジュールを作り出す。別の言葉で言えば，私たちは曲率のない消去を生み出す。最終的にはある種の疲労が始まるが，それは徐々に起こるものではない。曲線③の最後の部分（残念ながら図中ではとても減少している）は，わずかに全体の曲率における疲労を示唆している可能性があるが，それは全体の過程のごく一部にすぎない。記録は主に，それぞれわずか数百程度の反応群で構成されており，それらのほとんどは周期的な強化のもとで維持されていたものとほぼ同じ反応率だった。突然ハトは反応をやめる。再び反応を始めた時，その反応が強化されていた時の反応率に素早く到達する。これは，規則的な強化のもとでの急速な反応と強化との擬似相関を思い出させる。もちろん私たちは，この相関を完全に排除していたわけではない。高い反応率に対する分化強化はもはや存在しなかったが，実質的にすべての強化は一定の反応率のもとで生じていた。

強化スケジュールのさらなる研究が，消去事態において現れる新奇性が，曲率を決めるすべての原因であるかどうかという問いに答えられるかどうかわか

らない。[これが原因であるかをつきとめるためには]条件づけ中に持続している条件と全く同一の条件を，消去事態で作り出すことが必要であると思われる。これは不可能かもしれないが，もしそうであるならば，その問いは理論的である。一方で，仮説は現時点の意味では理論ではない。なぜならば他の論議領域において並行する過程に関しては何も叙述しないからである[9]。

　非周期的強化スケジュール後の消去に関する他の研究は，完全にはこの仮説に充てられたものではない。その目的は，強化と消去の間に持続している条件と，それらの間にある関係の効率的な記述である。反応率を中心的なデータとして使う場合には，私たちは観察と操作が可能な条件に働きかけ，客観的な用語でそれらの間にある関係を表現するかもしれない。私たちのデータがこれを可能にする限りにおいて，それは理論の必要性を減らすことになる。強化がないのに一定の反応率で7000反応を自発するハトを観察する時，私たちは，反応制止や他の疲労の産物の累積だと主張することによって，おそらく数百反応を含む消去曲線を説明しようとはしないだろう。理論に傾倒することなく行われた研究は，消去の研究を新しい領域や規模へと広げていくであろう。データの蓄積を急ぐことが理論からの脱却を促進させる。もし理論が私たちの実験デザインにおいて何の役割も果たさないならば，私たちはそれらが消えていくのを見て気の毒に思う必要はない。

複雑な学習

　3番目の種類の学習理論は，「選好すること」，「選択すること」，「弁別すること」，「見本に合わせること」などのような用語で説明される。これらをもっぱら行動の観点から定義しようという試みがなされるかもしれないが，これまでの慣例では，それらは別の次元系における過程について言及している。2つの選択可能な選択肢の内の一方に対する反応は，選択と呼ばれるかもしれないが，それは選択の結果であると言う方がより一般的である。そしてそういった

9　[原注] その仮説が，ハト自身の行動によって部分的に生成される刺激作用に訴えかけることは事実である。これは特定したり操作したりすることが難しいかもしれないが，現時点の意味では理論的ではない。私たちが行為と刺激作用の間の1対1対応を仮定しても構わないと思っている限り，物理的な特定は可能である。

第6章 学習理論は必要か？

選択の結果という言葉が意味するのは，理論的な前駆的活動[10]である。より高次の心的過程はこの種の理論の最も良い例である。つまり神経学的な平行性はあまりうまくいっていない。理論に訴えることは，選択すること（弁別すること，見本に合わせることなどのように）が特定の行動の一部ではないという事実によって助長されている。それは，特定の反応型を持った反応や活動ではない。その用語は，他の変数や事象に関連した，行動のより大きなまとまりを特徴づける。私たちは，大抵の場合そういう用語に伴うような理論に頼ることなく，通常これらの用語が適用されるような行動を定式化し，研究することができるだろうか。

弁別は比較的単純な事例である。2つの刺激のうちの一方を他方の刺激へと変化させても，任意の反応の自発確率がほとんど影響を受けないことを発見するとしよう。そして次に，それらのうちの一方の刺激の提示に随伴する反応を強化する。十分に確立されてきた結果は，この刺激のもとでの反応確率は高いままで，他の刺激下では非常に低くなるということである。私たちは，個体はいまや刺激を弁別していると言う。しかしながら，弁別それ自体は行為ではなく，独特な過程である必要さえもない。弁別の分野における問題は他の用語で述べられるかもしれない。異なる強度や異なるクラスの刺激間で，どのくらいの誘導が得られるだろうか。制御の違いを生み出す刺激における最小の差異はなんだろうか。その他にも色々ある。この種の問いは，別の次元系における理論的な活動を前提とはしていない。

並立する2つの刺激のうち1つを選択する行動を扱うには，いくぶん大きな行動のまとまりが特定されなければならない。これはハトを用いて，位置が異なる（右または左）2つのキイへの反応や，位置に対して色がランダム化されるというような，何らかの性質における2つのキイへの反応を吟味することで研究されてきた。あるキイともう一方のキイに対する反応を，どちらか一方だけに偏ることなく時々強化することによって，2つのキイへの等しい反応率を得ることができる。行動はあるキイから別のキイへの単純な交代に近づく。これは最終的に，反応の傾向が強化確率に対応するという規則に従う。どちらか

---

[10] 行動の前にある活動。

のキイが外部時計に従って時々餌箱に接続するという仕組みを考えると，ある時もし右キイがちょうどつつかれていたならば，左キイでの強化確率は右キイよりも高くなる。なぜならば，より長い時間間隔が経過しており，その間に時計が左キイの回路を閉じた可能性があるからである。しかし，ハトの行動は単にこうした数学的な計算に配慮してこの確率に一致するわけではない。そのような強化随伴性に特有の結果は，もう一方のキイに切り替えてつつくことが，同じキイをもう一度つつくよりも強化されることが多いということである。もはや私たちは単に2つの反応を取り扱っているのではない。"選択"を分析するためには，キイの位置や色を考慮せず，単一の最後の反応，つつき，そしてそれに加えてある［位置の］キイや色から別の［位置の］キイや色へと切り替える反応について考えなくてはならない。

　量的な結果はこの分析に一致する。もし私たちが右キイへの反応だけを周期的に強化するならば，右キイへの反応率が上がる一方で，左キイへの反応率は下がるだろう。左キイから右キイへの切り替え反応が時々強化されるのに対し，右キイから左キイへの切り替え反応は決して強化されない。ハトが右キイをつついているときにキイを切り替える傾向は全くない。その一方で，左キイをつついているときは，右キイへ切り替える傾向が強い。そして右キイに対してさらに多くの反応が行われるようになる。もしこれらの条件を反転させ，左キイへの反応だけを強化するならば，切り替え反応について考慮する必要性が明確に示される。最終的な結果は，左キイに対する反応率は高くなり，右キイに対しては低くなる。再び条件を反転させることで，右キイに対する高い反応率を戻すことができる。図11では，各45分で構成された6回の実験期間における，このような条件の変化に従った8個体分の曲線が平均されている。グラフにおける2日目の開始時，左キイへの反応（R^L）が周期的な強化を通して増加する一方，右キイへの反応（R^R）は消去のために減少している。同じスケジュールで周期的な強化が続いているため，平均反応率は大きな変動を示さない。平均反応率は，位置に関係なく，キイをつつく反応の強度の状態を示している。左右のキイへの反応の分布は，切り替え反応の相対的な強度に依存する。もしこれが単にある反応の消去と，もう1つの反応に対して同時になされた再条件づけの事例だったとしたら，再条件づけは消去よりもさらに急速に生じるため，

第 6 章 学習理論は必要か？　　　　　　　　　　　　183

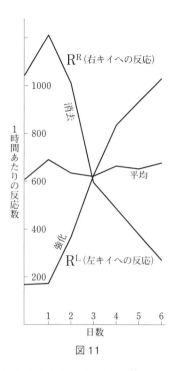

図 11

平均曲線はほぼ水平のままではなかっただろう[11]。

　ハトがあるキイから別のキイへと反応を切り替える率は，2 つのキイ間の距離に依存する。この距離とは，2 つのキイの間の刺激の違いに関する大まかな測度である。それはまた，感覚フィードバックの違いを示唆しつつ，切り替え反応の範囲を定義づける。さらに，もし 2 つのキイが互いに接近している場合，一方のキイで強化された反応は，もう一方のキイへの先行する反応の直後に生じるかもしれないため，強化されていないと思われる反応に対する波及した強化効果をもたらす。図 11 では，2 つのキイは約 1 インチ（2.54 cm）離れていた。それゆえに，2 つのキイは実験箱においてほとんど同じ位置にあった。あるキ

11　[原注] 反応型の異なる 2 つの反応は，再条件づけと消去における別の過程を示し，それらを結合した反応率は様々に変容する。なお，反応型が異なるということは，2 つの反応を同時に自発することができるため，切り替えを必要としないことを意味する。

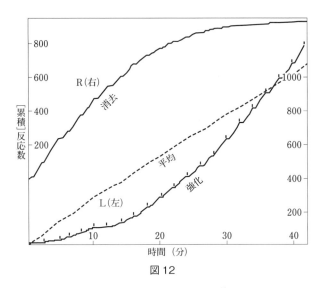

図 12

イから別のキイへ切り替えることは，最低限の感覚フィードバックを含んでおり，あるキイに対する反応の強化は別のキイに対する反応のすぐ後に続くこともありえた。キイが最大4インチ（約 10 cm）ほど離れているときは，強度の変化はより一層急速である。図 12 は，約 40 分の実験期間中の1個体のハトから同時に記録した2つの曲線を示している。この実験以前は，右キイに対する高反応率と左キイに対する低反応率が確立されていた。この図では，右キイへの反応は強化されなかったが，左キイに対する反応は，曲線 L の上の縦線によって示されているように，毎分強化された。R の傾きはかなりなだらかに減少する一方で，L の傾きもまたなだらかに，R の初期の値に相当する値まで上昇している。このハトは1回の実験期間内で切り替えられた随伴性に従うようになった。平均反応率は点線で示されているが，またしても著しく差のある曲率は示されていない。

"選好"と呼ばれるものは，この定式化の中に入る。図 12 に示した過程のどの段階においても，選好は2つのキイに対する相対反応率という点で表現されうる。しかしながら，この選好はキイをつつくことではなく，あるキイから別のキイへと切り替えることに対する選好である。ハトがそのキイの識別特性に関係なくそれをつついてしまう可能性は，あるキイから別のキイへと切り替え

第 6 章　学習理論は必要か？

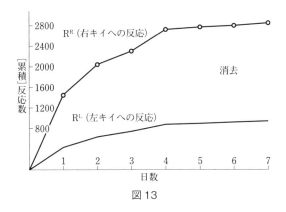

図 13

る選好反応とは無関係に機能する。いくつもの実験がさらなる事実を明らかにしてきた。それは，たとえ強化が与えられなくなったとしても，選好は変わらずに維持されるということである。その例である図 13 は，7 日間にわたる毎日 1 時間の実験期間中に，2 つのキイから同時に得られた消去曲線を示している。消去の前，R と L それぞれの切り替え反応の相対強度は，およそ 3（R）：1（L）の"選好"を生み出した。消去過程を通した反応率の不変性は，L に対して適当な定数かけ，小さい丸を R にプロットすることで，図中に示されている。もし消去が選好を変えたならば，2 つの曲線はこの方法で重なることはない。

　弁別と選択に関するこれらの定式化により，一般的にずっと複雑な過程であるとみなされてきたもの——すなわち見本合わせ——を扱うことが可能になる。3 つの半透明なキイを配置すると仮定しよう。なお，それらは赤か緑に点灯することとする。中央キイは見本として機能し，私たちはそれをランダムな順序で赤もしくは緑に点灯させる。左右の 2 つのキイもまた，ランダムな順序で一方を赤，もう一方を緑に点灯させる。ここでの"問題"は，中央キイの色と一致する左右どちらかのキイをつつくことである。このような場合，3 つのキイの組み合わせは 4 パターンしかなく，ハトは各パターンに応じた適切な反応を学習できる可能性がある。少なくとも今までの実験時間内にこのようなことが生じたことはない。単に 3 色の一連の設定を提示し，成功した反応を強化するならば，ハトは色や形に関係なく左右のキイをつつくようになり，50% の確

率で強化されるだろう。これは事実上，高反応率を維持するのに十分な"固定比率"の強化スケジュールである。

　それでもなお，赤刺激が提示された後に赤をつつくという弁別反応と，緑刺激が提示された後に緑をつつくという弁別反応を強化し，一方で他の2つの可能性を消去することによって，ハトに見本合わせを獲得させることが可能である。ここで難しいのは，反応に際して適当な刺激作用を整置することである。見本は目立つようにされるかもしれない——たとえば見本の色を実験箱の全体照明にするといった方法である。そのような場合，ハトは赤い照明では赤いキイを，緑の照明では緑のキイをつつくことを学習するだろう（キイの背景に中立な照明を仮定すれば）。しかし，見本に合わせるという概念をより厳密に保つための手続きは，別の強化によって"見本を見る"よう誘導することである。最初に左右のキイは消灯させたまま中央キイにのみ色を提示することで，これを行うことができる。そして，中央キイへの反応は左右のキイが点灯することによって（二次的に）強化される。ハトは立て続けに2回反応することを学習する——中央キイに反応し，そして左右一方のキイに反応する。左右のキイへの反応は，中央キイからの視覚的な刺激作用に続いて素早く生じる。これは弁別のための必要条件なのである。この技法でテストされた10羽すべてのハトにおいて，見本合わせ行動は容易に確立された。反対のキイを選ぶこともまた簡単に形成できる。赤い刺激作用の後に赤をつつくという弁別反応は，緑の刺激作用の後に赤をつつくことよりも明らかに確立するのが簡単だというわけではない。しかしながら，反応が同じ色のキイに対して行われる場合，ハトは般化によって新しい色に合わせられるようになるかもしれない。これは見本に合わせるという概念の拡張であるが，まだこの方法を用いた研究は行われていない。

　見本に合わせる行動が十分に確立された時でさえ，もし3つのキイが同時に提示されたとしたら，ハトは正確に反応できないだろう。ハトは見本を見るという強い行動を保持していない。実験者は，この行動の強度を保つために別の強化をし続けなければならない。サルや類人猿，そしてヒトの被験者において，選択することの最終的な成功には，見本を見るという行動を強化し，維持するということで十分である。この場合の種差は単に強化に必要な時間的関係の違

いにすぎないかもしれない。

　見本に合わせる行動は，すべての強化が取り除かれた場合にも変わらず維持される。正しい見本合わせ反応が周期的にのみ強化されるという中間的な事例が実験されてきた。ある実験では，1つの色が1分間，中央キイに現れた。そして，ランダムに別の色に変わったり変わらなかったりした。このキイに反応すると，ランダムに左右のキイの一方が赤に，もう一方は緑に点灯した。左右どちらかのキイへの反応は，中央キイが再びつつかれるまで，両方のキイを消灯させた。装置はすべての見本合わせ反応を1つのグラフに記録し，見本合わせではない他のすべての反応を別のグラフに記録した。連続強化のもとで見本合わせ行動を獲得してきたハトは，平均して毎分1回以下の頻度で強化されている場合にもこの反応を維持した。ハトは，自発した見本合わせ反応のうちのわずか60反応ほどしか強化されなかったとしても，1時間あたり数千の見本合わせ反応を行うことがある。このスケジュールは，必ずしも未経験のハトの見本合わせ反応を発達させるわけではない。なぜならこの見本合わせ課題は3つのやり方で解決できるからである。もしハトが（1）1つのキイのみ，もしくは（2）1つの色のみに反応するならば，実質的により多くの強化子を受け取るだろう。なぜならば実験プログラムはどんな固執した反応も最終的に正反応にするためである。

　この種の複雑な実験において得られたデータのサンプルを図14に示す。このハトは連続強化のもとで色を一致させることを学習してきたが，周期的強化のもとでは色の選好という誤った解へと変化してしまった。見本が赤の時はいつでも，ハトは見本と左右どちらかに点灯した赤いキイをつつくことで強化された。見本が緑の時，ハトは［中央の緑キイに］反応せず，左右のキイも点灯しなかった。図14のはじめに示した見本合わせ反応の結果では，上側の線で高い反応率となっている（実際には赤い見本の提示あるいは非提示に従った段階状の記録であるが，図を縮約したために見えなくなっている）。しかしながら，色選好は逆の問題[12]の解決にはならない。この問題に変化させることで，ハトの行動を図の2つの垂線の間に示したように変容させることが可能であった。これ

12　異種見本合わせ（見本と異なる色を選ぶこと）。

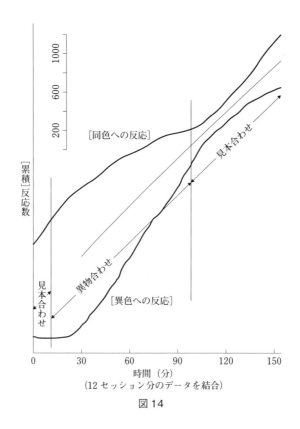

図 14

らの垂線の間に描かれている上側の曲線は，色選好の結果である見本合わせ反応の減少を示している。同じ垂線の間にある下側の曲線は，反対の色に対する反応と見本合わせの発達を示している。2つ目の垂線で，再び見本合わせに強化が随伴した。下側の曲線が反対の色をつつく反応の減少を示しているのに対し，上側の曲線は見本合わせ行動の再確立を示している。結果は正しい解決策であった。つまり，ハトはどのような色であろうが見本をつつき，そしてそれに対応する左右どちらかのキイをつついたということである。やや薄い線は，2つの曲線における一連の点の平均を結んだものである。それは選択することの場合と同様のルールに従っているように見える。すなわち，2つのキイの間の反応分布の変容は，キイに対する全体反応率に影響を与えないのである。こ

の平均反応率は，この図の最初に示したように，色選好で達成された誤った解のもとでは一定に保たれないだろう。

　ある程度高次の過程に関するこれらの実験は，非常に簡潔な形で記述される必要があった。それらは学習理論が必要ではないことを証明するものとして提供されるわけではないが，この難しい領域において代わりとなるプログラムを示唆するかもしれない。高次の心的過程に関する領域のデータは，単一の反応もしくは単一の刺激‐反応関係を超える。しかし，それらのデータは並立する反応の分化，刺激の弁別，多様な反応系列の確立などの観点からの定式化に影響をうけやすいように見える。こうして示してきたことは，他の次元系における理論的過程に訴えることなしには，完全な説明が可能ではないということについての，「先験的な」理由にはなっていないように思える。

結　論

　理論を全く使わずに研究することは，一般的実践としては期待しすぎと言っても過言でないほどの「離れ業」であろう。理論はおもしろい。しかし，学習の理解へ向けた最も急速な進歩は，理論を検証するためにデザインされたものとは異なる研究によってなされる可能性がある。学習過程に特徴的な，秩序だった変容を示すデータを手に入れようとすることによって，適切な推進力が供給される。受け入れられる科学的プログラムは，この種のデータを収集し，その領域の共通認識に基づく探求を通した研究で選択された操作可能な変数に，それらデータを関連付けることである。

　これは別の意味での理論の可能性を排除するものではない。最小数の用語に減らした上で，データを形式的に表現する必要性は，統一的な関係性を集積したその先にある。［こうした］理論的構成体はあらゆる事実の集合よりも大きな普遍性を生み出すかもしれない。しかし，そのような構成体は別の次元系について言及することはないし，それゆえに，私たちの現在の理論についての定義の中に含まれることはないだろう。良い理論は私たちが関数関係を探求することの妨げにはならない。なぜならば，それは関連する変数が発見され，研究された後においてのみ立ち現れるからである。［こうした理論的構成体の存在を］理解するのは難しいかもしれないが，簡単に誤解されるようなものではないだ

ろうし、ここで考察された理論に関して好ましくない効果はなにもないだろう。

私たちには、この意味での理論の準備ができていないように思われる。今のところ、合理的な方程式はもちろんのこと、経験的な方程式に関してもほとんど有効に使用できていない。今ある曲線のいくつかは、かなり正確に適合している可能性がある。しかし、最も基本的な予備的研究が示しているのは、多くの関連する変数が存在していること、そしてそれらの重要性が実験的に確定されるまでは、それらを考慮する方程式は非常に多くの任意の定数を持つので、良いあてはまりを得るのは当然のことであり、とても小さな満足にしかつながらないということである。

引用文献

Mowrer, O. H., & Jones, H. M. (1943). Extinction and behavior variability as functions of effortfulness of task. *Journal of Experimental Psychology, 33*, 369-386.
Skinner, B. F. (1938). *The behavior of organisms.* New York: Appleton-Century-Crofts.
Skinner, B. F. (1940). The nature of the operant reserve. *Psychological Bulletin, 37*, 270-277.
Skinner, B. F. (1946). Differential reinforcement with respect to time [abstract]. *American Psychologist, 1*, 274-275.
Skinner, B. F. (1946). The effect of the difficulty of a response upon its rate of emission [abstract]. *American Psychologist, 1*, 462.

訳者解説

"Are theories of learning necessary?（学習理論は必要か？）"。この印象的なタイトルは、Thurber & White (1929/2004) の「*Is Sex Necessary?: or, why you feel the way you do*」という著書に由来しているのだが、多くの心理学者をして「スキナーは理論を拒絶している」と信じさせるに十分なインパクトを持っていたようである。しかしながら、スキナーはすべての理論を拒絶したわけではない。彼がこの論文で批判しているのは、生理学的理論、心的理論、そして概念的理論の3種類である。スキナーは一貫して、操作可能な変数によって行動を説明するべきであると主張してきた。上述した3つの理論は、そのような変数の発見に貢献しないどころか、それらの探求の妨げになってしまうことさえある。スキナーが拒絶しているのは、こうした特徴を持った理論なので

ある。

　では，理論なしでどのように研究を遂行していけるのだろうか？　理論を使わずに新しい発見を導けるのだろうか？　これらの疑問に対して，「理論的な」観点ではなく，「実証的な」観点から考察している点が，本論文の際立った特徴であると言える。これは，本論文の大部分が実験データの紹介などに割かれていることからも明らかである。具体的には，潜時や正答率，反応率，間欠強化スケジュールでの反応や消去のパターン，選択や選好，弁別に至るまで，様々な学習事態における実験データを示し，理論駆動型ではなくデータ駆動型の研究による成果を紹介している。こうした考察を通じてスキナーが主張したかったことは単純である。それは，心理学者たちは秩序だった学習過程があると信じたいということである。だからこそ，心理学者たちはデータを平均してなめらかな曲線を得ようとし，神経系や心の内部に秩序だった学習過程を発明してしまう。しかし，個々の個体のデータは非常に秩序だった行動を示しているわけではないという事実を指し示すことで，スキナーは暗にこうしたやり方を鋭く批判している（関連する議論としては第2章の後半部分を参照してほしい）。

　スキナーは，最小限の用語に減らしたデータの定式化された説明という意味での理論は拒絶してはいない。しかし1950年当時，本論文における意味での理論の準備ができていないと考えていたようである。最終的にスキナーは，膨大な基礎研究が最初に行われなければならないと結論づけている。ここに，現代を生きる私たちが本論文を読む1つの意義があるように思う。70年近くの年月が流れた現在，たとえば神経科学は飛躍的に進歩したし，様々な高度な統計手法が次々と発展してきている。これらを用いることで，スキナーが本論文などで拒絶したやり方で，行動の予測や制御に貢献しうる研究を展開できるかもしれない。そんな時代を生きる私たちは，この論文でのスキナーの主張をどう受け止めれば良いのだろうか。本論文をたたき台として，そんな議論をすることもまた，大変に有意義な試みになるだろう。

引用文献

Thurber, J., & White, E. B. (1929/2004). *Is sex necessary?: or, why you feel the way you do.* New York: HarperCollins.

第7章　認知的思考の起源[1]

摘　要

　感じていることや心の状態に言及する単語は，行動や行動が起こった状況を記述するのにまず使われるようになった。現在の身体的状態に気づき，それについて語られ始めると，同じ単語がそれらを記述するのに使われるようになった。そうした単語は哲学の語彙となり，その後，心的なまたは認知的な心理学の語彙となった。語源学において見いだされることが，その痕跡である。この論文では，していること，感覚していること，望んでいること，待つこと，考えること，そして他のいくつもの心の属性に伴っている，[その時に]感じていること，あるいは，心の状態を記述するようになっていく単語の例が挙げられる。こうしたやり方で感じられた，もしくは，内観的に観察されたり記述されたりした身体的状態の数々は，生理学，特に脳科学の学問的対象である。

　人がある感じを持つとき，感じられているのは，その人の身体の状態である。そしてその状態を描写するために使われる単語は，必ずと言っていいほど，そ

---

[1] This material originally appeared in English as Skinner, B. F. (1989). The origins of cognitive thought. *American Psychologist, 44*, 13-18. Copyright © 1989 by American Psychological Association. Translated and reproduced with permission. American Psychological Association is not responsible for the accuracy of this translation. This translation cannot be reproduced or distributed further without prior written permission. 他に *Recent issues in the analysis of behavior* (1989). Merrill Publishing Company にも収録されており，翻訳においてこの新バージョンも参考とした。ただし，この新バージョンでは，元の論文の後半の一部が割愛されている。

の感じられた状態の原因のための言葉から生じる。その証拠は，言語の歴史，すなわち感じること（もしくは感じていること，feelings）を指す言葉の語源の中に見出される（Skinner, 1987）。語源学（*etymology*）は，思考の考古学である。英語の偉大な権威と言えば『オックスフォード英語辞典』（1928）であるが，しかし，より小さな著作であるスキーツの『英語語源辞典』（Skeat, 1956）によっても通常十分である。私たちは知りたい事実をすべて知っているわけではない。なぜなら多くの言葉の当初の意味は，すでに失われているからである。しかし私たちが理にかなった一般的ケースを作るうえでは十分である。たとえば，著しい苦痛を表すときは「激痛」（*agony*）と言う。この言葉は，当初は激しい痛み（*great pain*）の，ありふれた原因であった，もがいたり（*struggle*）戦ったり（*wrestle*）することを意味した。他の物事においても同様の感じが起こった場合は，同じ言葉が使われた。

　心の状態（*states of mind*），ないし認知過程に言及するときに使う言葉についても，これと同じことが言える。そうした言葉は，ほとんどいつも行動の何らかの側面，または行動が起こった場面設定に言及する言葉として始まった。それらの言葉が心と呼ばれるものの語彙になっていくまでにはずいぶん長い時間がかかった。「経験（*experience*）」という言葉はよい例である。レイモンド・ウィリアムズ（Williams, 1976）が指摘したように，この言葉は19世紀になるまでは，何か感じられたことや，内省的に観察されたことを指す言葉としては使われなかった。それ以前のその言葉の意味は，まったく字義通り，人が"通り抜けたもの[2]"（ラテン語の「expiriri」に由来する），または現在の私たちならば強化随伴性にさらすということであろう。この論文では，心の状態ないし認知諸過程を表すその他の約80の言葉について論評する。それら80語は身体的状態（*the bodily conditions*）に従って，つまり私たちが何かを行っているとき，何かを感覚するとき，私たちが物事をしたり感じたりする仕方を変化するとき（学習する），変化された状態に留まるとき（想起する），欲しているとき，待つとき，考えるとき，そして"私たちの心を用いる"ときのそれぞれに存在している身体的状態に従って分類される。

2　経験するという意味として使われる。原語は，gone through.

行うこと

「行動する (behave)」という言葉は，遅れてやってきた言葉である。もっと古い言葉は「〜する (do)」である。『オックスフォード英語辞典』(1928) のなかの非常に長い記載事項が示すように，「do」という単語は常に後続する結果事象（後続事象, consequences）を，つまり人が世界に及ぼす効果を強調してきた。私たちはこの言葉によって自分自身が行う行為の多くを，他の人々が行う行為を記述するために使う言葉によって記述する。"あなたは何をしましたか？", "あなたは何をしていますか？", あるいは "あなたは何をするつもりですか？" と問われたとき，私たちはたとえば "私は手紙を書きました" "私はいま良い本を読んでいます" "私はこれからテレビを見るつもりです" と言う。しかしそのとき私たちが感じること，あるいは内省的に観察することは，どう記述することができるだろうか？

多くの場合，観察するものはごくわずかしか存在しない。行動はしばしば自発的であるように思われる。つまりそれは単に起こる。"ふと散歩に行こうと思い浮かんだ (it occurred to me to go for a walk)" のように，私たちはそれが "思い浮かぶ (occurs)" と言う。しばしば［先の文の］"それ (it)"[3] を "思考" や "観念" と置き換える（"散歩に行くという思考――ないし観念――が思い浮かんだ"），しかしもし何かが起こると言うのであれば，起こるのは散歩である。また行動が自分の所有物になる[4]と言う。"わかった！(I have it! それを手に入れた)" と言うことによって，私たちは問題に対する答えが幸福にも出現したことを知らせるのである。

"散歩したい (I feel like going for a walk)" と言うとき，私たちは行動している (behaving) 初期段階を報告する。それは "私は今，かつて散歩に出かけたときに感じたように感じる" という意味であろう。感じられたものの中にはまた，たとえば "これこれの条件のもとでは，私はしばしば散歩に出かける" というように，現在の状況に存在する何ものかも含まれているかもしれない。あるいはまた "私には新鮮な空気が必要だ"[5] と言うように，それが何らかの欠

3　itの文法的役割。
4　手に入る。

乏状態（deprivation），ないし嫌悪的刺激作用（aversive stimulation）を含んでいる可能性もある。

これから［何か行動したり，］何かしたりすることと高い確率で関連する身体的状態を突き止めることはなかなか難しい。そこで私たちは比喩（metaphor）に助けを求める。物はしばしばそれが傾く方向に倒れる。そのためあることをするように気持ちが「傾く（are "inclined" to）」と言ったり，あるいはそうする「傾向を持つ（have an "inclination" to do it）」と表現したりする。もし私たちの心が強く傾いた場合，そうすることに「躍起になる（"bent" on）」とさえ言うかもしれない。物はまたしばしば引っ張られる方向に動く。そのため，何かを「する傾向がある（"tend" to do）」（ラテン語の「tendere」に由来，引っ張る，拡張するという意味）と言う。あるいは私たちの行動は，「意図（an "intention"）」，つまり現在の哲学者に広く支持される認知過程を表現すると言う。

私たちはまた「態度（attitude）」という言葉を使い，確率に言及する。態度とは私たちがまさに何かしようとするときにとる，「位置（position）」，「姿勢（posture）」，または「ポーズ（pose）」である。女優[6]のポーズは自分たちがある瞬間に従事していることか，しそうになっていることについての何かを示唆する。ポーズと同じ意味は，「したい気持ちにさせる（dispose）」や，「提案する（propose）」にも見出せる（"私は散歩したい気持ちになっている（I am disposed to go for a walk）" や，"散歩することを提案する（I propose to go for a walk）" の場合のように）。元をたどれば提案すると同義語である「目的（purpose）」という言葉は多くの問題を引き起こしてきた。それは，起こりうる行為を示唆する他の言葉と同様に，未来を指し示すように思われる。しかし未来は今すぐに作動することはできない。そして科学における他の領域では，目的は，「過去の」結果を示す言葉に道を譲った。たとえば，哲学者が意図について話すとき，それは必ずと言っていいほどオペラント行動について話しているのである。

実験的分析が示してきたように，行動はその後続事象によって形成され維持

---

5 気分を一新してくれるものがほしい。
6 新バージョンでは俳優。

されるが，その後続事象とは，過去に属するものでしかない。私たちは，「これから」起こることではなく，「すでに」起こったことゆえに，私たちがすることをしているのである。残念なことに，起こってきたことは，ほとんど観察可能な痕跡を留めない。そして私たちがすることをなぜ私たちがするのか，並びに，それをする可能性がどれくらいかは，それゆえに，ほとんどが内省の及ぶ範囲をはるかに越えているのである。後に示すように，おそらくこのことが，行動が始原的，起源的，または創造的な意志作用に，かくも頻繁に帰属されてきたかの理由なのである。

感覚すること

　私たちを取り巻く世界に効果的に反応するためには，自分で世界を見，聞き，匂いを嗅ぎ，味わい，感じなければならない。行動が刺激の制御下にくる仕方は，あまり面倒な手間をかけずに分析することができる。しかし何かを見ている自分を見るとき，自分が何を観察しているかは，大いなる誤解を生み出すもとになる。私たちは世界を「知覚する (perceive)」と言うが，それは文字通り世界を頭の中に取り込む (taking it in) という意味である (由来はラテン語の「per」と「capere」，捉える，取り込むの意)。(「理解する (comprehend)」は非常に近い類義語であり，綴りの一部は「prehendere」，つまり，つかむ，または握る，に由来する)。私たちは"あなたの意味を理解する (I take your meaning)"と言う。私たちは世界それ自体を取り入れることができないため，コピー（複製）を作らなければならないと仮定されてきた。しかしながら，あるコピーを作るだけが見ること (seeing) のすべてではない。なぜなら，私たちはなおそのコピーを見なければ (see) ならないからである。コピー理論は無限の後退を意味する。認知心理学者の中には，取り込まれるのは表象，おそらくアナログというよりデジタルなコピーであると言うことによって，無限後退を回避しようとした者もいた。しかしながら，見てきたものを再生する ("イメージを呼び起こす" (call up an image of)) とき，私たちが見るのは最初に見たものに非常によく似た何かであり，それはアナログコピーということになるだろう。後退を回避するもう1つの方法は，どこかの時点でそのコピーないし表象を"解釈する (interpret)"と言うことである。「解釈する」の起源は定かではないが，そ

の言葉は価格と何らかのつながりがあったように思われる。つまり解釈者はかつては仲介業者（broker）だった。解釈は評価を意味していたように思われる。それは私たちが行う［価値ある］事柄として最もよく理解されうる。

コピー理論の比喩には明らかな起源がある。物を見ることを，その物が強化すると，物を見続けるようになる。そうした物を見たい時にいつでも見られるように，そばにそれらを幾つか置いておく。もし物自体をとっておくことができなければ，絵や写真といったもののようにそれらのコピーを作る。「イメージ（image）」は，内的なコピーを表す言葉であるが，それはラテン語の「イマーゴ（imago）」から生まれた。それは最初は蠟人形館の人形に幾分似た，色のついた胸像を意味した。その後は幽霊を意味した。ところで「人形（effigy 何かをかたどったもの）」とは，コピーを表すためにうまく選ばれた言葉であるが，なぜならそれはもとは何らかの構成された物（語源はラテン語の「fingere」）を意味したからである。しかし自分たちの周囲の世界を見るとき，あるいは自分が世界を見る姿を見るとき，私たちが何かを構成するという証拠はない。

感覚すること（sensing）についての行動主義的説明はもっと簡単である。見ることは行動することである。そして行動することすべてと同様に，見ることは自然淘汰（多くの動物は生後すぐに視覚的に反応する）か，オペラント条件づけによって，説明されるべきものである。私たちは世界を内側に取り込み，それを処理することによって世界を見るのではない。生存かあるいは強化に随伴されてきたことで，世界は行動の制御を獲得する。それが起こりうるのは見えたものに何事かがなされるときのみである。見ることは，行動することのごく一部である。つまり見ることは，行為となる地点まで行動している[7]。行動分析家は完全な行動の場合のみを取り扱うから，感覚するという部分は行動分析家の器具と方法の及ぶ範囲の外側にあり，あとで示すように，それは生理学者の手に委ねられなければならない。

変化することと変化されたまま留まること

学習することは行うこと（doing）ではなく，私たちが行うことが変化する

---

7 「見る」は，実際に目に見える形として行為するまでの行動という意味。

ことである。私たちは行動が変化したことは見るかもしれないが，その変化していることは見ない[8]。私たちは強化の後続事象は見るが，それらがどのようにして変化を引き起こして[9]いるかは見ていない。強化の観察可能な効果は通常即時的ではないので，しばしばその結びつきを見過ごす。行動はしたがってしばしば成長するとか，「発達する（develop）」と言われる。発達はそもそも，人が手紙を開くように，開くこと[10]を意味した。私たちが見るものは，最初からそこにあったと仮定する。ダーウイン以前の進化論（そこでは進化することは，巻かれている物を開くように展開していくことを意味した）と同様に，発達論（developmentalism）は天地創造説の一形態なのである。

コピーないし表象は，学習と記憶の認知理論においては重要な役割を果たす。それらは行動的分析においては生じない問題を提起する。もはや存在しないものを私たちが記述しなければならないとき，伝統的なとらえ方においては，私たちは自分が貯蔵していたコピーを想起する。行動的分析［でのとらえ方］においては，刺激に対して反応する仕方を強化随伴性が変えるのである。"貯蔵"されてきたのは記憶ではなく，変化させられた人（a changed person）である。

貯蔵と検索は，物事がどのようになされるかを学習し想起する場合，はるかに複雑になる。私たちが見るものをコピーするのは簡単であるが，私たちがすることをどうすればコピーできるのだろうか？　私たちは人が模倣できるように行動のモデルを示すことはできるが，モデルを貯蔵することはできない。伝統的解決法はデジタルに進むことである。私たちはその個体はルールを学習し貯蔵すると言う。たとえば，空腹のラットがレバーを押して食物を受け取り，レバー押しの反応率が即座に増加するとき，認知心理学者ならばそのラットはルールを学習したと言いたいところである。ラットは今や"レバーを押すことが食物を生み出す"ことを知り，それを思い出すことができる。しかし"レバーを押すことが食物を生み出す"ことは，私たちがその装置に組み込んできた随伴性の［私たちの］記述なのである。ラットがそうした記述を定式化し貯蔵

8　行動が変わっていくのを見ても，変化そのものを見ているわけではない。
9　新バージョンでは cause が effect の代わりに使われている。
10　開いて〜となること。

すると仮定する理由はどこにもない。その随伴性がラットを変化させ，そしてそのラットは変化させられたラットとして生存していく。私たちは言語をもつ種の一員として，強化随伴性を記述することができる。そしてその記述が多くの実践的な使用を経ているがゆえに，しばしば強化随伴性を記述する（たとえば，私たちは強化随伴性の記述を記憶することができ，環境がそれを要求すればいつでもそれらを再び述べることができる）。しかし私たちが自分の行動に影響を与えるあらゆる随伴性を言語的に記述するという内省的証拠やその他の証拠は存在しない。実際，それに反する多くの証拠がある。

　行動のその後の生起を記述するために使う言葉のいくつかには，貯蔵を意味するものがある。「再生（recall）」——呼び戻し（call back）——は明らかにそれらの1つである。「回想（recollect）」は，貯蔵された部品を"寄せ集める（bring together）"ことを示唆する。認知心理学者は，コンピューターの影響のもとで，「検索する（retrieve）」——おそらくは検索後に，文字通り"再び見つける（to find again）"（フランス語の「trouver」参照）——を使ってきた。しかし「remember」の語源は貯蔵を意味しない。ラテン語の「memor」から remember は"再び心にとめる（mindful of again）"ことを意味し，通常そのことは，私たちが以前したことを，再びすることを意味している。あるものが似ていることを想起することは，私たちがそれを見た時に，私たちがしたことをすることである。私たちはその時にはどんなコピーも必要でなかったし，今も何も必要としない（私たちは事物を再び認知するという意味で事物を「再認する（recognize）」。これは過去に私たちがしたように，今，事物に反応することである）。ある物としては，ある記憶は貯蔵された何かでなければならないが，ある行為としては，"憶えること"は，単に私たちが今，行動しているように，再び私たちが行動できるようにすることを確実にするために，しなければならないことをすることを意味している。

欲していること

　多くの認知的用語は，必要な条件が欠けているために，強い行動を遂行できないときに生じる身体的状態を言葉によって説明する。この種の状態を表す一般的言葉の語源は明白である。すなわち，何かが欠乏しているとき（wanting），

私たちはそれを欲しい（want）と言う。辞書の言葉では，欲する（to want）とは，"欠乏（不足）に苦しむ（suffer from the want of）"ことである。「苦しむ（suffer）」は，もともとはつらいことに耐える（undergo）ことを意味したが，しかしそれは今では痛い［苦痛状態にある］（to be in pain）という意味であり，そして著しい欠乏（strong wanting）は確かに痛みをもたらす可能性がある。私たちは何であれ，今は欠けていて望まれているものによって強化されてきたことをすることで苦しみから逃れるのである。

欲する（want）とほぼ同じ意味の言葉は，「必要とする（need）」である。この言葉もまた，最初は苦しんでいる（suffering）という言葉と密接に関連していた。つまり必要としている（to be in need）は，拘束下にある，または監禁されている（to be under restraint or duress）であった（言葉というものはそれらが記述する状態が顕著であるときに使われるようになる傾向がある）。人は「必要を感じた（felt need）」のように，必要には，その語の前にしばしば「感じた（felt）」という言葉が加えられる。私たちは結果の即時性に基づいて，欲する（want）と，必要とする（need）を区別する。したがって私たちは何か食べるものを「欲する」と言うが，後に結果が生じる何事かをするためにタクシーを「必要とする」と言う。

「であればよいと思う（wishing）」と「希望する（hoping）」もまた私たちが何かしたいと激しく思うことをやれない状態のことである。パットしたゴルフボールはグリーンを横切って転がっていく。しかし私たちができることはただそれがホールに入ることを「願う（wish）」か「望む（will）」だけである（願うは，欲するに近い。アングロサクソン語の「willan」は wish を意味した）。そして"そうであったらなあ（would that it were so）"の「would」は，will の過去時制とは近くない[11]。

必要なものが見つからないとき（missing），それがなくて「さびしく思う（「miss」it）」と言う。私たちが何かを長い間欲しがっているとき，私たちはそれを「思い焦がれる（「long」for）」と言う。私たちは好きな人に長い間会えないとき，会いたくてたまらないと言う。

11　旧バージョンではほとんど同じであるとしている。

過去の結果が嫌悪的であった場合，私たちはそれらを希望せず，願望せず，切望しない。そのかわりに，それらについて「悩ん（worry）」だり，「心配し（feel anxious）」たりする。悩むは最初は「息を詰まらせる（choke）」を意味し（犬はとらえたネズミを口で咥え窒息させる），そして心配するは息を詰まらせるを意味する同義語に由来する。私たちはすでに起こってしまったことに対して何もすることができないが，しかしそれらによって影響される。私たちは自分が犯した過ちに対して「残念に思う（sorry）」と言う。残念に思うは「苛々している（sore）」の弱い形態である。俗語にあるように，私たちは"何かあるものについて怒って（sore about something）"いるのかもしれない。私たちは"それを再び感じる"ことによって，文字通り虐待に「憤慨する（resent）」（「憤慨する」と，「感情（sentiment）」は，語根を共有する）。[12]

私たちは，時によって適切な行動を身に付けていないために，適切に行動できないことがある。たとえば道に迷ったとき，「とまどい（lost）」を感じると言う。「当惑し（bewildered）」ているは，たとえば荒野（wilderness）にいるようなものである。そういう場合は，私たちは「彷徨う（wander）」（目的もなく自分の道を行く）か，または何をしたらいいか「知りたいと思う（wonder）」。世界の驚異はあまりにも普通ではないので，誰もそれらに対して普通のやり方で反応しなかった。私たちは，そうしたことに「畏れ（awe）」を抱くが，この畏れは「苦悶（anguish）」ないし「恐怖（terror）」を意味するギリシャ語に由来する。苦悶も，心配（anxiety）と同様，かつては窒息した（choked）を意味し，恐怖は激しい震え（violent trembling）であった。ラテン語の「admirare」からきた「奇跡（miracle）」は不思議に思う何か，もしくはそれについて不思議に思っている何かしらのものであった。

私たちは時に不意を突かれたために反応できないことがある。［そういう時に］私たちは「びっくりする（surprised）」（その第2音節はラテン語の「prehendere」，つまり"摑むことあるいは握ること"に由来する）。サミュエル・ジョンソンの妻の物語は，有用な一例である。メイドにキスするジョンソンを目撃して，"私，［不意のことに］驚いたわ（surprised）！"と叫んだと言われる。

12　resent の sent は sentir＝to feel でさらに感じるということ。

"違うんだ",とジョンソン博士は言い,"「私」が［不意のことに］驚いているのであって,「君」は［とても信じられないことで］びっくりしているんだ!"「～にびっくりする（astonished）」は「～にたまげる（astounded）」と同じく,最初は雷に驚く［もしくは恐れる］ことを意味した。フランス語の「驚かせる（étonner）」と「雷（tonnere）」との比較をしてみよう。

自分たちの行動が控えめに弱化[13]されてきたために,すぐに何かすることができない時に,私たちは「狼狽し（embarrassed）」たり,できなかった（barred）りする。葛藤する複数の反応は「まごつかせる（perflexed）」が,そうした複数の反応は"編み合わされ（interwoven）", "もつれあわされて（entangled）"いる。ある反応が一貫性なく強化されてきた場合,信用できない（not trusting）という意味で,私たちは「自信がない（diffident）」。信用（trust）は強固[14]を意味するチュートン語の語源から来ており,この強固自体は,全体（whole）を意味した昔のギリシャ語と親戚関係にある。信用とは一貫性によって生み出されるのである。

待つこと

欲していること,望んでいること,憤っていること,そしてそれらに似たものはしばしば"感じていること（feelings）"と呼ばれる。"心の状態"としてより頻繁に呼ばれやすいのは,刺激,反応,そして強化子のある特別な時間的配置から生じる身体状態である。その時間的配置は,結果として述べられる心の状態よりも,分析することがずっと簡単である。

「じっと見ること（watch）」はその一例である。それは最初"目が覚めている（to be awake）"を意味した。夜警（night watch）は目を覚まし続けている誰かであった。「警戒（alert）」という単語はイタリア語の軍事時計からきている。私たちは眠りに落ちるまでテレビをじっと見る。

目を覚ましている人は,自分がしていることに「気づいている（aware）」かもしれない。この気づいているとは,「慎重（wary）」や「用心深い（cau-

---

13 その頻度をさげるような刺激変化が与えられること。
14 原文は consolation となっているが,おそらく強固（consolidation）の間違い。

tious)」に近い（用心深いは，私たちが「買主危険負担（caveat emptor）」[15] としてよく知る単語から来ている）。心理学者は意識性（awareness）に特に興味を持ってきたが，一般的には，その同義語である「意識（consciousness）」を使用してきた。

注意深く見ている人は，何かが起こるのを待っているかもしれないが，「待つこと（waiting）」は見ること以上のものである。それは皆がすることであるが，何らかの心の状態とは考えにくいだろう。バスを待つことを考えてみよう。私たちがこれまでに行った何かがバスを到着させることはないのだが，バスの到着は，私たちが待っている間にすることの多くを強化してきた。たとえば，私たちは最も頻繁に立ってきた場所に立ち，バスが現れたときに最もよく見ていた方向を見る。バスを見ることもまた強く強化されており，私たちは待っている間，"それがどう見えるのかを考えている"という意味か，もしくはトラックをバスに見間違えることで，それを見る可能性がある。

何かが起こるのを待つことは，「期待している（expecting）」とも呼ばれるが，この言葉はより権威の高い認知的用語である[16]。「期待する（expect）」ことは，楽しみにすることである（ラテン語の「expectare」から来ている）。予期する（anticipate）ことは，バスの運賃を準備するといった，他のことを事前にすることである。その単語の一部は，取るというラテン語の「capere」から来ている。期待していることも予期していることも，何かの出現により偶然に強化されてきた行動の形態である（待っているときにすることの多くは公的［事象］である。他者は，バス停に立ちバスが来る方向を見ている私たちを見ることができる。観察の鋭い者は，トラックが見えてくると一歩前に歩みだしたり，バスが現れると小銭をとろうと手を伸ばすことさえも見ることができるだろう。当然ながら，私たち自身はそれ以上の何かを"見る"。その随伴性は私たちの中で私的な変化をもたらし，そのうちのいくつかは私たちだけが反応できる）。

---

15 購入物の評価の責任は買い手が負うという商売上の原則。
16 これまでに紹介してきた認知的単語と比較してより頻繁に認知心理学で用いられていることから。

考えること

　行動分析家は思考と呼ばれる認知過程を扱うことができないと広く信じられている。私たちは弱い行動に言及するときに「考える（think）」を使う。"彼は間違っている"とすぐに言いたがろうとしないとき，私たちは"私は彼が間違っていると考える（think）"と言う。考えるは，しばしば，知る（know）のより弱い単語である。つまり私たちはこの"こうすれば良いと知っている（know）"あるいは"こうで「なくては」（This「is」the way）"とすぐに言いたがらないとき，"こうすればよいと考える（think）"と言う。また，より強い行動が可能でないときに「考える」と言う。こうして見るものがそこにないときによく似た何かについて考え，その時にできない何かをすることについて考えるのである。

　しかしながら多くの思考過程は，弱い行動と強い行動，私的と公的，顕現的と非顕現的の区別とは関係がない。考えることは，別の行動を可能にするために何かをすることである。問題を解決することはその一例である。問題とは効果的な反応を引き起こしていない状況のことである。つまり私たちはある反応が生じるまで，その状況を変えていくことで，問題を解決する。友人に電話をかけることは，もし相手の番号を知らなければ問題であり，番号を調べることで問題を解決する。語源学的には，「解決する（solve）」ことは，砂糖がコーヒーに「溶ける（dissolved）」ように，緩めることや自由に放つことである。これは考えることがすること（doing）の原因であるという意味である。"それが行為（act）を決定する思考である[17]"。ゆえに，心の覇権（hegemony）なのである[18]。しかしながら，再び私たちが使用するそれらの用語は，行動に言及するものとして始まった。ここにいくつかの例を示す。

1. 効果的な刺激を利用できないとき，しばしばその刺激を「人目に曝す（expose）」。その覆いをとる（uncovering）ことで，事物を「発見する（discover）」。信号を「検出する（detect）」ことは，信号に反応することを意味

17　John Stuart Mill,「*Considerations on representative government*」からの引用。
18　心によって行動が起こされたという意味で覇権を使っている。

しているのではなく，それを覆っている何か（「外皮」（tegmen））を取り去ることを意味する。

2. 刺激の覆いをとることができないとき，反応が生起するまで，しばしば視界の中で接近可能な刺激を保持する。「観察する（observe）」と「注視する（regard）」の両者は視界の中に保有，保持といった意味の単語に由来し，後者の regard はフランス語の「保持する（garder）」に由来している。「じっと見る・熟考する（consider）」はかつて，星によって何かが作られうるまで，じっと星を見ることを意味していた（「考える（consider）」と「星の（sidereal）」は語源を共有している）。考えるの別の単語である「熟慮する（contemplate）」はかつて，星の型板あるいは図面を意味していた（その当時，星について理解するためにできることは，星を見ることであった）。

3. よりよくものを見る（see）ために注目する（look at）だけでなく，それらを「探す（look for）」。私たちは「探索（search）」し，「探検（explore）」する。ペンを探すことは，ペンが視界に入ったときに過去していたことをすることである（ある小さな光点をつつくことが時々強化されてきたためにそれをつつくハトは，それが取り去られた後では，光点があったときにまさにしていたことを正確に行うことで，つまり光点が視界に入るようなやり方で頭を動かすことで，"それを探す"であろう）。私たちは見つけるために探索し，見られるように何かを「工夫する（contriving）」ことで，探索することを避けない。なぜなら工夫するは，検索すると同じように，見つけるために「探す（trouver）」というフランス語を語源としている。

4. 「集中する（concentrate）」ときには，ある単一の反応を可能にするために異なる物事を一緒にするが，このことは中央で一緒になること，つまり「一点に集める（concentre）」というもっと古い単語に由来する。

5. ものを分けるときには逆のことをする。そうすることでより容易に異なる方法でそれらを扱うことができる。まるで，ふるいにかけているかのように「えり分ける（sift）」。「認める（discern）」の「cern」（ラテン語「分ける（cernere）」）は，分けること，分離することを意味する。

6. ものに「印をつける（mark）」ことで私たちは再びそれらに気づきやすくなるだろう。このりっぱな認知的な用語「区別する（distinguish）」は，

かつて針で刺して印をつけることを意味していた。印は境界と密接に関連しており，動物はその縄張りの縁に印をつける。

7. 「定義する (*define*)」は，文字通り何かの境界や端（「終わり (*finis*)」）に印をつけることである。どこで指示対象が終わるのかを示すことで，単語が何を意味するかを同様に「決定する (*determine*)」。

8. それらが一致するかどうかをもっと簡単に見ることができるように，文字通り，ものを併置することで，「比較する (*compare*)」。比較するにおける「par」は，同等を意味する。額面価格 (*par value*) とは等価値をいう。ゴルフでは，パー (*par*) とは［規定打数に］一致するスコアのことである。

9. 「反射鏡 (*specula*[19])」や鏡の中のように，異なる角度からものを注意深く見るという意味で，それらについて「思索する (*speculate*)」。

10. 考えるの古い単語「熟慮する (*cogitate*)」は，最初"揺さぶる (*shake up*)[20]"を意味していた。「憶測する (*conjecture*)」は，考慮するために"放り出された (*thrown out*)"何かである。ものを「受け取る (*accept*)」や「拒絶する (*reject*)」ことは，まるで魚釣りをしていたかのように，それらを捕らえ，投げ返すという意味で私たちに起こっている。

11. ある刺激作用の様式を別の様式に変えることがしばしば助けになる場合がある。ある対象の"目方 (*heft*[21])"を重量に変換して目盛りを読むとき，そうする。ものの重量を測ることで，その重量に対して，より正確に反応する。優良な認知的な過程である「熟考する (*ponder*)」，「熟慮する (*deliberate*)」「検査する (*examine*)」はすべて，かつて重さを測ることを意味していた（「熟考する」は大きくて重い (*ponderous*) の一部であり，また熟慮するの中の「liber」はラテン語の「天秤 (*libra*)」すなわちはかりであり，さらに「検査する」は天秤の指針を意味していた）。

12. 「数える (*counting*)」ことで，集まっているものの数にもっと正確に反応する。数える方法の1つは，それぞれのものに印をつけ（触り）ながら

---

19 見張り塔の意味もある。
20 他に奮い立たす，覚醒させるなど。
21 持ち上げた重さ。

「いち，に，さん」などと朗唱することである。数えることを学ぶ前は，小石を使ってそれぞれのものを表すことで物の数を記録した。それらの小石はかつて「［計算用の］石 (*calculi*)」と呼ばれており，「計算 (*calculation*)」に使われていた。小石から，シリコンチップに至る長いが途切れることのない道がそこにはある。

13. しばらく考えた後，私たちは決定にたどり着く。「決定する (*decide*)」ことはかつて単に，断つ，あるいは終わらせるという意味だった。
14. 決定するよりも，より優良な単語は「結論づける (*conclude*)」であり，議論を終わりにすることである。何かについて結論づけることが，私たちの最後の言葉である。

認知過程に言及するために今日使用している実に多くの用語が，行動や行動が起きている時の機会にかつて言及していたのは確かに偶然ではない。もちろん，かつて意味していたことは現在意味していることではないと反論することはできるだろう。確かにジャガイモの入った1つの麻袋の重さを測る (*weighing*) ことと裁判所で証拠の重要性を検討する (*weighing*) こととには違いがある。証拠の重要性を検討する (*weighing*) と言うとき，私たちは比喩を使っている。比喩とは共通の性質に基づいて，ある指示対象から別の指示対象へと"持ち越される (*carry over*)"という単語である。重さを測る［という単語］における共通の性質は，ある種のもの（ジャガイモあるいは証拠）から別のもの（秤における数値あるいは裁定）への変換である。かつてはジャガイモにおいてこの測ることがなされたのを見てきたが，現在は，証拠においてそれがなされるのを見る方が容易である。何世紀にもわたって人間行動は，より複雑な環境に制御されるに従って，絶え間なくより複雑に成長してきた。感じられた，もしくは内省的に観察された身体状態の数や複雑さは，それに応じて成長し，認知的思考の語彙もそれらとともに成長してきた。

重量は，ジャガイモから証拠へと移るときに抽象的になると言うこともできよう。その単語はもともとの指示対象から離されているという意味で，実際に抽象化された。しかしそれは共通の性質に言及し続けており，比喩における場合のように，おそらくはもっと明白なやり方で言及している。裁判における宣

第7章　認知的思考の起源　　　　　　　　　　　　　　　209

誓証言は，麻袋のジャガイモよりも複雑であり，"有罪"は"10ポンド"よりも多くのことを意味する。しかし抽象性は複雑性の問題ではない。まったく正反対である。重量はジャガイモの単なる一側面であり，有罪は人間の単なる一側面である。重量は有罪と同様に抽象的である。それは単に言語の強化随伴性のもとでのことであり，そこで私たちはあるものや人の一側面に対して反応しているのである。そうすることで，そのものやその人からその性質を抽象しているのである。

　ある点で，その用語はちょっとだけより複雑な例ではなく，非常に異なった何かにおいて抽象され持ち越されたと議論することもできるだろう。ジャガイモは物理的な世界で重さを測られる。一方，証拠は「心」の中で，あるいは心の「助け」を借りて，あるいは心に「よって」，その重要性が測られる。この議論によって，私たちは問題の核心（heart）にたどりつく。

心

　認知革命の鬨の声は，"心が帰ってきた！"である。"偉大な新しい心の科学"が生まれた。行動主義は心に対する私たちの関心をほとんど破壊したが，［今や］行動主義は打倒され，私たちは哲学者や初期の心理学者が中途でやめたところを再び取り扱うことができる。

　心に関して，途方もないことが確かに言われてきた。いくつかの種の，最も優れた到達点は心に起因するとされてきた。つまりそれは奇跡的な方法で奇跡的な速度で働くと言われている。しかし心は何であり，それが何をするかはいまだに全く明らかではない。私たちはみな，ほとんどあるいは全くためらわずに心について話すが，定義について問われると沈黙する。辞書は役には立たない。"心"が何を意味しているかを理解するためには，私たちはまず「知覚（perception）」「観念（idea）」「感じ（feeling）」「意図（intention）」やちょうどこれまで検討してきた多くの他の単語を参照しなければならない。そしてそれらの単語のそれぞれが，他の単語の助けを借りて定義されていることがわかるだろう。おそらくそれ自体は定義されえないことが，心についてまさしく本質的なことなのである。それにもかかわらず，どのようにしてその単語が使用され，それを使用するときに人々が何を言っているようなのかを理解できる。

心はしばしばそれがある場所であるかのように語られている。何かをすることを思いついたとき，"心にやって来る (*it comes to mind*)[22]" と言う。もしそれをし続ければ，私たちが"それを心に保持する (*keep it in mind*)[23]" からである。私たちが約束をすっぽかすのは，"心が抜け落ちる (*slips our mind*)[24]" ときである。心は器官としてもまた語られる。人々は問題を解決するために"心を使う (*use their minds*)[25]"。まるで私たちがより実体のある何かについての必要性を感じているかのような場合に，"心を使え (*Use their minds*)" よりも "頭を使え (*Use your head*)" や "脳を使え (*Use you brain*) [「頭を使う」の意味]" と言う傾向にあるのは，重要かもしれない。心は時には "より振る舞いやすくする (*make more likely to act*)" ことを意味することもある。はじめの頃のある使い方 ("私は行こうという気がした (*I was minded to go*)") は，いまだに「remind」という単語に残っている。スケジュール帳は私たちに約束を思い出させ (*remind*)，私たちがある友人に応答するような程度で [その誰かに] 応答すれば，私たちが会う誰かは，私たちにある友人を思い出させる。

しかしながら，しばしば "心" は "すること (*do*)" を単に意味するにすぎない。"私はあなたと話す心を持っている (*I have a mind to tell you*) [have a mind to で〜したいと思うという意味]" は，"私はあなたと話したいと思う (*I am inclined to tell you*)" を意味する。"心を語っている (*speak their mind*)[26]" 人は，言わなければならないことを言っている。私たちは，それに気が付いているという意味で "足元に気を付ける (*minding the step*)" ことで落下を避けるように警告される。生徒は，教師に従っているという意味で "教師の言うことを聞き (*mind their teachers*)"，教師は，生徒を見守っているという意味で "生徒の面倒を見る (*mind their students*)"。"あなたは私がタバコを吸うことを嫌だと思いますか？ (*Do you mind my smoking?*)[27]" は，"あなたは反対します

---

22 「思い浮かぶ」の意味。
23 「憶えている」の意味。
24 「うっかり忘れる」の意味。
25 「頭を使う」の意味。
26 はっきりと言う。
27 「タバコを吸っていいですか」の意味。

か (*Do you object?*)"を意味する。"一杯飲みますか"に答えて，"私がそうするかどうかを私は気にしない (*I don't mind if I do*)[28]"は，"もしあなたが私にそれを提供したら私は拒否しない"を意味する。

　認知革命が再び目立たせたこの心は，物事の実行者でもある。心は認知的過程の執行者である。心は世界を知覚し，感覚データを意味のある全体にまとめ，情報を処理する。心はその人の生き写しである。その心は複製であり，代理であり，「ドッペルゲンガー」[29]である。心が何かをしている文を取り上げ，人［という語が］が［心と］置き換えられた場合にその意味が劇的に変化するかを見てみよう。たとえば，"心は無限性を理解できない"と言われる。それは，どんな人も無限性を理解できないということ以上の何かを意味しているだろうか。認知過程は行動的な過程であり，それらは人々が行うことなのである。

　昔からある決定的な間違いは，それら［認知過程］がもっとそれ以上の何かであるという信念，つまり私たちが行動するときに私たちが感じていることが，その行動の原因であるという信念である。ギリシャ時代の初期から，内的な決定因の探索がなされてきた。体液は言うまでもなく，心臓，肺臓，肝臓，腎臓，脾臓，そして最終的には脳に至るまでも，すべてが有望な候補者となっていった。器官として，それらは死体においておそらくより確かな方法で観察されるという利点を有していたが，哲学者はすぐに，知覚，感じること，意図などが独立した存在を持つことを主張してきた。不幸にも私たちはどのような内的な事象も，それが物質的であろうと非物質的であろうと，正確には報告できない。私たちは，自分たちが使用する用語を，私たちが何について話していたのかを正確に知らなかった人々から学んだ。そして私たちには最も重要な出来事がおそらく生じている，脳の部位に通じているいかなる感覚神経も持っていない。多くの認知心理学者はこれらの制約を理解しており，私たちが"常識心理学"という言葉として検討してきた用語を退けている。復活を果たした心は，それゆえロックやバークレーの心[30]，ヴント，ウィリアム・ジェームズの心で

---

28 「いただきます」の意味。
29 本人の分身，生霊。
30 新バージョンに従った。

はない。私たちはそれを観察せず，推測する。たとえば，私たちは，情報を処理している私たちを見ることはない。私たちが見るのは，自分たちが処理する素材やその産物であり，その生成過程ではない。私たちは今や，知能，パーソナリティ，性格特性といったような心的過程を，誰も内観を通じて見るとは主張しないものとして扱っている。認知革命が心を心理学の固有の研究主題として復興させたかどうかに関わりなく，認知革命は心を見る固有の方法として内観を復興させはしなかった。内観への行動主義者の攻撃が，それを徹底的に破壊してきた。

認知心理学者はそれゆえ，自分たちの理論の確認のために脳科学やコンピュータ科学に転回していった。脳科学は最終的には認知過程が実際には何なのかを私たちに語るだろうと彼らは言う。彼らは，一元論，二元論，相互作用説に関する古い疑問に最終的に回答するだろう。[そして]人々がなすことをする機構を構築することによって，コンピュータ科学はどのように心が働くかを明示するだろう [と彼らは言う]。

このすべてにとって具合が悪いことは，[こうしたことは] 哲学者や心理学者，脳科学者，コンピュータ科学者が発見してきた，もしくは発見するであろうことではないことである。つまり彼らが見ている方向が誤りなのである。人体の内部に生じているものへのどのような説明も，それがどれほど完全であっても，人間行動の起源を説明することはないだろう。人体の内部で生じていることは始まりではない。時計がどのように組み立てられているかを見ることによって，私たちはなぜ時計の時間がきちんと合っているかを説明できるが，なぜ時刻が合っていることが重要で，どのようにして時計はそのように組み立てられるようになったのかを説明できない。私たちは人について同じ質問を問わなければならない。なぜ人は自分たちがすることをするのか，なぜそれをする身体はそれらがもつ構造を持っているのか。私たちは人間行動の小さな部分と他の種の行動のずっと大きな部分を，自然淘汰と種の進化まで辿ることができるが，人間行動のより大きな部分は，強化随伴性，とりわけ私たちが文化と呼んでいるまさしく複雑な社会随伴性まで辿らなければならない。それらの [随伴性をめぐる] 履歴を考慮する時のみ，私たちはなぜ人は自分がするように行動するのかを説明できる。

第7章　認知的思考の起源　　　　　　　　　　　　　213

　その立場は，人をブラック・ボックスとして取り扱い，その中身を無視するものとして時には特徴づけられる。行動分析家は時計の発明と使用を，どのように時計が組み立てられているかを問うことなしに研究しようとするだろう。しかし［だからといって］何も無視されてはいない。行動分析家は，ブラック・ボックスの内部にあるものを，それを適切に研究するために必要とされる装置や方法を持つ人々に委ねる。どんな行動的な説明においても，2つの避けられないギャップがある。1つは環境の刺激する作用と個体の反応間のギャップであり，もう1つは後続事象とその結果としての行動にみられる変容間のギャップである。脳科学のみがこれらのギャップを埋めることができる。そうする際にそれは説明を完成させるが，それは同じことの異なった説明を与えはしない。人間行動は最終的には説明されるだろう。なぜなら動物行動学，脳科学，行動分析学の協働的な活動によってのみ説明されうるのだから[31]。

　行動の分析は脳科学者が彼らの役割を果たすまで待つ必要はない。行動的な事実は変化されることはないだろうし，科学や技術の双方にとって十分なものである。脳科学者は行動に影響する他の種類の変数を発見するかもしれないが，彼らはそれらの変数の効果の最も明快な説明のために行動的な分析に頼ることになろう。

結　語

　言語的な強化随伴性は，私たちが感じることや内観的に観察することを報告する理由を説明する。もしそれが［これまで］有用でなかったならば，そうした随伴性を整置（アレンジ）する言語的な文化は進化してこなかっただろう。身体的な状態は行動の原因ではなく，原因に付随して［同時に］起こる効果である。自分たちがどのように感じ，何を考えているのかについての問いに対する人々の回答は，大抵，その人たちに起こったことや自分たちが行ったことに関する何かを私たちに教えてくれる。私たちはその人たちをよりよく理解することができるし，これから彼らが行うであろうことをもっと予期しやすくなる。彼らが使う単語は，認知心理学者や行動分析家が，日常生活と同じように，ためらうこと

31　この部分は新バージョンに従った。

なく使うことができる現用言語の一部である。
　しかしそうした現用の単語は，認知心理学者や行動分析家の科学の中で使用することはできない！　いくつかの伝統的な用語は，ある科学の専門用語の中で生き残るかもしれないが，そうした用語は，それらが持つ古くからの言外の意味の用法に基づいて注意深く定義されたり，取り除かれたりする。科学は１つの言語を必要とする。私たちは，身体の内部で感じることや内観的に観察するものを報告して，自分たちの行動を説明しようと努力することを諦めているようにみえるかもしれないが，環境と身体の間の複雑な相互作用，そしてその相互作用が生じさせた行動を分析するために必要とされる科学を，私たちはまだ構築し始めたばかりなのである。

引用文献

Oxford english dictionary. (1928). Oxford University Press.
Skeat, W. W. (1956). *An etymological dictionary of the English language.* Oxford: Clarendon Press.
Skinner, B. F. (1987, May 8). Outlining a science of feeling. *The Times Literary Supplement*, p. 490.
Williams, R. (1976). *Keywords: A vocabulary of culture and society.* NewYork: Oxford University Press.

訳者解説

　摘要にもあるように本論文は，"常識心理学"や"日常心理学"として現代でも頻用される心的な英単語を取り上げて，元来の意味や共通の語源を持つ別の英単語との関係を，語源（学）に基づいて論じたものである。こうした語源に拠った心的な英単語の考察は，スキナーの他の著作（たとえば「*About Behaviorism*」）にも見られる。またスキナーの高弟の１人であるカターニア（Catania, A. C.）も，行動分析学の教科書「*Learning*」の各章の冒頭部分で，その章で使う用語についての語源を紹介している。
　語源学がこうした心的用語を分析するのにふさわしいのかについては，様々な議論が起こることが予想される。つまり心的用語を用いた言語行動としての機能の分析のほうが，語源学の示す歴史的な単語の変遷よりも重要ではないか，

あるいはギリシャ・ラテンの頃の社会的随伴性は現在と大きく異なっているはずであるから，たとえ現在の用語が過去の別の単語と関係していても，そこで推定される関係は現在考えられている関係とは違っているのではないか，などである。たとえば，ギリシャ時代の心の概念は，現代の心の概念とは大きく異なっていたことがすでに知られている（Danziger, 1997）。

Dinsmoor（2004）は，行動分析学における基本概念，たとえば刺激，反応，強化などの語源が，その多くをパブロフとそれ以前の生理学者に拠っており，それにスキナーとそれ以降の研究者（特にケラーとショーンフェルド）がオペラント関係の新しい概念を付け加えたと指摘している。しかし，そこで取り上げられた行動に関わる用語は，もっぱら実験的，理論的用語であって，"日常的な"行動に関わる単語ではない。ディンズムーアの論文で興味深いのは，これまでに使われてきたこれらの（古い）用語が意味するものを，スキナーらオペラント研究者が積極的に変化させたり，新しい形容詞（たとえば positive/negative）を付け加えたりすることで新しい用語として使用している点を指摘し，そうした新しい用語の創出の方法一般についても触れている点である。

この「認知的思考の起源」の論文にも，上述したスキナーらしい言葉の用法が散見される。特に -ing を付けることでの名詞の動詞化は，彼が常々述べていた，動詞の名詞化による「心」の実体化に抵抗しようとする姿勢の表れと言えよう。

引用文献

Danziger, K. (1997). *Naming the mind: How psychology founds its language*. London, England: Sage Publication.（ダンジガー，K. 河野哲也（監訳）(2005). 心を名付けること──心理学の社会的構成（上・下） 勁草書房）

Dinsmoor, J. A. (2004). The etymology of basic concepts in the experimental analysis of behavior. *Journal of the Experimental Analysis of Behavior, 82,* 311-316.

第8章　精神病的行動とは何か？[1]

　私の専門領域は精神医学とは少し離れたところにあるので，まず私がここで講演することの資格について述べることから始めたほうが良いかもしれない。最初は否定的な側面から始めよう。私のつけた演題の意味がほぼ間違いなく理解されるだろうという意味で，目の前にある問いを議論するにあたり，私は完全に不適任である。私が精神病者（私自身が健全であると仮定して）を前にして過ごした時間は，あなたがたの多くが主張するであろう時間と比べれば，取るに足りないものである。私が関連する本を読み，議論するのに費やしてきた時間もまた，同じように比較されてしまうだろう。あとで再び言及するつもりだが，私は現在，精神病者を対象としたある研究に関心を抱いている。しかしそのプログラムについて私が関与しているからといって，私が専門家としての資格を得るということには全くならないのである。

　幸運なことに，私は専門家としての立場からその問いに答えるために，ここにいるのではない。より正確なタイトルは，"「行動」とは何か？——精神医学について触れながら"となっただろう。ここから，私がこの場で議論するのにふさわしい人物であると思えるような肯定的な資格について列挙していきたい。私はこれまで専門家としての多くの時間を個体の行動の実験的分析に費やしてきた。実験対象はほぼすべて，ヒトより下等な種（多くはラットやハト）であり，私が知るかぎりではそのすべてが精神的に正常だった。私の研究は何らかの行動の理論を検証するために計画されてきたものではなく，得られた結果は

1　Skinner, B. F. (1959). What is psychotic behavior? In B. F. Skinner, *Cumulative record* (pp. 202–219). New York: Appleton-Century-Crofts.

そうした理論を立証するような統計的有意性の観点から評価されえないものである。私の研究の目的は，行動の測定可能な側面と，個体の生活場面における様々な条件や事象との間にある関数関係を発見することであった。そうした試みの成功は，発見された関係性から実際に行動がどの程度まで予測され，制御されうるかによって評価される。思うに，私たちは幸運に恵まれてきた。制限された実験設備で，私は同僚たちとともに，かなり注目に値すると思われる行動の法則性を実証することに成功してきた。より最近の研究では，研究対象となっている行動の複雑性が徐々に増加していく一方で，この法則性の程度を維持する——実際には正確にする——ことができるようになってきた。これまでに達成された予測と制御の程度は，異なる個体間，あるいは異なる種間においてさえも見られた"曲線の滑らかさ"や結果の一貫性のみでなく，すでに技法として確立されている実践的な使用においても顕著に示されている。後者の例としては，薬理学的変数や神経学的変数に関する研究のための基準を提供したり，下等動物を感受性の高い精神物理的観察者へと変えたりするなどといったものが挙げられる。

このように計画された研究は即時的で実際的な有益性を持つことになるが，それはある種の理論に依拠したものではない。主要な関心は，有用で便利な測度を探し出すことであった。観察対象となる無数の行動のうち，どの側面が観察に値するのだろうか？　行動のどの側面が，関数関係を確立する上で最も有用であることを示すのだろうか？　時折，行動の多くの異なる特徴が重要であるように思えた。行動を主題にしている研究者たちは，行動がどれほどうまく体系化されているのか，どれほどうまく環境に適応しているのか，どれほど敏感にホメオスタシス的均衡を維持するのか，どれほど目的的か，どれほどうまく日常生活における実際的な問いを解決したり調節したりするのか，といったことを問うてきた。多くの研究者は，行動の範囲，複雑さ，速さ，一貫性，あるいはその他の性質に関する任意の測度において，ある個体がどれほど同種他個体や他種他個体と類似しているかに関して特に関心を抱いてきた。こうしたすべての側面は，少なくとも大雑把には数量化され，そのいかなるものも，科学的分析において従属変数としての役割を果たす可能性がある。しかしそれらがすべて等しく生産的であるとは限らない。予測と制御を強調する研究では，

第8章　精神病的行動とは何か？　　　　　　　　　　　219

行動の型（the topography of behavior）は注意深く特定されなければならない。すなわち，その個体は何をしているところなのか？　ということである。そのように記述された行動の最も重要な側面は，その生起確率である。ある個体は，特定の行動にどれくらい従事する可能性があるか？　そして，どんな条件や事象がこの可能性を変えるのだろうか？　行為の確率は，行動理論の中でごく最近になってようやくはっきりと認識されるようになってきたが，反応傾向からフロイト派の欲求に至るまで，多くの古典的な概念がひとまとめにされてしまうかもしれないほどの重要な概念である。実験では，私たちは行為の確率を，個体が特定の状況で任意の行動をする「頻度」として扱う。そして私たちが用いる実験方法は，この要件を満たすよう計画されている。反応の頻度は，非常に敏感な変数であることが証明されてきた。その事実のおかげで，[反応の頻度に影響を与える]要因の探求は満足できるほど有益なものとなってきた。

　ラットやハトが純粋に好きだからという理由でこの種の仕事に携わらない人もいる。医学が示しているように，ヒトよりも下等な動物で研究を行う理由は，主にその利便性と安全性にある。しかし，主要な関心の対象となっている種はいつもヒトである。今回の問題に取り組む上で私が示さなくてはいけない資格は，ちょうどいま述べた実験的な研究と人間行動に対する同様の強い関心の双方から，ほぼ等しく生じるものである。人間行動に関しても，実験的分析で明らかになった原理が検証され，経験的事実の解釈に活用されてきた。特に統治，教育，経済，宗教，心理療法に関する正規の学問は，私たちの日々の社会的経験とともに，膨大な事実を示すことで私たちを圧倒する。こうした事実を，実験的分析から生まれる定式化によって解釈することは，非常に骨の折れる作業であるが，健全な営みでもあることが証明されてきた。特に「言語」行動の性質と機能は，そのような枠組みにおける批評のもとで再定式化された時に，驚くほど斬新で期待が持てそうな様相を帯びてきた。

　長い目で見れば，もちろん単なる解釈だけでは充分でない。もし私たちが人間行動についての真の科学的理解を達成してきたならば，予測と制御においてこれを証明できるはずである。実験的な実践と下等個体の研究から明らかになった概念は，すでに述べた精神病者の実験という分野だけではなく，見込みのある他の分野にも及んでいる。その詳細に立ち入ると，現在の主題から遠くか

け離れてしまうだろう．しかしもしかすると，私たちが学習過程のより良い理解だけでなく，知識自体の実用的な理解に基づいた，教育方法の革新的変化の入り口にいるのだと，思い切って予言してみることで，1つの事例が持つ可能性の中で私の信頼を示すことができるかもしれない．

　私がやってきたことが，いま目の前にある問いを議論する可能性を高めるものであったことは，今ここに私がいるという事実からも，疑いようのないことである．それは，みなさんが私のこの簡潔な経歴を見て，私という人間がそれを行うのに適しているようにみえるか否かには関わらない．私が言わなくてはならないことは，明らかに方法論的なことである．精神医学分野のように，特に多くの差し迫った問題に対して何らかの働きかけが必要な時には，そのような議論に対してある種の焦燥があることを私は理解することができる．ヒトの幸福のために多くの実際的行為がなされるべき時に，人間の本質について考えるために時間を割いている科学者は，ローマの大火中にバイオリンを弾いていたネロのような役割に回ってしまう可能性が高い（このネロがバイオリンを引いていたという典型的な神話は後世の歴史家による作り話であり，実際には，ネロは哲学者や科学者たちを呼び，"燃焼の根本的な性質"や"大火による疫病"について論じていた可能性は十分にある）．しかし，自分が言うべきことが実用的な結果からかけ離れていると思っているとしたら，私はここにいるべきではない．私たちは今，他の医学的研究と同じくらい大規模で生産的な精神医学的研究の時代に突入していると考えてみよう．もしそうであるならば，即時的な問題にとらわれず，人間行動全般を新鮮な目で見直し，適用可能性のある定式化を調査し，そして適切な方法を熟慮することは，驚くほど即時的な結果を生み出すような，効果的で実践的なステップになることが分かるかもしれない．

　言うまでもなく人間行動の研究はまだその初期段階にあるので，十分に発展し，成功した科学の構造を誰もが予見できると考えてしまうのは早計である．確かに，いかなる現在の定式化も，今後50年間にわたって正しいようには思えないだろう．しかし，私たちが未来を明確に予見できなかったとしても，私たちがどんな方向性をとるかを知ることは不可能ではない．私たちが現在，人々について考える際にとっている手段には，明らかに重大な欠陥がある．もしそうした方法をとっていないとしたら，私たちはもっと成功しているはずで

ある。それは何であり、どのようにして改善されるのだろうか？　私が述べていることは、精神病者の行動は人間行動の非常に本質的な要素であるという仮定に基づいており、行動の実験的分析や理論的分析全般で強調されてきたこのような考え方は、この具体的な応用例において議論する価値がある。

　私が実験科学者として話しているということを思い出すことが重要である。主に臨床的情報や実践に基づいた人間行動の概念は、実験室から出てきた概念とは間違いなく異なっているだろう。これは、どちらか一方がもう一方よりも優れているだとか、共通の定式化というものが最終的にはどちらも無益であることを証明するだろうといったことを意味するわけではない。実験的分析からの必要性に応じて提案されてきた問題は、治療場面での人間行動に主要な関心を抱くあなたがたにとっては、最重要事項ではないように思われるかもしれない。しかし、精神医学がより早く実験的研究へ移行し、実験室における結果がより大きな臨床的重要性を持つようになるにつれて、行動の分析における特定の問題は研究者と同様にセラピストにも一般的になるはずであり、最終的には共通した、そして協力的な解決策がもたらされるであろう。

　体が動きまわる、じっと立っている、ものをつかむ、押したり引いたりする、音を立てる、ジェスチャーをするといった、個体において観察可能な行為を主題にしている限り、それが精神病的なものかどうかに関係なく、行動の研究は確かに自然科学の集団内に留まる。適切な測定器具は、規模の小さい活動を同じ主題の一部として敷衍することを可能にするだろう。行動している個人をこのような方法で観察することは、何らかの物理的もしくは生物的なシステムを観察することと類似している。こうした観察結果を、個体に作用する外的な力や外的な事象という観点から説明するという点において、私たちはやはり自然科学の枠組みの中に居続ける。これらのうちのいくつかは、個人的資質だけでなく、特定の種の一員であることも含めた個体の遺伝的歴史において発見されるかもしれない。その他のものは、過去もしくは現在の物理的環境から生じる。私たちはこの状況を図1のように表すことができるかもしれない。この図の右側にあるように、個体は私たちが従属変数として説明しようとしている行動を自発する。これを説明するために、私たちは図の左側に示したような、外的か

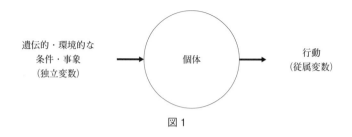

図1

つ通常は観察可能で，場合によっては制御可能な遺伝条件や環境条件に働きかける。これらは行動が関数として表現される場面での独立変数である。そのようなシステムの入力と出力は共に，物理学や生物学で一般的に認められた次元システムとして取り扱われるかもしれない。独立変数が制御下にある場合に限り，そうした完全な関連性は，私たちが行動を予測し，意のままに修正，もしくは生成することを可能にするだろう。それはまた，直接的な情報は不足しているが，妥当だと思われる変数を推測することによって，行動に関する何らかの実例を「解釈する」ことをも可能にするだろう。確かに，［行動に関する］データは捉えにくく複雑で，多くの関連する条件を理解することは困難であるが，プログラムそれ自体は科学的方法の見地から許容できるものである。私たちには，完全な説明が与えられるはずがないなどということを前もって仮定する理由はない。私たちはただ試して，見てみるしかないのである。

しかしながら，そのような科学が相対的に未成熟であることの原因は，この主題の捉えにくさや複雑さではない。行動がこうした方法で分析されることは，これまでめったになかったのである。その代わり，個体の内部で生じるといわれる活動へと注意がそらされてきたのである。特に関連する事象が時間的，空間的に隔てられている場合，あらゆる科学は因果関係でその間隙を満たそうとする傾向がある。もし磁石が少し離れた場所にあるコンパス針に影響を与えるならば，科学者は，その磁石によって生じた"磁界"とそれがコンパス針まで及ぶということに，その事実を帰属させる。たとえば煙突からレンガが落下したのならば，それは言わば100年前に煙突がたてられた時にそこに蓄えられたエネルギーを放出したということである。そしてこの結果は，レンガがその間ずっと一定量の"位置エネルギー"を保持してきたということで説明される。

第 8 章　精神病的行動とは何か？

　原因と結果の間にあるこうした空間的・時間的な間隙を埋めるために，自然というものは時に多くの神秘的性質，霊的存在，霊的実在を負わされてきた。その一部は役に立つものであることがわかり，科学の主題ともなってきた。とりわけ，別の方法で観察される事象が同一であると見なせる場合にはである。［しかし］その他のものは，危険であり，科学の前進に支障をきたすことが明らかになっている。［こうした事情に］精通した科学者たちは普段からこの慣例に気をつけつつ，その危険性に警鐘を鳴らしてきた。実際そうした内的な力はニュートンがその創作を拒絶した仮説であった。

　行動に影響する条件の中で，遺伝的要因は少なくとも時系列的には主要な位置を占めている。異なる種の成員間の差異が論争になることは皆無ではないにせよ滅多にない。しかし同種の成員間の差異は，おそらく遺伝的要因の類似のために，社会的，倫理的な問題と密接に結びつけられ，終わりの見えない論争の主題となってきた。いかなる事象においても，新たに母体に宿った個体は，即座にその環境の影響を受け始める。そして，個体が完全に外的世界と接触するようになると，環境的影響が主要な役割を担う。個別の個体に関する限り，環境的影響は変化しうる唯一の条件である。環境的影響の中で私たちが"刺激"と呼ぶ事象として挙げられるのは，呼吸をしたり何かを食べたりする行為において生じる個体と環境の間の様々なやり取り，私たちが情動的と呼ぶような行動の変容を生み出す事象，そして私たちが学習と呼ぶ，変容の原因となるような刺激同士の，あるいは刺激と反応の同時生起といったものである。その［刺激の］効果は即座に感じられることもあれば，時間が経過した後，ことによると何年も経過した後になってようやく感じられることもあるだろう。私たちは自然科学の範疇で行動を説明したいと望んでいるのだという点において，そうしたものは"原因"，すなわち独立変数となるものである。

　しかしながら，人間行動に関する多くの議論において，これらの変数が明確に言及されることはほとんどない。そうした立ち位置は，原因と見なされている個体の内部の事象や条件に取って代わられている（図 2 参照）。したがって，その個体の種としての状態は，単にその種の行動特性のパターンとしてではなく，一連の本能として，すなわち生物学的動因として扱われているのである。ある文章で記述されているように，"本能とは，個体をある標的へと駆り立て

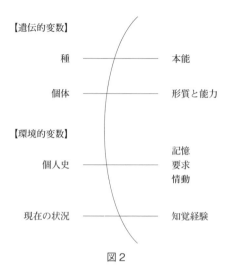

図2

る生得的で生物学的な力，駆動力，あるいは衝動である"。体型や他の観察可能な身体的特性で表されていない場合，個体の遺伝的資質は，気質や知能といった遺伝形質や遺伝的な能力というかたちで表現される。環境中の変数に関しては，個体と環境の間の交流についての条件は要求や欲求として表され，一方で個体の過去の歴史におけるエピソードは記憶や習慣として扱われる。何らかの煽り立てるようなエピソードは情動として扱われる。それは先ほどと同じように，行動のパターンではなく，行動についての能動的な原因としての意味である。個体にとって何が問題であるのかということから，何が問題"であるように思えるか"へと変わってしまうように，現在の環境でさえ，個体に影響を与えるにつれて"経験"にとって変えられてしまう。

　同じような求心的な動きは，図の反対［図1の右］側で観察されるだろう（図3参照）。それ自体が研究の主題として扱われているような行動を見かけることはめったにない。それどころか，行動は心的な営みの証拠とみなされ，そうであるからこそ探求の主目的に据えられているのである。個体が何を行っているのか，すなわち行動の型は，1つないしは複数のパーソナリティの機能として扱われている。特にパーソナリティが多元的な場合，それらは生物学的な個体のようなものと同一視されることはなく，むしろ［存在が］疑わしい状態

第 8 章　精神病的行動とは何か？　　225

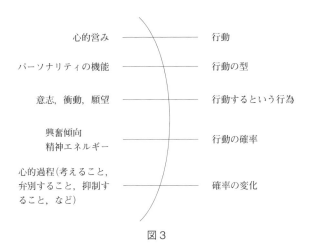

図 3

や次元における内的行動として考えられていることは明白である。ある場面で行動しているという行為は、衝動や願望という用語を採用したために無視され、その一方で、そうした行為の確率は興奮傾向として、あるいは精神エネルギーの観点から説明される。最も重要な事は、行動の根本的過程を表している行動変容が、考えること、学習すること、見分けること、推論すること、象徴化すること、投影すること、同定すること、そして抑圧することといった心的活動として特徴づけられているということである。

　それゆえに、最初の図に示した比較的単純な図式は、最新の理論における人間行動の特徴に関する概念を表すものとなっていない。人間行動を研究している大多数の研究者は、それら［根本的な行動過程を表すような行動の変容］は［図 1 を］拡張した図 4 の図式に示されているような、一連の事象に関連していると仮定している。ここでは、遺伝条件と環境条件は、本能、要求、情動、記憶、習慣などを生成するものと仮定される。次にそれらは、心的装置特有の様々な活動に従事するパーソナリティを導き、さらに個体の観察可能な行動を生成するのである。ダイアグラムの 4 つの段階はすべて適切な研究対象として受け入れられている。実際、多くの心理学者や精神科医は、内的事象を他の専門家に託して、自分たち自身を、行動を扱う立場に限定することなど決してなく、心的装置を第一義的な研究として扱うのである。

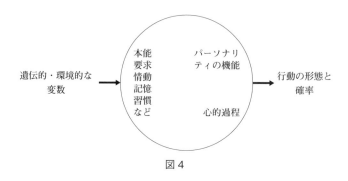

図4

　本演題のポイントがようやく明確になってきただろう。行動の科学的研究というものは，それが正常な行動であれ精神病的な行動であれ，遺伝的要因および環境的要因の制御下にある観察可能な個体の行動に関心があるのだろうか？ それとも，本能，要求，情動，記憶，習慣といったものに促されている，多様な心的過程に関与する一元的な，あるいは多元的なパーソナリティの機能に関心があるのだろうか？ 私はこうした内的実体に関する仮定された「性質」の問題を提起したくはない。そうした説明システムと原始的なアニミズムの間にある明白な関連性が見落とされることはほとんどない。しかし，こうした概念の歴史的起源がどのようなものであれ，私たちはそれらが二元論的な意味合いから切り離されたものだと仮定するだろう。そうは考えずに，精神病は心理生物学的個体や生物物理学的個体を超越した世界に関係していると感じる人々，意識や無意識は物理的広がりを欠いていると感じる人々，そして心的過程は物理法則に則って世界に影響を与えているわけではないと感じる人々がいるのであれば，これ以降の議論は一層説得力を持つはずである。しかし，問題はこうした事象の性質の1つにあるのではなく，科学的記述におけるそれらの実用性や有用性にある。

　図4で示されているような主題の拡張が，物理的状態の喪失という不幸な結果をもたらすということをほとんど否定できない。これは，威信や"面子"といった問題では済まされない。物理学や生物学といった領域の一部であることが疑いようもない主題は，［心理学や精神医学では］疑わしい特徴の1つとして放棄されてきた。これは，内的過程の究極的な物理的性質への信頼を単に主張

することでは是正されない．意識的な心と無意識な心の活動は，個体の生物学的機能の単なる一側面にすぎないと抗議したところで，実際的な問題に答えることにはならないだろう．私たちは，物理学と生物学の次元システムを放棄する中で，測定技術をも捨て去ることになる．それは，他の科学の初期の成果から自然にもたらされる遺産となったであろうものである．これは，ことによると取り返しが付かないほどの損失である．もし私たちが，一方では本能，要求，記憶などの存在を，そして他方では心的過程やパーソナリティの機能を平然と支持するのならば，こうした内的事象を観察する方法を考案することや，それらが測定されうるような次元システムを発見することの責任を負わなければならない．物理科学特有の方法で測定したり操作したりする機会の喪失は，内的状態や内的条件に取り掛かることで何か特別な強みが得られた場合にのみ埋め合わされるだろう．

　しかしながら，こうした内的事象は，単に外的事象を表現するための方法にすぎないと主張することができる．多くの理論家たちは，いわゆる"心的過程"が行動の変容について語るための方法であるのと全く同じように，習慣についても，それは個人の履歴の一部を報告する上での有益な表記の一種にすぎないと主張するだろう．これは魅力的な立場である．そうすることで私たちは，必要とされる唯一の次元システムとは，最終的な事象［外から観察可能な行動のこと］に適したシステムであると主張することができるかもしれないからである．しかし，仮に私たちがそうした方向性を取るつもりだとしても，科学的秩序のもとに居を構えるためには，対処すべき課題が数多く残されている．現在の行動理論の中で遭遇する概念は，極めてまぎらわしい方法で観察可能な事象を表現している．行動理論の多くは，科学的構造としての妥当性や有用性とはほとんど関係がない理論的判断，もしくは実際的判断から立ち現れてきた．そしてそれらは，そうした歴史の傷跡を背負っているのである．たとえば，フロイトは成人の行動と幼少期の特定のエピソードとの間にある重要な関係性を指摘した．しかし彼は，心的装置の活動や状態によって，原因と結果の間にある非常に大きな隔たりを橋渡しすることを選んだ．大人の意識的，もしくは無意識的な願望や情動は，幼少期のエピソードを示しており，それらは行動に影響する直接的な原因であると言われている．たとえば，成人は意識的ないしは

無意識的な不安に苦しんでいると言われる。それは幼少期に兄弟に対して攻撃的な行動をとった際に与えられた罰によって作りだされたと言われる。しかし，現在の行動的問題を幼少期の罰にではなく，現在の不安へと帰属させる中で，そうした幼少期のエピソードの細部の多くはうまくこじつけられている（そして結果的には無視されるかもしれない）。行動に関する学術論文における不安への言及の数は，罰に関するエピソードのそれを大きく上回るに違いないが，それでも私たちはその完全な細部を後者に求めなくてはならない。もし細部を知ることができないならば，それは行動の原因としての地位を占めることはできないのである。

　他の種類の独立変数も同様の例をもたらす。一般に，個体は食物の遮断や摂取に関する最近の履歴に依存して何かを食べたり食べなかったりするという事実は，誰もがよく知っている。仮にある少年が直近に間食をしたために夕食を食べなかったのだと証明できるのならば，"彼は空腹ではなかった"とこれを表現することに害があるようには思えず，そして摂取の履歴を指摘することでこれを説明するのである。しかし空腹という概念は，遮断化のスケジュールに関する多くの特性に加え，食べるという行動を変容させる他の条件や事象を表現するにはかなり不適切である。同様に，遺伝的変数の内的代理物は，その本来の役割を超えて機能している。解剖学や生理学に関する他の特徴と同じように，それは種に特徴的な行動であるといった形で何らかの行動を説明せざるをえない時がしばしばある。しかし，代わりに私たちがこうした行動を一連の本能へと帰属させることを選択する時，自分たちの知識の否定的な性質を曖昧にし，単なる種の状態という根拠を超えた能動的な原因を示すことになる。同様に私たちは，個々の個体はその行動に違いがあるという事実を受け入れており，また一方ではいくつかの実例を扱う中で，何世代にも及ぶ行動の間に見られるなにかしらの関係性を示すことになるかもしれない。しかし遺伝的特性や遺伝的能力について話をする際には，こうした違いや関係性は，楽観的な形で不正確に述べられている。この場合にも，「経験」という用語は，刺激作用の場についての情報を不正確に表している。たとえば，ある些細な出来事が，その強度とはまったく不釣り合いなほどの反応を生成するということがしばしば観察されてきた。人は物理的世界それ自体に対してではなく，世界が"意味する"

ことに対して反応しているように見える。もちろんその効果は最終的には説明されるべきである——たとえば，より以前に起きた重要な事象との何らかの結びつきを指摘することによってである。しかし，説明がどのようなものであれ，瞬間的な経験という概念によって適切に表現されることは，おおよそありえないことだろう。物理的な環境と「それに加え個人の履歴」を現在の心理学的環境のみで表現することは明らかに困難である。

　私たちが扱う独立変数[2]という点から考えるに，私たちが吟味しているような実践では，多くの重要な細部や複雑性がないがしろにされる傾向がある。概念的構造は，私たちが持つ現在の知識の不十分さを覆い隠してしまうのである。観察可能な行動がパーソナリティの心的機能ほど重要ではないという場合に，従属変数に関してもほとんど同じような困難に遭遇する。物理的環境が経験に変えられるのと全く同じように，物理的行動はその目的や意味という観点から記述されるようになる。運動するために外出している場合と，手紙を出そうとしている場合とで，私たちは全く同じように道を歩くだろう。そのため，行動それ自体ではなく，私たちにとって"行動が意味すること"を熟慮する必要があると考えられている。しかし，伝えられるべき付加的な情報は，行動の性質ではなく，独立変数の性質である。2つの事例において観察された行動は同じである［原文では is は斜体］。意味や意図をその中に読み取る際に，私たちはその原因のいくつかについて推測しているのである。他の例を挙げると，私たちは攻撃性を"見る"ことができると一般に言われている。しかし私たちは2つのステップによってそれを"見る"。(1) 個体の行動を観察し，(2) その行動を観察された，もしくは推論された変数と関連づける。それらの変数は，人を傷つけることになる後続事象や，そうした攻撃行動を起こりやすくさせる状況をもたらすものである。いくつかの行動の形態は，それらの行動を攻撃的なものにさせるような変数の関数であることが非常に多く，私たちはそこで含意されていることを見落とす傾向がある。しかしながら，元来それ自体が攻撃的な行動というものは存在しない。同様に，2つ以上の行動システムを同一個体内で観察し，それらを異なるパーソナリティに帰属させる場合，特定の記述をす

2　行動分析家が独立変数とする環境変数のこと。

る上ではかなりの利点を得ることになる。たとえば，別個の人々の対立を記述するのと同じようにして，別々のシステムの間の対立を記述することができる。しかし私たちは，観察された行動のシステムによっては正当化されえない［パーソナリティ間の］統一性を示唆してきたのはほぼ確かであろうし，そしておそらく，［パーソナリティ間の］あらゆる葛藤の実際の規模を表現すること，およびその起源を説明することをより困難なものにしてきた。また，ある個人の行動が特定の反応性や反応確率によって特徴づけられていることを観察した際に，そうしたものの代わりに所与の精神的エネルギーについて話しをするのならば，それは真相に関する多くの細部を無視し，次元システムを探し出す責任をごまかすことになる。そしてこれで最後にするが，心的過程というものは無秩序な素材から推論され，次にはその無秩序な素材を説明するために使われるのだが，ほとんどの場合，心的過程はその無秩序な素材よりもっと単純で，そしてより秩序だっていると考えられている。たとえば，実験心理学における"学習過程"は，測定された行動変容の正確な説明を私たちにもたらすことはない。

　私たちは，「より単純な」システムを求めて個体の内側をのぞき込む。そこでは，行動の原因は，実際の遺伝的事象や環境的事象ほど複雑なものとはなっていない。そこでは，あるパーソナリティに関する行動は，個体の日々の活動よりもっと意味深く，そして規則的なのである。先に示した図式における入力の多様性と複雑性のすべては，比較的無定形質［物質の無定形な状態］ないくつかの状態にまで還元され，次には比較的無定形質なパーソナリティの機能が生成され，それは突如として，並外れた多様性や複雑性をもつ行動へと急激に拡がるように見える。しかし，そうしたやり方によって達成される単純化は，当然ながら幻想的なものである。なぜならば，それらは内的事象と外的事象の間の一対一対応が要求されてこなかったという事実によって得られたにすぎないからである。まさにこの一対一対応の欠如こそが，行動の実験的分析においてそうした内的システムを不適当なものとするのである。もし"空腹"というものが，何らかの食物遮断化のスケジュールや薬物，あるいは健康状態といったものから生成された何かであり，今度は空腹が多種多様な反応確率の変容を生成しているのならば，空腹は非常に複雑な性質を持つに違いない。それがそ

第8章 精神病的行動とは何か？　231

の原因や結果よりも単純になるということは決してありえない。もし私たちが観察している行動が単にあるパーソナリティの機能を表現しているならば，パーソナリティがその行動よりも単純ということはありえない。もしいくつかの共通する学習過程が多くの異なる状況下で観察された［行動］変容の原因ならば，こうした変容よりもその共通する学習過程が単純であることはありえない。内的システムのもつ見かけ上の単純さは，私たちがそちらに注意を向けることの熱意を説明する。しかし科学方法論の観点からすると，それは偽りの単純さと見なされるに違いなく，そうした説明の枠組みの最終的な失敗を予見してしまう。

　反対の理由は他にもある。個体の内部で起こっていることへの推測は，因果連鎖の完成への関心を示しているように見えるものの，実際には反対の効果を持ってしまう傾向がある。連鎖は未完のまま放置されるのである。人々は，"行きたかった「から」行った"とか，"自分の健康のことが心配だった「から」仕事ができなかった"と言う場合のように，行動の原因を自分たち自身の内部にある何かに帰属させた時に行動を説明したと感じるのが一般的である。そうした叙述は，ある一連の原因の関連性を示すという点においては価値があるのかもしれない。しかし，「なぜ」行きたかったのか，あるいはなぜ心配だったのかが説明されるまでは，それらが完全な説明をもたらすことはない。頻繁にこの付加的な手順が取られるが，ちょうど同じくらい頻繁に起きているであろうことは，これらの不完全な説明が探求を完全に停止させてしまうということである。

　どれだけ私たちがそうした一連の因果的事象を説明したいと望んでも，外側から個体に作用している事象に立ち戻らない限り，解釈，予測，制御といった要件を満たすことはできない。付け加えると，ここでいう事象とは物理科学や生物科学において観察されるあらゆる事象と同じように観察される事象のことである。それゆえに，行動の理論の一部となっている概念が，明確にかつ注意深くそうした事象と関連しているかどうかを確認することは，健全な科学的実践であると同時に，単なる常識にすぎない。必要なことは用語の操作的定義である。これは単なる翻訳以上のことを意味する。大抵の場合，操作的方法は，本質から外れた無関係な理由で大事にされてきた概念を取り繕い，保護するた

めに誤用されている。したがって，本能，要求，感情，記憶，心的エネルギーなどに関して，容認できる定義を決められる可能性がある。その定義の中で，各用語は特定の行動的事実や環境的事実と注意深く関連づけられるだろう。しかし，実際の関数関係がよりよく理解される場合には，これらの概念が最も有益であるという保証はない。この段階でのより合理的なプログラムとは，内的な説明的実体に訴えることなしに行動を説明する試みである。私たちは一般に認められている生物学の枠組みの中でこれを行うことができる。それによって，十分に発展した科学としての名声による一定量の個人的な安心感が得られるだけでなく，広範な実験的実践や次元システムを得ることができる。自分たちの記述を他の用語に変換したりはしないだろうから，利用可能な事実の過度な単純化や不正確な表現を防止することができるだろう。予測と制御に関する実用上の基準は，どのような場合においても，完全な因果連鎖を考慮するように私たちを強いるだろう。そうしたプログラムは，推論された事象の存在を確立することには関与しないが，私たちの知識の状態を評価することには関与するのである。

　もちろん，これは個体が現に空っぽであると考えられているとか，入出力間の連続性が最終的にも確立されえないであろうということを意味しているのではない。個体の遺伝的な発達や，個体と環境との間の複雑な交流は，しかるべき学問領域の主題である。たとえば，ある刺激が個体の表面に作用する際に何が生じるのか，そしてその後に個体の内部で何が生じるのかということについて，私たちはいつか知ることになるだろう。こうした一連の過程の最後にあるのは，個体が環境に作用し，おそらくそれを変化させるような段階である。その段階において，私たちはこの因果連鎖に対する興味を失うことになる。また，いつか私たちは，食物の摂取がどのようにして一連の事象を引き起こすのかを知ることになるだろう。私たちの注意を引く最後の事象とは，以前に同じような食物で強化されていたすべての行動の［生起］確率の減少である。私たちは，親と子に共通する行動的特性間の隔たりをどのようにして埋めるのかということでさえ，いつか知ることになるかもしれない。しかし，こうした内的事象はすべて，個体の諸器官について研究する生理学に適した観察技術と測定技術によって説明されるだろう。そしてその説明は，その主題に適した用語で表現さ

れるだろう。もし内的事象について推測的に言及するために使われる概念が，万が一にもその説明において何らかの立ち位置を見出すならば，それは驚くほどの一致を示すだろう。生理学の課題は，空腹，恐怖，習慣，本能，パーソナリティ，心的エネルギー，あるいは意志をもってしようとすること，やる気を出すこと，注意すること，抑圧することなどの作用を発見することではない。異なる側面から言及されうるこれらすべての実体や過程を発見するということでもない。生理学の課題は，行動の科学がとりわけ関心を持っている入出力間の因果関係を説明することである。生理学には，この課題に生理学独自のやり方で取り組めるような自由が残されるべきである。現在の概念的システムは，末端の事象間の関係性を正確に表現できていないという限りにおいて，こうした他の学問領域の課題を歪曲している。最大限可能な限りの正確さで述べられた一連の包括的な因果関係は，生物学的システムとしての個体に関して詳細に述べるという共同の試みにおいて，行動の学徒としての私たちができる最大の貢献である。

　しかし，私たちは知識の重要な起源の1つを見落としてはいないだろうか。心的活動の直接的な観察についてはどうだろう？　心的装置が直接的な検査に利用できるという信念は，何百年も前から，人間行動の科学的な分析を予見していた。19世紀末の内観心理学者たちは，すべての科学者の始まりと終わりには必ず自分自身の感覚があり，心理学者はこれらを単に異なる目的のために，そして異なる方法によって扱うのであると主張した。こう主張することで，上述した信念は，意識について新しく創設された科学が，自然科学に匹敵する立場を確保すると思えるような特別な理論へと洗練されたのである。その概念は最近の知覚理論において復活してきている。たとえば"錯視"とよばれてきたものに関する研究は，科学的知識の限界を理解する助けとなる原理を提供するだろうと示唆されてきた。心理療法において頻繁に生じるような，特に親密で共感的な理解は，他の人々の心的過程に関するある種の直接的な知識を提供しているとも主張されてきた。フランツ・アレクサンダー（Franz Alexander）とローレンス・キュビー（Lawrence Kubie）は精神分析的な実践の擁護としてこのような主張を行ってきたのである。臨床心理学者たちの中では，カール・ロジャーズ（Carl Rogers）がこれと類似した見解を積極的に擁護してきた。たと

えばリセルグ酸の使用により精神障害者と類似した心的状態を一時的にでも経験できそうであれば，精神科医はその者たちをよりよく理解できるであろうという信念があるが，この根底にも同じような考えがあるのだろう。

　私がちょうどいま概説したヒトの行動に対する取り組みが，基本的事実を無視しているのかどうか，あるいは"意識という確固たる事実"を考慮することができないものなのかどうかについては，古くからなされてきた論争の一部であり，この場で解決しそうにない問題である。しかしながら，心的装置の直接的な"内観"によって得られた根拠を評価する上で，2つの論点が考えられるだろう。知識は，物事がどのように私たちの方を向いているかではなく，私たちがそれらについて何をするかによって同定される。知識とは行為であり，それゆえに力である。私たちを取り巻く世界がどのようにして身体の表面に染みこむかは，たかだか物語の第1章にすぎず，その物語に続きがないのであれば無意味なものとなってしまうだろう。その物語の続きは行動に関係している。天文学は，天がどのようにして天文学者を見ているかについての学問ではない。原子物理学は，原子の中の事象についての物理学者の知覚でもなければ，そうした原子の世界が推測されうるような巨視的な（肉眼で見える）事象についての知覚でもない。科学的知識とは，自然を予測し制御する際に人々が「為す」ことなのである。

　2つ目の論点は，知識は個人の履歴に依存しているということである。哲学者たちがしばしば主張してきたのは，それが違いを生じさせるまではその違いに気づくことはないということであった。そして，もし私たちがそうするように強要されないならば，おそらくは全く何も知ることができないという見解を支持する実験的証拠が蓄積し始めている。知識と呼ばれる弁別行動は，既知の事物間のある特定の強化的な随伴性の存在下においてのみ立ち現れる。つまり，もしも視覚刺激が私たちにとっていかなる重要性も持ちえないならば，私たちはおそらく盲目のままであろう。それは，私たちにとってそうすることが価値のあるものとなるまで，シンフォニーの中で個別の楽器すべてを聞いたり，絵画に描かれたすべての色を見たりしないこととまさに同じことである。

　私たち自身の中にある事象の知識に関してこれら2つの論点が考慮されるのならば，いくつかの興味深い後続事象が伴うことになる。ほんの一部の宇宙が，

第 8 章　精神病的行動とは何か？　　　　　　　　　　　235

　私たち一人ひとりの皮膚の内側に囲まれていること，そしてこれが私的な世界というものを構成していて，それに対して私たち一人ひとりがある特別な接近手段を持つということは，ほとんど否定することができない．だからといって，私たちが接触しているその世界は，いかなる特別な物理的地位や形而上学的地位も有するものではない．思うに，私たちが外的事象について観察したり"知る"ことを学習するのと全く同じように，この私的世界の中にある事象について観察したり"知る"ことの学習が必要なのである．私たちの知識というものは，それら［私的世界の事象］について何かを為すということによって構成されるのだろう．しかし，私たちがそうした行動を獲得するに際して，社会というものは特別に不利な立場にある．子どもたちに異なる色を提示し，正答か誤答かという点からその反応を強化することによって，ある色と別の色との区別を教えるのは容易である．しかし異なるうずきや痛みの区別を教えることはずっと困難である．というのも，子どもたちの反応が正答なのか誤答なのかについての情報がはるかに頼りにならないからである．数多くの形而上学的思索の責を負ってきたのは，その問題の性質というよりも，皮膚の内側の世界における限られた接近可能性である．

　私的事象に言及する用語は不正確に用いられがちである．それらの多くは，元来は外的事象に関する記述からの借用である（たとえば情動に関するほとんどすべての語彙は，元は隠喩であるということが示されてきた）．後続事象はよく知られている．他の誰にも増して精神科医が主張してきたように，心的過程，すなわち感じることや要求などに関する個人の証言は，信頼できるものではない．心的事象に言及している専門用語の体系が互いに類似することはほとんどない．内観心理学の異なる学派が経験というものの異なる特徴を強調し，そしてそうした経験に関する語彙は他の学派の者には理解できないこともあるだろう．こうしたことは心的な営みに関する様々な力動的理論についても当てはまる．ある"体系"の支持者は，その用語の使用や所与の説明的実体の擁護において，極端な信念を示すかもしれない．しかしながら，おそらくはそれと両立しないで異なる体系に対して同様の信念を示し，そしてそれを擁護する者たちを見つけることも，大抵の場合はたやすいことである．かつて，内観心理学は心的事象に言及する用語の使用にあたって，観察者を訓練することが得策であると考

えた。まさにそれと同じように，実験心理学者，教育者，応用心理学者，心理療法家，そしてヒトの行動に関心を持つその他の多くの者たちの教育において少しの教化もないとは必ずしも言えない。こうした方法によってのみ，任意の一貫性をもつ2人以上の間で，心的過程が記述されうることが確認できるようになってきたのである。

　精神医学それ自体は，行動に影響すると言われている感じることや思考などに個人が気づいている必要はないという考え方の責を負っている。人々はしばしば，自分自身に対してはそうしているのだということを言えないにもかかわらず，「まるで」そうした方法で考えたり，感じていたりするかのように振る舞う。内観による証言という裏づけを持たない心的過程は，必然的に，その推論のもととなった行動的事実の観点から定義され，測定される。そうした証拠を前にしても，無意識的な心というものの助けを借りることで心的行為という考え方が保持されたのは，残念なことである。心という概念は，厳しい検証の中で生き残ることができなかった説明的虚構として，完全に捨て去られる方がよかったのかもしれない。無意識についての知識に辿りつく際にとっていた推論の様式は，意識に関しても同様に吟味される必要がある。いずれも概念的実体であり，観察されたデータとの関係性は再度，注意深く吟味されなければならない。

　長期的に見れば，こうした論点は議論によって確立されるのではなく，生産的な研究デザインにおける所定の定式化の有効性によって確立されるだろう。先に示した図式の中で，行動それ自体を強調するようなかたちで行われる精神病者についての1つの研究例は，先ほど述べたプロジェクトである。ここは技術的な詳細について議論するための場所ではないが，この研究の論理的説明については関連性があるかもしれない。これらの実験では，患者は小さい快適な部屋の中で，一人きりで毎日1時間以上過ごす。彼らは決してそこへ行くことを強制されることはなく，いつでも自由に立ち去ることができる。部屋には椅子があり，自動販売機に類似した機械も備えている。その機械はボタンを押したりプランジャーを引いたりすることで操作できるようになっている。その機械はキャンディーや煙草，十分な食事を供給したり，半透明なスクリーン上に色彩画を投影したりする。多くの患者たちは，やがて機械を操作するようにな

り，その後の長期間，場合によっては1年以上にわたって毎日操作を続けるようになる。この間，行動は様々な"［強化］スケジュール"で"強化される"。たとえば，1分ごとの最初の反応や30回の反応ごとに強化される。行動は別の部屋において連続曲線の形で記録される。それは心電図と似たような形で読まれ，迅速な反応率の精査と測定を可能にする。

　この小さい生活空間による隔離はもちろん完全なものではない。患者たちは，部屋に入ることによって彼らが持つ個人の履歴を忘れ去るわけではないし，彼らがそこで行うことのある程度は，彼らが他の場所ですることや，あるいはしてきたことと類似している。それでもなお，時が経つにつれて，実験によって整置された条件は，その当人しか知りえない重要な細部，言わば特別な個人的履歴を構成し始める。この小さくて明らかに人工的な生活空間の中で，強化，動機づけ，そしてある程度の感情に関する条件を変化させることで，患者の行動変容を観察することができる。これらの変数に関して，彼らの行動はだんだんと予測と制御が可能な状態になるか，あるいは精神病者であることを特徴づけるかのように予測され，制御されるようになるはずの行動を失敗するようになる。

　患者の行動は，類似した実験条件において正常なヒトやヒトよりも下位の被験体が示す行動と類似しているかもしれない。あるいは，単純に量的な意味において違うだけなのかもしれない。たとえばそれは，全体的な反応率が低いということ以外は正常な記録かもしれない。その一方では，反応遂行は短期間の精神病的なエピソードによって崩されるかもしれない。実験的な制御は，関係のない行動が割り込むことでしばらくの間中断される。いくつかのケースでは，こうした中断によって取られる時間を減少させることや増加させること，さらにはセッション内でそうした行動が起こる時点を決めることも可能となってきた。他の個体を用いた類似研究と同じように，実験制御下における個々の行動の数量的・連続的な説明は，薬の効果や，様々な形式の心理療法の効果を観察するに当たって非常に感度の良いベースラインを提供する。しかしながら，私たちの今回の目的において重要なことは，他の種において得られている，条件操作により一層に都合が良い状況下で，より一層に包括的に為された仕事に基づいた，行動のまさに厳格な定式化というものを，精神障害者にも適用できる

ということである。この定式化は，入力と出力の観点から表現され，内的状態に言及することはない。

こうした類の研究は，ヒトという被験者を研究動物の地位にまで貶めるものであるという異議が提起されることがある。人間行動の法則性の証拠を増やすことは，異議をいっそう説得的なものとするように思われるだけである。医学研究はかつてこの問題に直面し，この場の議論でも役に立つ答えを見つけてきた。動物に並行して行われている研究のおかげで，たとえ現段階ではそのような結果に直接の関心がないとしても，少なくとも場合によっては，人間の健康的な行動を生成することができるようになってきた。

他の一般的な異議は，私たちは条件の過剰な単純化を通じてのみ結果を得ており，そのためそれらの結果を日常生活に適用することはできないというものである。しかし，新しい実験を始めるときには常に誰もが単純化を行っている。私たちはすでに条件をより複雑にし始めており，結果の一貫性が許す限りにおいて迅速に日常生活への適用を進めていくだろう。患者の課題を無制限に複雑化することは可能である。さらに言えば，複雑な知的課題だけではなく，フロイト派の力動論において見られるような，行動システム間のそういった相互作用を構築することも可能である。

時々批判されるもう1つの単純化は，上述した小さな生活空間における他者の不在である。もちろんこれは意図した予備的措置であった。社会的な刺激作用や強化は，機械的なそれよりもその制御がいっそう困難である。しかし私たちはいまや，1人の患者が，類似した装置を操作している他者の行動を観察したり，あるいは同時に強化されている他の患者を観察したりするといった状況へと移行している。別のケースでは，1人の患者の行動が，他の患者の行動と同じように対応した場合にのみ強化される。2個体以上の間での競争や協力というものを非常に正確に達成する技術は，すでにより下等な個体において行われており，そして現在の状況にも適用可能である。

もちろんこのプロジェクトは，精神病的な行動という主題の上っ面をかろうじて撫でてきたものにすぎない。しかしここまでやってきた限りでは，観察可能なデータを保持することの価値を実証してきたように思われる。あなたがたがそれらすべてに意義を見出すかどうかにかかわらず，私たちが報告している

第 8 章　精神病的行動とは何か？　　239

データは，特別な種類の簡潔な客観性を有している。少なくとも私たちは，この行動はこれこれの状況下で精神病者がしたことであるとか，彼らが精神病でなかったのならば異なる効果をもたらしたであろう状況下で，彼らがしそこなったことであると述べることができる。

　私たちにとっては，これらの実験において観察された行動を，心的事象への言及なしに記述し，解釈することが可能であった。しかしもちろんそうした言及が禁止されているわけではない。他の人たちは，私たちが実際に行っているのは，習慣や要求といったものを操作し，そしてパーソナリティの構造，自我の強度，利用可能な精神エネルギーの量といったものの変容を観察していると述べたがるかもしれない。しかし，客観的な定式化の有効性についての証拠が蓄積するにつれて，より倹約的な記述と比較して，こうした［内的な事象に言及することの］利点を示すことはより難しくなってくる。精神医学の研究が今のところ指し示している明るい未来の中で，私たちは次のような可能性に備えておかなければならない。すなわち，即時に観察可能なデータにますます重点が置かれるようになること，そして人間行動の理論はそれら［観察可能なデータ］に応じて調整していく必要があるということである。心的装置とその含意のすべてが忘れ去られることも想像できないことではない。次のように述べることは，単なる作業仮説以上のものとなろう。ここでようやく演題に戻るわけだが，精神病的行動とは，他のすべての行動と同様に，観察可能な事象という世界の一部である。それらに対して自然科学の強力な方法を適用することは，それらを理解するのに十分であることが証明されるだろう。

訳者解説

　本論文は，精神科医を対象とした講演を書き起こしたものである。全体を通じて一貫する主張は，行動の原因を接近不可能な内的要因（本能や動因，記憶やパーソナリティなど）に求めてはならず，外的かつ観察可能な環境要因に求めるべきである，というものである。主な根拠として，個体の内部に目を向けることで行動の測定ができなくなってしまうこと，外的な制御要因の探求を妨げてしまう可能性あること，などを挙げている。それと同時に，なぜ人々が外的世界から内的世界へと焦点を移してしまうのかを，明晰な図式の中で表現し

ている。これはスキナーの論文としては珍しい特色であろう。論文の終盤では，1950年代半ばに精神病患者を対象として行われた，マサチューセッツのメトロポリタン州立病院での応用研究が紹介されている。これは人のオペラント条件づけに関する最初の大規模な研究であり，社会的随伴性や多様な強化スケジュールの効果が検証されている。この報告は，本論文におけるスキナーの主張の実証的根拠として位置づけられていると言えよう。

このように，スキナーの主張，論理的な根拠，そして実証的な根拠という展開で，本論文は構成されている。その意味で，スキナーの論文の中では比較的分かりやすい部類に入るだろう。スキナー自身も述べている（Skinner, 1982）ように，本論文で扱われている内容は，徹底的行動主義の入門程度のものである。しかし1950年代に，しかも精神科医を対象とした講演であることを念頭におけば，極めて画期的な講演であったことは想像に難くない。こうした時代背景や，精神科医を対象とした講演という状況を踏まえて読むことで体感できる，独特の臨場感もまた，本論文の持つ味わいの1つであるように思う。

引用文献

Skinner, B. F. (1982). Skinner for the classroom (R. Epstein, Ed.) Champaign, IL: Research Press.

第9章　実験室からの飛び去り[1]

　実験心理学者は，時に人々を実験室へと招き入れ，無意味つづりのリストを記憶させたり，動く標的にポインターを当て続ける学習をさせたりする。そして，後にその実験の第2回目のセッションに呼び戻されることを知らないままにして家に帰る。この実験は，次に控えるそのテストについてその人が気づかないでいない限り成功しない。私は，この会議の創始者が10年前にこうした実験を［私に対して］行っていたのかどうかを知らない。しかし，いま私は，この第2回目のセッションに再び招かれることの感想を報告することができる。それは主に後悔の念である。もし前回の講演論文の執筆時に，実験心理学の動向についての私の予測が，（それからの）実際の10年間での歴史的事実と照らし合わせるように求められることを知っていたのならば，私はその事態に対応するために，もっと簡単になんとでも言えるような言明に留まるよう自制すべきであった，私は，もっとずっと［聞き手の］口に合うような謙遜したパイを用意するべきであった。

　事実が得られた今となって明らかなのは，私が［10年前に］記した動向は，実験心理学の将来に対する私の期待でしかなかったということである。私の行いは，1947年の知的風土に即したふるまいとして擁護できるかもしれないが，実験心理学は当時その人気のどん底にあった。ますます多くの大学院生が社会心理学，パーソナリティ心理学，臨床心理学，あるいは応用心理学に関心を寄せ，古参の者の間でも，その領域から抜け出す者が頻繁に見られていた。実験

1　Skinner, B. F. (1961). The flight from the laboratory. In B. F. Skinner *Cumulative record* (pp. 242-257). New York: Appleton-Century-Crofts.

心理学者らが第二次世界大戦期に成した実際的な貢献もあったが，[そうした心理学者らによる] 人間行動の一見重要ではない側面へのかたくなな専心に対して，ますます高まる [世の中の] 苛立ちを相殺することはできなかった。

　しかしながら，この黒い雲がおおう水平線にはひとかけらの光明もないのだろうか。もし科学の歴史が何らかの道標となるのであれば，効果的な心理学というものが，最後には，人間行動の中心的な概念を発展させるだろう。それが何を意味しようとも，それは行動の「理解」を可能にするという意味において根本的に"正しい"というだけではなく，人間社会のあらゆる領域の出来事に対して重要な応用が可能な強力な技術を生み出すであろう。いずれの行動理論もまだその段階へと近づけていない。精神分析学は，その本来の領域を越えて広がった唯一の学問領域ではあったが，社会科学や文芸批評のいくつかの領域以上には広まらなかった。それ以外の分野——統治，経済，宗教，教育，そしてすべての自然科学——では，歴代の時代遅れの哲学によって英語の中に埋め込まれた使い古しの理論の助けを借りることで，人間行動に関する偏狭な理論がかろうじて保たれてきた。あたかもそれは，物理科学の各技術がそれぞれ独自の自然科学的概念を有しているようであった——つまり，合成繊維の専門家は分子構造の理論を，薬理学者は別の理論を，生化学者はさらに別の理論を用い，その一方で素人は素人でこれらの専門的な取り扱いのどれとも無縁であるような，物質構造についての常識的な見解を持ち続けるといったようなものである。こうした状況は満足からはほど遠かった。つまるところ，心理学者，政治学者，神学者，心理療法家，経済学者，教育学者，文芸批評家，そして科学方法論者が興味を示してきたのは，ヒトという同じ対象なのである。なぜそれぞれのケースで人間行動の異なる理論が存在しなくてはならないのだろうか。

　私が思うに，実験心理学はゆくゆくは，こうした力の空白地帯へと歩みを進めなければならない。人間行動についての一般理論が必要であり，実験科学のみがそれを提供することができる。行動についての個別の技術は，ある特定の理論と一時的な折り合いをつけることはできるかもしれない。しかし結局のところ，実験室実験でのみ可能な特別な変数の制御というものが，人間という個体の実際の特性に最も合致した形で，人間に関する事象のあらゆる領域において最も有用であろう説明をもたらすだろう。実験的分析がもたらす現実的特徴

による精査は，心理学的な説明として通用してきたものの中でも相当に破壊的な役割を果たしてきた虚構というものの存在を白日のもとに曝すことだろう。そして私たちに，統計的分析から立ち現れる接近不可能な仮説構成体から逃れることを可能にするだろう。科学史からのこの外挿は，実験心理学者に，より見渡すことのできる水平線を与えようと意図したものであった。私は，人間行動に対する効果的な理論のもつ潜在的な重要性と，そうした理論の発展における実験科学の特別な地位を指摘することで，［この領域の］同僚たちの強化随伴性を改善しようと試みていた。それは，永続的に衰退しているかのような何かをくい止めようと期待してのものであった。

これが実際の動向なのだとつい主張したくなる。臨床場面や現場の研究からもたらされた行動の理論が，実験室からの理論以上に落ち目になっている可能性はある。たとえば，厳格なフロイト派心理学はもはや強く擁護されていない。ある意味で私たちは皆フロイト派であるのだという一般的な指摘がなされていても，これまでに取り上げられてきた諸事実や諸原理は，比較的非専門的な言葉でも述べることができる。心理療法を受けているクライアントでさえも，プシケ (psyche)[2] の構造や機能についての技術的な言及に悩まされることはなくなっている。この変化の責任が実験心理学者にある訳ではないが，精神分析学のもつ共有遺産を良質な科学的秩序の中に位置づけようとするのならば，そして効果的な技術というものが自身や周囲の者たちの動機や情動についての一般的理解ということ以上のものであろうとするのならば，実験心理学者はそこで重要な役割を果たすだろう。フロイト派心理学の力動的メカニズムは実験的分析の対象になりえるし，結果として生じる定義の変化は，そうした精神分析の場面で作用している実験方法を明らかなものにする[3]。フロイト派心理学の説明体系がそこでの因果連鎖を十分に突き止めることは稀でしかない。私たちは，"不安 (anxiety)" を説明するまでは，その不安に起因した"不安行動 (disturbed behavior)" を本当に説明してはいない。求められているさらなる一歩は実験科学の精神の中にある。それは，言語的な説明ではなく，操作可能な変数

2 　心・魂・精神の意味。
3 　［原注］『科学と人間行動（「Science and human behavior」）』の第24章を見よ。

の探求である。精神分析学それ自身は，心理療法場面における行動を修正するために，そして別の種類の行動的効果をもたらすために，変化させるべきいくつかの条件を特定してきた。しかしその方法論は，そうした条件の操作や制御には適していない。これとは対照的に，実験心理学は，行動の十分な説明とその効果的な制御に向けての最終的な方向性となる変数の取り扱いにますます成功してきている。

　変化の兆しは他にもある。私たちの日常語彙の中に深く根づく行動についての素人的な話しぶりは，その基盤を失っている。そういう語りを使う者からはより大きな困惑をもって見られている。いまから10年前，行動研究に携わる生理学者，神経科学者，あるいは薬理学者は，自分自身で実験を入念に準備し，そしてその結果を［行動研究の］専門用語を使用せずに記述しがちであった。今や彼らは，実験心理学者はそうした助けを求めるべき専門家であることを認めている[4]。幾分異なる例を挙げると，そうした素人的な専門用語は，いまでは政治学者による弁明において（あるいは引用符付きで）より頻繁に用いられている。歴史的な類推から議論したり，公理的原理から演繹される定理や政府の固定観念によって行動方針を予測したり推奨したりすることの究極の危険性は，より認識されやすくなっていくだろう。ソ連の扇動者がパブロフの研究をイデオロギー的に利用したことに関して推奨するところはほとんどない。しかし私たちも，統治の技術に対して条件反射的にそれを軽蔑することで反論するのならば，おそらく同じ誤りを犯している。こうしたことのすべては，もっと適切な行動の科学というものがあるかどうか，そしてそれが統治の実践設計に適切か否かを問うことに結びつくのであれば，長い目で見れば有益な結果をもたらすものとなるであろう。人間行動に関する概念は，最終的には，その有効性が証明されよう。何故なら，その概念が政府の哲学における一時的な傾向に合致するからではなく，実験的分析の検証に耐え抜くからである。

　生理学と統治という両極端の間のどこかに，可能な道筋への第3の証拠とい

4　ハーバード・メディカルスクールのデュース（Dews, P. B.）との共同研究を指しているものと思われる。これは後に行動薬理学（Behavioral Pharmacology）の創設へとつながった。

うものが少しばかりある。教育心理学者は，研究というものへの長年の支持者であり続けたが，実験科学の様式に厳密に従ってきた訳ではない。彼らの実験では，学習の最中の個々の学生の行動が把握されることは滅多になかった。その一方で，学習についての実験心理学は，かつては教育学の教科書の定番であったのだが，どんどんと関心がもたれなくなっている。しかしながら，私たちはこの 10 年間で，学習について多くのことを学んできた。これを教育に利用するという提案は，このカンファレンスのシリーズの早い時期の会議でも述べた通りである。現在，実験的分析の原理は言語行動の分野にまで拡張されつつあり，その結果を指導方法の改善に活かさないということは信じがたいことである。そしてそれは素晴らしい結果をもたらすこととなる。平均的な大学生が現在学んでいる事柄が，いつの日かその半分の時間と半分の努力でそれを学べるようになるという予測の正当性を示す試みは，すでに十分になされている。

そしてここに実験心理学の復興の兆しがある。その兆しは，実験的方法の潜在的寄与を実現するということに部分的には起因するだろう。ただしこれは，主要な動向を私は正しく予測していたのだという主張を正当化するものではない。ここの意味での人間行動の一般理論は，"幸せな少数者"にしか通用しない。実験心理学が全体としてそれほど大きな変化を示してこなかったことは，私たちの学術誌の目次を一目見れば簡単に気づくことである。最新の研究報告が包括的な理論的枠組みに基づいていることはほとんどない。実験的分析の視点はいまだそう遠くへとは達していない。多くの社会科学は手つかずのままであり，自然科学者の間では，行動の科学的研究の可能性や成果についてほぼ完全に無知のままである。存命の最も著名な物理学者の 1 人であるニールス・ボーア（Niels Bohr）博士は，最近，心理学におけるいくつかの問題を以下のように論じている。

> 動物の行動の記述に"本能（*instinct*）"や"理由（*reason*）"のような単語を使用することがどの程度必要であり，またどの程度正当化できるのかといったことは全く別にして，人間の状況を記述する際には，他者に対してと同様に自分自身に対しても用いられる"意識（*consciousness*）"という単語が必要不可欠である…。"考えること（*thought*）"や"感じること

(feeling)"のような単語の使用は，しっかりと結びついた因果連鎖に言及するものではないが，しかしそれらは互いに排他的である複数の経験には言及している。その理由は，私たちが曖昧に用語化しているところの意識内容とその背景との間の様々な区別にある。私たちは，心理的経験が物理的測定を受けることはできないこと，そして意欲（volition）の概念そのものが決定論的記述の一般化に言及するものではなく，それは最初から人間の営みの特徴を指し示すものであることを認識しなければならない。意志の自由（freedom of the will）に関する古くからの哲学的議論には立ち入らず，私はただ次のことだけを述べよう。私たちの状況の客観的記述の中で，"意欲"という単語の使用は，人間同士のコミュニケーションにおいて同じぐらい必要不可欠な"希望（hope）"や"責任（responsibility）"といった単語の使用と密接に対応している[5]。

50年前であったら，こうした用語や問題は心理学的な議論の中にあっただろう（実際，ある解説者は，ボーア博士とウィリアム・ジェームズの見解の類似性に言及している）。

傑出した心理学者が，すでに今世紀初頭の時点で，物理科学の現代的問題を現代的観点からはっきりとした形で議論していたとしたら，ボーア博士はどれほどショックを受けただろうか！　物理学の見解が物理的世界を扱う者たちに受け入れられるのと同じように，心理学一般，特に実験心理学が，人間の行動を扱う者たちに容易に受け入れられるような概念を提供するには，まだ長い道のりがある。そして心理学者自身もそのことについてあまり多くの取り組みをしてはいない。

こうして私は［心理学の現状に］着手する（そうすることで私は，少なくとも精神に不調をきたしている場合にはしばしば消去を示すことに失敗するという事実で区別されるような，そうした種の一員であると主張するものである）[6]。しかし私は，

5　［原注］Bohr, N. (1958). *Atomic physics and human knowledge*. New York.
6　［原注］158頁を参照せよ。［訳注］本稿が掲載されている「*Cumulative Record*」内のThe experimental analysis of behavior 内の一頁を指している。

10年前の忠告や約束を頑固に繰り返すつもりはない。刺激的な未来を垣間見せるということでは，心理学者の科学的行動を強めるには明らかに不十分のようである。幸いにも，この10年間の成果の1つとして，より良質な行動工学により，この問題に着手することができるようになった。私は心理学者の行動の分析を提案する。なぜ，現代の心理学者は，そうした素晴らしい技術的前進がそこから確かに導けるような人間行動の純粋科学を発展させることができていないのだろうか？ ［心理学者の］実験領域からの絶え間なき飛び去りをどのように説明するのだろうか？ 実験心理学者はどこへ行き，代わりに何をしているのだろうか？ またその理由は何なのだろうか？ そして何よりも，この状況を改善するためにどのような対策を講じることができるのだろうか？ こうした問いかけは，私が予測してきた実験心理学の動向を「もたらそう」とする際に，そこで直面するであろう工学的課題を明確なものとする。

　このように述べると，この［心理学者の科学的行動に関する］問題は，行動の実験的分析において重要性を高めつつある，ある種の実験とのアナロジーを有することになる。私たちは，ある1つの任意反応において様々な強化随伴性が生み出す反応遂行を研究した後に，2つあるいはそれ以上の並立的な反応へと進むことができる。私たちの実験空間はいまや，ラットに押される1つのレバーやハトにつつかれる1つのキイに代わり，2つや3つのレバーやキイを備えることがよくあり，またそうしたレバーやキイはそれぞれ独自の強化随伴性を備えている。この実験は，心理学者が実験というレバーを押すことを止め，他の利用可能な操作体へと転向したという事実を説明する[7]。この説明には次の2つを問う必要がある。(1) 実験レバーへの強化随伴性に何が起こったのか，(2) 他所においてそれほど効果的に競合する他の随伴性とはいかなるものであるのか。これらの質問に答えられたならば，実験［というレバー］の随伴性がもつ相対的な効果を増やすという工学的課題へと進むことができる。競合する条件を非難するというやり方によってこれを行うことはおそらく公平さを欠くだろう。科学的熱意の源は，どのようなものであれ尊重されるべきである。し

7　ハトの選択行動実験の結果から，心理学者における実験遂行とそれ以外の研究活動との間の選択行動を説明しようとしている。

かしながら，他のレバーへの活動を招いている強化のうちの幾分かを，私たちが主として関心をもっている反応に随伴させるようにすることは可能であろう。

　実験心理学者が得る報酬におけるいくつかの欠点は以前の論文でも分析された。すべての科学は流行の変化を経験する。たとえ問題が未解決のままであっても関心が失われる。心理学では，実験という領域の外側に，数多くの，今よりももっと良さそうな場所を垣間見ることができてしまう。科学の成功そのものが，さらなる細部へのこだわりをもたらし，広範な新しい問題に取りくむことができなくなる。"心的科学（mental science）"の先駆者らが抱いた哲学的な動機づけは失われた。観念論（idealism）は一部の領域では依然として挑発的な言辞であるものの，心身二元論（dualism）はもはやアメリカ心理学において挑戦的な課題ではなくなった。精神（psychic）と身体（physical）の関係に関する古典的研究は，末梢器官の生理的および物理的作用の研究へと姿を変えた。これらは科学的な前進であるが，しかしインスピレーションの元となった重要な源泉は置き去りにされてしまった。

　実験の実践に随伴する最も効果的な報酬のいくつかは，また別の道筋の不注意により損なわれている。私たちの科学的知識の大部分は，形式的に分析されたことのない，あるいは規範的なルールとして明示化されたことのない，探究の方法に負うところが大きい。しかし，大学院では一世代以上にわたって，異なる考える人（Man Thinking）[p. 66 を参照] の上に心理学を構築してきた。そこでは科学的方法の代わりに統計学を教えてきた。残念ながら，そうした統計学の様式は，実験室研究でのいくつかの主要な特徴とは相容れない。現在教えられているように，統計学は変数の直接操作を軽視し，事実が得られた後に変動性を処理することを強調する。大学院生の最初の結果が有意でなかったのならば，統計学は彼にサンプルサイズを増やすように指示する。しかしながら，装置や観察方法をどのように改善すればその同じ結果が得られるのかは教えてくれない（そして方法論上の自己制約からそれを告げることはできない）。サンプルが多ければ多いほど，より多くの仕事が必要になり，若い心理学者にそのほこ先が向かうであろう。学位（と研究助成金）を獲得した際には，その労働を他の誰かへと受け渡すかもしれないが，しかしそうすることで彼は，自分が研究している実験個体と接触する機会を失うことにもなる。通例，統計学者が実

験計画と呼ぶもの（私は別のところで，これは統計学の方法を用いることが適切であるようなデータを生み出す計画を意味することを指摘した）は，行動する個体よりも，計算機との間により親密な友好関係をうみだす。この1つの結果が有害なる強化遅延である。実験は，何週間ものルーティン作業の後にのみ"決済"されるだろう。一般に認められた統計手法に従って実験を計画する大学院生は，その若々しい熱意のおかげで，この計算機室での試練を切りぬけることができるかもしれない。しかし科学者としての究極の強化子はあまりにも長く遅延され，ゆえに彼が次の実験を始めることは決してないだろう。そして他のレバーが手招きをするのである。

　一般に広まっている統計手法を採用する心理学者は，せいぜい彼が発見した"事実"を間接的に知っているにすぎない——それは統計の計算機から吐き出されるベクトル，因子，そして仮説的過程である。統計学が彼に"どう扱えばよいのか"を示してくれるので，大まかな行動の測定値でも満足するようになる。そして根本的に非生産的な方法を続けがちになる。疑わしいデータから有意な何かを絞り出すことが，その実験を中止して新たな実験を再スタートさせるという，より有益な一歩をくじいてしまうのである。

　統計学がその学問固有の強化子をもたらすことはもちろんなのだが，それが実験室内での最も生産的な行動に随伴することはほとんどない。1つの有害な影響は，そうしたものへの強迫性のために，ある種の，時間をついやすだけの見せかけの仕事を与えてしまうことである。あらゆる探求の初期段階では，研究者はしばしば無知と無秩序の期間に耐えなければならない。その間は，目に見える前進は皆無ではないにせよわずかでしかない。耐え忍ぶように教えなければならないことなのである。研究者は，表向きはあてもなく彷徨っているように見えても，その探求のもつ究極的な価値についての一種の信念を獲得しなければならない。何の成果も挙げていないという批判に無頓着でいることも学ばなければならない。もし研究支援の助成費が得られた場合には，年次報告に向けた切実な不安への耐性を学ばなければならない。そのような時に，統計学は慰めを与えてくれ，さらに悪いことには，非常に便利な緊急避難口も提供する。被験対象の群を対応させ，問題となっている行動についての粗雑な尺度を考案し，実行すべきテストを実施するように手配し，そしてIBMのコンピュ

ータ用カードにそのスコアを打ち込んでいく。なんと単純なことであろうか！こうすれば，何が起ころうとも，その仕事がまだ終わっていないなどとは誰も言えなくなる。統計学は，たとえそれが何も意味しないことを証明したときですら，結果が"有意である"ことを見せてしまいさえする。

　統計学者の意図は高潔で寛大である。彼は，実験科学者が実験の結果に確信をもち，それらを最大限に活用してほしいと望んでいる。しかしながら，実験室での実践というものの本質を統計学者が理解しているかどうかとは別にして，しばしば，その提言はそうした実践と反目してしまう。統計学者の意志に反して，優れた実験室研究において本質的であるべき種類の活動を，もはや尊重させないものとしてしまう。実験科学をより価値あるものにしたかもしれない手法そのものが，その基本的特徴をほとんど破壊してきたのである。長い目で見れば，心理学者は，最も有益で，それゆえに結局のところ最も強化的な成果のほとんどを奪われてきたのである。

　そうした結果としての実験室からの飛び去りは，代替となる研究方法を指摘することでくい止めることができる。もし，すべての心理学者が統計学の講座の受講を求められるのであれば，実験室実践についてもまた精通するようにすべきである。科学的方法論というレッテルをはられたロボットとしてではなく，科学者として行動する機会が与えられるべきである。特に若い心理学者は，大きな群ではなく，個別の個体を用いた研究法を学ぶべきである。この一歩を踏み出せれば，実験心理学を本来の活気あふれる優良な状態へと回復させることができるだろう。

　しかし，競合する随伴性を調べることにも価値があるだろう。心理学者たちは実験室から飛び去ってしまった訳だが，それにはおそらくもっともな理由がある。彼らはどこへいってしまったのだろうか？

現実の人への飛び去り

　実験室は退屈な場所になりうる。それは計算機が備え付けられているときだけではない。心理学者が人間の実生活への関心に惹かれてきたことは驚くことではない。実験室での実験対象は人間のごく一部に過ぎず，興味深いものではないことが多い。一方で，個人全体は魅力的な強化の源泉である。文学が盛ん

第 9 章　実験室からの飛び去り

な理由がここにある。心理学者は長い間，文学の世界からの借用を学んできた。講義がおぼろげだったり，［本の中のとある］章が退屈なようならば，過去の事例を紹介するだけで，すべてが文字通り"生き返る"。個人の事例史だけで構成された講義や教科書ならば，このレシピはあまりにも簡単に扱える。しかしながら，教育的または改善的な効果を求めてこの方策に頼る際には，心理学者自身もこうした強化子の影響を受けてきた。科学者としての彼らの行動方針が［そうした強化子により］ゆがめられるのである。心理学者はしばしばこれを認識し，時には，科学的認識の特別な理論（たとえば共感や直観に基づいた）により自分自身を正当化する必要性を感じてきた。それでも彼らは，科学者共同体の完全な市民権を取り戻しえたと信じて安心しているようにはあまり見えない。

　現実の人々からもたらされる強化子は，一方では人類の正しい研究対象は人間であるという知的信念や，他方ではせんさく屋（Paul Pry）の飽くなき好奇心に関係するものではない。倫理教育が普及している世界では，大部分の人々は，他者の強化に成功した際に［自分も］強化される。このような世界では，個人からの感謝は強力な般性強化子となる。他の善意の人々と同じように，臨床場面では一人ひとりに，そしてたとえば国際的な善意の研究の場では一つひとつの国に対して助け合いの気持ちを持つ心理学者に対して，私たちはそれを止めることはほとんどできない。より多くの人々が個人的および政治的問題に関心を抱くのであれば，世界はさらに良い場所となるであろうことに私たちは同意するだろう。しかし，そうした改善のステップは必然的に短期的な措置となるし，同じゴールへと導くにしても，それが唯一の段階ではないことを忘れてはならない。行動の科学の活発な遂行は，文化のデザインに関わる広範な問題へと応用され，より包括的な結果をもたらす可能性がある。もしそうした有望な代替案が実際に実行可能であれば，長期的な貢献をもたらしうる者は誰でも，別の結果がもたらす影響に対して賢明に抵抗しようとするだろう。別の結果というのは，それらが個人的にはどれほど重要であろうとも，科学のプロセスとは無関係で，そして短期的な改善行為へとその者を閉じ込めてしまうようなものである。他分野の古典的な例の1つとしてアルベルト・シュヴァイツァー（Albert Schweitzer）が挙げられる。その人生を同胞の一人ひとりを助けることに捧げた素晴らしい人物であるが，その理由について私たちがここで検討

する必要はない。彼は何千もの感謝を得ているが，しかしその代わりとして彼にできたはずの何かを忘れてはならない。もし彼が熱帯医学の研究室で何年もの間同じくらい精力的に働いていたのであれば，長期的には，数千人ではなく文字通り「数十億人」もの人々を助けるような発見をしていたに違いない。私たちは，シュヴァイツァーがなぜ短期的な道を選んだのかを説明できるほど彼を十分に知っている訳ではない。彼は感謝の甘言に抵抗できなかったのであろうか？ あるいは罪悪感といったものから自分自身を解放することができなかったのであろうか？ その理由が何であれ，この物語が私たちに警告しているのは，純粋科学への関心において個人的な強化を利用しようとしない文化のデザインの危険性である。何にも増して同胞を助けたいと望む若い心理学者は，人間行動の科学的理解へのごくわずかな貢献でさえ，多大な潜在的効果をもつのだということに気づかなければならない。おそらくこれを理解するだけでも，それが文化様式の改善につながり，結局は人類の不安や苦悩を和らげることになろう。

数理モデルへの飛び去り

実験的方法からの飛び去りは時に逆の方向へと向かった。実験室で研究されている人間があまりに無味乾燥で非現実的であったことから，他の人々とは正反対の立場をとるようになった者もいる。[実験的方法の]自慢の変数統制にも関わらず，実験対象はしばしば気まぐれなままである。それを何とかしようとして熱心になるばかりか，野球選手が言うように，時には手がつけられないほど夢中になることもある。統計学の罠に捉えられた"平均人 (*average man*)"でさえ，不快なほどに御し難い。そのため，心理学者の中には，数学的台座に取り付けられた，自らが彫刻した象牙の像へと逃げこんだ者もいる。これらのピグマリオンたち[8]は，常に期待された通りに行動し，その過程が規則的かつ比較的単純で，そしてその振る舞いには最も洗練された数学的手続きを適用で

---

8 ギリシャ神話に登場するキプロス島の王。自らが彫刻した女性の像ガラティアに恋をし，その姿を見かねた女神アフロディテによりその像に生命が与えられ，その像と結婚することができた。

きるガラティアを作り上げた。そのガラティアは，仮定を変えるという単純な手段によって，わずかな欠点をも消しさることのできる創造物である。抽象的な政治的人間（*Political Man*）について語ることで自らの問題を単純化してきた政治学者のように，あるいは経済人（*Economic Man*）について語ることで経済学者がそうしてきたように，心理学者は理想的な実験個体である数理モデルを構築した。

　いわゆる学習理論に対するこの実践がもたらす効果については他の箇所で指摘されている[9]。学習研究に利用できる初期の手法——すなわちエビングハウス（Ebbinghaus）の無意味綴りからソーンダイク（Thorndike）の問題箱を経て，ワトソン（Watson）の迷路，そしてヤーキス（Yerkes）とラシュレー（Lashley）の弁別装置に至るまで——は，常に不規則な乱れを伴う学習曲線を生み出した。これらの装置を用いた実験では，個別の個体での規則的な行動変化は稀にしか見られなかった。規則的な過程は，多くの試行から，もしくは多くの個体からの平均データから生成されなければならなかった。そしてそれでも，結果として得られた"学習曲線"は，実験のたびに落ちつかない形で変動した。この問題に対する理論上の解決策は，所与の実験の特定の特徴に関わらず，常に同じ特性を有する規則的な学習過程が個体の内部のどこかで行われていると仮定することであった。そして得られた結果は学習と遂行を区別することで説明された。遂行は無秩序であるかもしれないが，学習は常に規則的であるという信念を心理学者は抱き続けることができた。実際，数学上の個体は大いに秩序だって見えるので，モデルの構築者たちは，無秩序なデータを一貫して生み出してしまうような手法への信頼を保ち続けることができた。学習理論における数理モデルを検討すると，実際にどれほどの無秩序さがあろうとも，それが数学的処理の優雅さに何らの制約もかけないことが分かる。

　生きている個体よりも（二次元の比喩的表現に落とし込むための）紙人形[10]のほうをより取り扱いやすいものとしてしまうという特性は，行動の科学的説明

9　本稿が掲載されている「*Cumulative Record*」内の Are theories of learning necessary? を指している。本書の第6章も参照。
10　[原注] もちろんこれは作詞家ジョニー・ブラックの有名な曲で，"気まぐれな本物の女性"よりも"彼自身のものである紙人形"という彼の好みを表現している。

にとって極めて重要である。モデル研究から導き出された定式化のどれほど多くのものが現実の記述に有益であることが結局のところ証明されようとも（波動力学を思い出そう！），最も喫緊にその答えが求められているのは，その2つの領域間の対応に関する疑問である。モデルが「行動の」モデルであることをどのようにして確認することができるのだろうか？ 行動「とは」何であり，それはどのように分析され，測定されるのか。それに関連する環境の特徴とは何か，そしてそれらはどう測定され制御されるべきか？ これらの2つの変数のセットはどのように関連しているのだろうか？ これらの疑問に対する答えは，モデルを構築することでは見つけることができない（[その分野において] 必須となる実証的探求を進める際にもモデルは助けにはならない。たびたび主張されるのは，いくつかのモデル，仮説，または理論を基盤にでもしない限り，科学者は研究すべき事実を選択することができないというものである。しかし，普通に考えて，事実と同じぐらい多くのモデル，仮説，あるいは理論が存在してはいないだろうか。モデル，仮説，理論の選び方を科学方法論者が説明しようとするのならば，その答えは，経験的事実の中からの選び方を説明するのと同じことになるだろう）。

どのような種類の行動工学により，数理［モデルという］レバーへの反応率を下げ，優秀な心理学者たちを実験室へと呼び戻せるだろうか？ 2つの段階が必要であろう。第1に，変数系の形式的な特性は，次元の問題が解決された後にのみ有効に扱われるということが明確にされなければならない。数理モデルの，独立的であり本質的にはトートロジカルな性質は，その立案者たち，特に数学分野から実験心理学へと参入する者たちにとっては，率直に受け入れられるのが普通である。しかし心理学者としては，こうした免責事項は積分記号の中でしばしば失われる。第2に，事実という材料の扱いにおいて，それを数学的なものとする機会を明確にすべきである。学習理論の例に戻ると，適切な技術により「学習の生起を見る」ことができること，そしてそれは観察可能な個体の遂行から遠くかけ離れた［個体の］内側の奥深くにおいてではなく，その遂行そのものの変化として見られることを，心理学者は認識するべきである。現在では，非常に微細な行動過程を実験的に分析するための技術が利用可能であり，そしてそうした研究が，科学史の適切な段階においては常に生産的であった数学的理論の準備を整えるだろう。必要とされるのは，行動の基本的な次

元をほとんど考慮せずに構築された数理モデルではなく，実験データの数学的処理である．適切な方法が整然としたデータをもたらし，もはや空想の世界へと逃げ込む必要がなくなった時に，数学というものは自ずから行動の分析という領域に表れるだろう．

内なる人への飛び去り

　実験心理学においておそらく最大の人的資源の損失を被ってきたのは，有能な研究者らが行動の「記述的（*descriptive*）」な関心から出発して，しかしほとんどすぐに，個体内部で起きていることへの「説明的（*explanatory*）」な関心へと進んでしまうことである．こうした内なる人への逃亡を考察するに当たり，私は死に馬に鞭を打っているのだと信じたい．しかしながら，人間行動はいまだ精神的もしくは生理的な過程によって議論されるのが最も一般的であるという事実が残ってしまう．二元論の哲学はこのどちらの場合にも必ずしも暗に仮定されている訳ではない．一方では，物理学のデータは最終的には物理学者の直接経験へと還元されると主張され，他方では，行動とは高度に組織化された一連の生物学的事実にすぎないと主張されるであろう．行動についての現実上あるいは想像上の行動の内的原因の性質がここでの問題ではない．どちらにせよ，探求の実践は同等の被害を被ってきた．

　特に精神分析家の間では，内なる人は様々な人格的側面が組織化されたものであり，その活動が最終的には私たちが観察する個体の行動へと結びつくのだと言われることがある．一般的な実践では，そうした内なる人を解剖し，気質（*trait*），知覚（*perception*），経験（*experience*），習慣（*habit*），観念（*idea*）といったものをそれぞれ別個のものとして扱う．このようにして観察可能な主題は放棄され，推測されたそれらが優先される．フロイト自身，心的過程は"意識の関わり"なしに起こりうると強調しており，そしてそれらを常に直接観察することはできないので，この過程に関する私たちの知識は必然的に推論上のものとなる．精神分析における機構の多くは，こうした推論の過程に関係している．行動の分析では，意識されているかどうかに関わらず，「すべての」心的過程を推測されたものとして扱うことができる．その結果として生じる再定義（もしそうしたければそれを操作的と呼ぶ）は，心的な次元を都合よく除外するこ

とができる。しかしそれは同時に説明の力を失うことにもなる。内なる実体や事象は行動を"引き起こす"ものではないし，行動がそれらを"表現"するものでもない。せいぜいのところそれらは仲介物であるが，しかし仲介された最終的な出来事との間の因果関係についても，伝統的な装置では十分に表現されていない。心的概念は，行動の分析のある段階においては何らかの発見的価値を有していたのかもしれないが，それらを放棄することのほうがはるかに有益であった。許容可能な説明的枠組みの中では，行動の最終的な原因は，個体の「外部」に見出されなければならない。

　もちろん，「生理学的」な内なる人は，そのすべてが推測上のものではない。新たな方法や機器によって，神経系やその他の機構が直接観察されるようになった。それらの新たなデータには独自の次元があり，そして，独自の定式化を必要とする。たとえば，学習の分野での行動的事実は，行動にとっては適切な用語で扱われているが，一方で同時に起こっている電気的または化学的な活動には異なる概念的枠組みを必要とする。同様に，遮断化や飽和化[11]の行動への影響は，胃瘻（*gastric fistula*）を通して見られる事象と同じものではない。行動的傾向性として研究される情動（*emotion*）もまた，呼吸曲線のグラフや心電図に適した用語で分析されうるものではない。どちらの事実も，そしてそれらに適した概念も，重要なものである——しかしそれらは「同程度に」重要なのであって，一方が他方に依存するものではない。内的事象の還元的優位性を強調する［私たちとは］反対の立場の哲学の影響により，行動への興味から出発し，多くの方法で行動の分野の知識を前進させられたであろう多くの優秀な者たちが，その代わりに，生理学の研究へと転向していった。彼らの貢献の重要性に異議を唱えることは私たちにはできない。唯一できることは，その代わりに彼らが成し遂げられたであろうことに思いをはせつつ惜しむのみである。

　そうした内的機構との競合において，若者の興味を保てるよう行動研究を十分に強化的なものとするには，行動はそれ自体が主題として認められうるものであり，そして認められた方法によって，還元的な説明の視点を持たずとも研

11　遮断化は摂食制限，飽和化は逆に食物を与えることによる満腹操作を意味する。

究できるということをはっきりと示さなければならない。任意の環境への個体の反応は物理的事象である。現代の分析方法は，そうした主題で示される規則性の程度を明らかにしており，それは同等の複雑性を有する他のどのような現象と比べても遜色がない。行動とは，より根本的な営みの単なる結果であるとか，だからこそ私たちの研究で扱わなければならないといった対象ではなく，それ自体が目的であり，その本質性と重要性は実験的分析の実際の結果として示されるものである。私たちは，仕様書に従って行動を予測し，制御し，修正し，そして作り上げることができる——それは，研究者を内なる人の研究へと駆り立ててきたような説明上の疑問に答えることなしにできるのである。若い心理学者は，安心して真の行動の科学を熟考することができるだろう。

素人への飛び去り

　実験心理学はまた，科学的な企てのすべてを本質的に拒絶することとも闘わなければならなかった。加齢の心理学的問題に関する最新の研究のレビューで査読者は"比較的不興の数年間を経て表舞台へと戻ってきた心理学的思想のある傾向"についてコメントしている。そこでは次のように述べられている。"[この傾向は]人間行動を研究するうえで，ある種の爽やかな率直さと'優雅さ'を有している。いわゆる'学習理論'の不毛な議論，'学派'の学説上の半面の真理，'体系'という万能薬，そして心理学の著作の中でしばしば見られる大げさで中身のない専門用語などの欠如がそこでは顕著である"。その出所が何であれ，"「不毛な」議論"，"半面の真理"，"万能薬"，"「中身のない」専門用語"といったものの擁護を誰も望んではいないが，このコメントのもつ力はそれに留まるものではない。この査読者は，高齢者の問題へのアプローチにおいて，素人心理学を改善しようとするあらゆる努力を否定しているのである。そして多くの心理学者が彼に同意する。議論は"実験室の専門用語はもうたくさんだ！"と続く。"臨床分野の訳の分からない用語はもうたくさんだ！ ぎょっとするような方程式はもうたくさんだ！ すべてくたばってしまえ[12]！ 常識へと戻ろうじゃないか！ 使い古しかも知れないが，しかし今なお有効で

12　ロミオとジュリエットの一節をもじっている。

ある素人の語彙を使って，人間行動について言いたいことを言おうじゃないか！"これが疲れや焦りの意志表示であろうと，あるいは根本的な理解を犠牲にしてでも実践的な問題に取り組みたいという望みの表れであろうと，それ［加齢の心理学的問題］は純粋科学の擁護者によって答えられる必要がある。実験心理学が，人間行動についての有用な概念へとより迅速に向かっていくのならば，その答えを見つけることはもっと容易であろう。

科学的概念がそうした慣用句よりも優れていることを証明する上で，いくつかの進歩も見られた。たとえば，一般的な言葉で記された次の2つの心理学的な説明を考えてみよう。1つめは情動行動の領域における例である。

> 良く知られているように，今述べたこの種の非行少年の情動的な気性は並はずれている。同胞の社会から排除された人々は，自然に平和的で，共感的で，そして寛大であるどころか，野蛮で，残酷で，不道徳になる。非行者の無慈悲な破壊は，突然の怒りの爆発によるものではなく，すべてに闘いを仕掛ける意図的で思慮深い決意によるものである。

2つめは知能に関わるものである。次の例は，子どもが掛け金を下げ，脚でドアを押すことによってドアを開けることを学ぶ様子を説明するものである。

> もちろん，その子は，大人がハンドルに手をかけてドアを開けることを観察したのかも知れないし，この観察の後に模倣とよばれるものによってその行為を行ったのかも知れない。しかし，全体としての過程は模倣以上の何かとなっている。ハンドルを握るのではなく掛け金を押し下げることが重要であるということを発見するには，観察だけでは不十分だろう。さらには，脚でドアを押すという行為を大人がしているのを見たこともない。この押す行為は，ドアを開けるという意図に起因したものに違いなく，その行為がその結果をもたらすことを偶然に発見した訳ではない。

どちらの文章も分かりやすく，少年非行や児童教育を議論する際の助けになりそうである。しかしそこには罠がある。これらの作品における主人公は，実

のところまったく人間ではないのである．この引用は，約75年前に出版されたロマネス（Romanes）の『動物の知能』の一節を少し改変した文章である．1つめの例は，すべての非行の典型例の行動を記述している——群れからはぐれた暴れゾウである．そして2つめの"子ども"はネコであった——おそらくは，動物が押し金を押すことを実際にはどのように学習するのかについて，それをソーンダイクに発見させる研究をもたらした素晴らしいネコであろう．

　行動の実験的分析は，行動についての常識的な話し方を放棄することの実践的かつ理論的価値を明確に示し，情動や知能の代替的説明がもつ利点を例示している．要するに，そうした説明をネコ，ラット，ハト，そしてサルに対して行ってきた．しかしこうした成功は，人間行動の領域へはゆっくりとしか及んでいない——その理由は，ヒトは根本的に異なるのだという考えではもはやなく，それは一部には，科学者自身が人類という種の一員であるが故に，代わりの分析法が利用できそうだと感じてしまうためである．しかし，自己観察の結果として得られる特別な知識は，種の連続性の考え方を損なうことなく定式化を与えることができる．実験方法は，まず他者（*the Other One*）の行動に適用することができ，そしてその後にだけ，科学者自身の行動の分析にも適用することができる．この実践のもつ価値は，そこからもたらされる説明の一貫性と，結果として生じる技術的制御の有効性によって示される．

　伝統的な概念のもつ強みを説明するのは難しいことではない．人間行動について語る者の多くは，素人に対してそれを話すのであり，使用する言葉を聴衆に上手く合わせる必要がある．素人語彙は，言語の深い領域からの力を即座に得ることもできる．私たちの法律体系はそれに根ざしており，思想文芸もそこに含まれている．さらには，それがもたらされた哲学体系を若返らせるための努力も時折注がれる．アリストテレスは，トマス・アクィナスを通じて，依然として行動の学徒に対してものを言う．今日において，アリストテレスの心理学がほとんど修正されていないまま真面目に擁護されているという歴然たる事実は，私たちの理解を前進させる営みがいかにわずかしか為されてこなかったのかを示している．アリストテレスの物理学，化学，生物学はそうした長命を享受してはいない．私たちはギリシャ科学のこの唯一の生き残りの早期終焉を待ち望んでいる．

行動に関する素人の語彙への回帰を正当化することはできない。これは動機づけ，能力，あるいは目標への到達可能性の問題である。これらはすべて，行動の科学的説明に向けての長期的な成果に対して不適切である。簡易な議論によって，多くの差し迫ったニーズが最も容易に満足されることは間違いない。しかしながら，私たちは，長期的な視点からの人間行動の効果的な理解というものをまさに必要としている。そうすれば，引用した例にあるように，男性や女性が年老いていく中で起こる変化の性質を知り，その変化に対処するのに最も好都合な立場に立つことができるだろう。その理解へと到達するためには，常識的な議論から現れる間に合わせの改善策の限界を認識するとともに，極めて複雑な技術を伴うであろう実験や難解な用語で表現されるであろう理論的な措置に喜んで頼る必要がある。

結論

私たちは，人間行動の科学の発展における4つの「幕間劇」を簡単に見てきた。現実の人，数理的な人，内なる人，そして日常場面の素人である——その魅力を過小評価するのは誤りであろう。それらは一緒になって手強い競争相手の集団を構成し，それと競い合うための実験個体（Experimental Organizm）の育成は絶望的な企てに見えるかもしれない[13]。しかしそこにはチャンスがある。長期的に見れば，行動研究に従事する者にとって本当の意味での最大の強化をそれは与える。すでに実験室から飛び去ってしまった多くの者たちにこの事実が何かしらの影響を与えるのかどうかは疑わしい。しかし私はそうした者たちに語っているのではない。ウィリアム・ジェームズの1つの話がここでは的を得ている。人気講演者であったジェームズは，ある日，ボストン郊外の女性文学会で講演の予定が入っていることを思い出した。彼はその約束を守るために，自分の机の手元にあった最初の講演録を手にして出発した。それはたまたま彼がラドクリフ大学[14]の授業用に用意したものであった。しかしそれとは対照的

---

13 現実の人（Real Men），数理的な人（Mathematical Men），内なる人（Inner Men）日常場面の素人（Everyday Men）と対比させて実験個体（Experimental Organism）としている。
14 マサチューセッツ州ケンブリッジ市に存在していた女子大学。

第9章　実験室からの飛び去り

に，講演の聴衆はニューイングランド在住の年配の婦人方で構成されていた。ジェームズはその原稿を読みつつも，おそらくは別のことを考えていたのであろう。そして彼に恐怖が訪れたのは，彼自身が次のように話しているのが聞こえた時であった"……そういうわけで，うら若きお嬢さま方……"。彼は無数の驚きの表情に直面し，そして次のように口走ってしまった——この心理学者のプラグマティズムのテストにはまったくもって不合格であるが——[15] "この講演は全く異なる聴衆向けに書かれたものであったことを説明すべきであった"と．

　私は「この」講演がどのような聴衆に向けて準備されたものなのかをもっと配慮しつつ述べてみたい．人間行動の効果的な科学というものに私たちはもう間近にまで迫っているのだという確信を私がどれほど強く抱こうとも，そしてそうした科学が意味することのすべてをもってしても，実験室から離れ，他の愉快な戯れへと飛び去ってしまった者たちの関心や熱意を取り戻すことができるとは思っていない．しかしながら，私の望みは，諸君の幾人かはまだそちらの方に傾倒していないということにある．どのような経験科学も最後には理論的な定式化を導くという意味での適切な行動理論の可能性と，そしてそれが併せ持つ巨大な技術的将来性は，諸君の天秤を傾けるのに十分ではないだろうか．もし君達の幾人かがそうなるのであれば，初期の心理学を特徴づけた活気，熱意，そして生産性を回復させてくれることをそれらの者達に期待しよう．

　私たちはSFが現実のものとなる時代に生きている．人工衛星のスリリングな光景は，私たちの目を宇宙へと向けさせた．私たちがそこで何を見つけるのかは時のみぞ知ることである．一方で私たちは，地球の表面上ではるかに重要な問題に直面している．その可能な解決策は，別の種類のSFの精神の中にある．それはつまり，人間性は環境によって決定され，環境を変えられるのであれば人間の本質も変えることができるという基本的立場に立つ，18世紀の完全主義的なユートピア思想である．人工衛星や月へのロケットのように，これはかつては愚かな理想であった．しかし科学は息をのむような速さで前進している．私たちは近い将来，人間が今後生きる世界を設計するようになるかもし

15　ジェームズはプラグマティズムの提唱者の1人である．

れない。しかしそれはどのように設計され，そして何を目ざせば良いのだろうか？　これらは困難な問題であり，人間についての有効な科学だけが答えを与えてくれる。科学の方法はもはや言語による擁護を必要とはしない。弁証法で地球の周りに月を回らせることはできない。人間行動への適用においては，この科学の方法がよりスリリングな成果を約束するだろう。そうした展望が，今後の実験心理学の動向を決めることになると私は今なお信じている。

訳者解説

　本稿は，1958年1月（スキナーは当時53歳）にピッツバーグ州立大学にて行われたシンポジウムの講演録として執筆されたものである。剰余変数の統制が為された環境下での行動の実験的分析を進め，人間行動の科学的理解に資することこそ心理学者の本分であることを力強く説いている。そしてそうしたメッセージは，この講演までの10年間の動向を見るに，"現実の人，数理的な人，内なる人，そして日常場面の素人" へと飛び去った心理学者らに影響を与えることはもはやないであろうから，まだそれらに染まっていない若者へと向けたものであるとして締めくくられている。とはいえ，そうした飛び去りの原因となった強化随伴性が詳細に分析されている点は，そうした者たちにも実験室へと戻ってきて欲しいという願いが込められているように思われる。いずれにせよ，スキナーが行動の実験的分析の重要性を示すデータを出し続け，そしてその方向性の正しさをいくら訴えかけようとも，多くの心理学徒が他の分野へと進んでしまうことへの無念さを垣間見ることができる論文である。

　スキナーの当時の状況は次の通りであった。1948年に母校であるハーバード大学に教員として戻った後，1950年に発表した『学習理論は必要か？』（本書の第6章を参照）において，ハルやトールマンを中心とした理論主導型の学習研究を批判した。そして代わりに，規則性・信頼性の高いデータを生み出し続けるオペラント箱と累積記録器を用いて，オペラント条件づけの探索的・網羅的研究を実践することこそが，当時の学習研究のなすべき課題であると位置づけた。実際に，この年にコロンビア大学で博士号を取得予定であったC. B. ファースターを研究員として迎え，強化スケジュールの探索的・網羅的研究を開始した。その結実が大著『強化スケジュール（『Schedules of reinforcement』)』(Ferster & Skinner, 1957/1997) である．また，この間に『科学と人間行動（『*Science and human behavior*』)』(Skinner, 1953) や『言語行動（『*Verbal behavior*』)』(Skinner, 1957) を発表し，行動の実験的分析の成果をいよいよ人間行動全般へと広げていこうという態勢も整えつつあった．本稿の文章からは，そうした大きな将来性への期待も伝わってくる．

　スキナーは1938年に『個体の行動（『*The behavior of organisms*』)』を出版した．そこでは，個体の行動の実験的分析から得られた規則的なデータが収集・整理され，また得られたデータの理論的分析がなされている．本稿は，そうした研究実践が自身にとっては大いに強化的であったにも関わらず（Skinner, 1956．本書の第2章を参照），なぜ多くの心理学者が同じ道へと進まないかの理由を探るべく，その強化随伴性が分析されている．なおこの構成は，知識（knowledge）とは知ること（knowing）というオペラント反応の一種であり，これより科学とは科学者による知る行動の集積なのだという徹底的行動主義の知識論・認識論が反映されたものとなっている．

　まず分析されているのは，行動の実験的分析のもつ強化子としての機能を阻害してしまう要因である．それは主に統計学である．個体の行動の徹底した因果分析，そして規則性・信頼性の高いデータを得るための研究方法の精緻化・洗練化をおろそかにしたまま，多数のサンプルと柔軟性のない実験計画法に基づく統計学を頼りとする力業によって，あたかも何がしかの結果が得られたかのように見せてしまう．"疑わしいデータから有意な何かを絞り出すことが，その実験を中止して新たな実験を再スタートさせるという，より有益な一歩をくじいてしまう"．こうした実践は，研究者を"科学方法論というレッテルを張られたロボット"にして"科学者として行動する機会"を失わせ，日々の研究そのものが有する自動強化の機能を遠ざけてしまう．また，研究結果という"究極の強化子"についても，それを得るまでの"何週間ものルーティン作業"という"強化遅延"が伴うものとなる．こうした強化随伴性が"実験室からの飛び去り"をもたらしてしまうと分析されている．

　そしてスキナーは，"代替となる研究方法を指摘することで［実験室からの飛び去りを］くい止めることができる"と考える．すなわち，シングルケースデザインに基づき，個体レベルの行動において規則性・信頼性のある変化をもた

らす制御変数を探っていく研究方法である．これはたとえば次のようなものであろう．当初はABAデザインを計画し，A期のベースラインの後にB期を導入したが，大きな効果が得られなかったとする．そこで計画を変更し，C期やD期という形で新たな変数を導入し，効果が得られる変数を柔軟に探っていく．そして，たとえばD期において目視のみでも明らかなくらいの効果が得られたのならば，その後にA期を導入し，ABCDAデザインとして完結させる．この最後のA期を再度ベースラインとし，D期，A期と続けるADAデザインによりD期の効果を再現すればより完璧である．最終的なデザインとしてはABCDADAということになる．こうした研究方法では，日々の実験結果に基づく実験条件の柔軟な変更といった形で"知る行動"の自動的な強化子が保証され，また，数個体ではあるが高いレベルでの行動制御の達成という強化子も得られることになる．"もし，すべての心理学者が統計学の講座の受講を求められるのであれば，実験室実践についてもまた精通するようにすべきである…特に若い心理学者は，大きな群ではなく，個別の個体を用いた研究法を学ぶべきである"．こうして若いうちに行動の実験的分析から得られる強化子に触れる機会を作ることで，"実験心理学を本来の活気あふれる優良な状態へと回復させることができる"と述べている．

　本稿では，続いて，実験室からの逃亡先として4つの分野が挙げられ，その行動をもたらすに至った強化随伴性も分析されている．1つめは"現実の人"である．その強化子として挙げられているのは，人間そのものに興味があるという好奇心や，現実の人の役に立ちたいといった考えである．これに対しては，"人間行動の科学的理解へのごくわずかな貢献でさえ，多大な潜在的効果をもつのだということに気づかなければならない"として，基礎科学は結局のところはより多くの人々を救う可能性があるという点を訴えている．2つめは"数理的な人"である．その強化子は，行動データそのものがあまりにもばらつく一方で，そうしたばらつきを示すことのない"理想的な実験個体"としての数理モデルである．これに対しては，"適切な方法が整然としたデータをもたらし"として，オペラント箱を用いた研究方法ならばそうしたデータのばらつきから解放されると述べている．3つめは"内なる人"である．その強化子については明記されていないが，"人間行動はいまだ精神的もしくは生理的な過程

によって議論されるのが最も一般的である"として，これは社会的な随伴性によるものであることが示唆されている．これに対しては，"行動はそれ自体が主題として認められうるものであり，そして認められた方法によって，還元的な説明の視点を持たずとも研究できるということをはっきりと示さなければならない"として，行動そのものが興味深く，また科学的探究に耐えうるような規則性・信頼性を有することに気づく必要があると述べている．4つめは"日常場面の素人"である．その強化子は，"実践的な問題に取り組みたいという望み"や，"多くの差し迫ったニーズが最も容易に満足される"といったことである．またこの方向性が正しいと感じてしまう1つの理由として，"科学者自身が人類という種の一員であるが故に，代わりの分析法が利用できそうだと感じてしまう…自己観察の結果として得られる特別な知識"として，内観に基づく共感的な理解ということの影響を示唆している．これに対しては，"常識的な議論から現れる間に合わせの改善策の限界を認識するとともに，極めて複雑な技術を伴うであろう実験や難解な用語で表現されるであろう理論的な措置というものに喜んで頼る必要がある"と述べている．

　本稿のもととなった講演が行われた1958年には，ハーバード大学においてスキナーの後任となるハーンスタイン（Herrnstein, R. J.）が着任した（Baum, 1994）．そしてこのスキナーとハーンスタインのもとで多くの優秀な実験的行動分析家が輩出された（当該研究室のそうそうたるメンバーについてはBaum, 2002にまとめられている）．*Journal of the Experimental Analysis of Behavior*誌のHarvard Pigeon Labの特集号（2002年，77巻3号）では，本稿で述べられた行動の実験的分析に強化され，その後その道へと進んだ人物たちのエッセイがまとめられている（Lattal, 2002）．研究行動そのものが強化され，研究結果からも強化され，そして高度な応用展開の可能性（応用行動分析や行動薬理学など）からも強化される．本稿は，研究者としての「心意気」といったものを説くのではなく，研究者を取り巻く強化随伴性の設計こそが重要だとする，まさに徹底的行動主義者としてのスキナーの論文となっている．

引用文献

Baum, W. M. (1994). Richard J. Herrnstein, a Memoir. *The Behavior Analyst, 17,* 203-206.

Baum, W. M. (2002). The Harvard pigeon lab under Herrnstein. *Journal of the Experimental Analysis of Behavior, 77*, 347-355.

Ferster, C. B., & Skinner, B. F. (1997). *Schedules of reinforcement.* (*B. F. Skinner Foundation Reprint Series*). Cambridge, MA: B. F. Skinner Foundation. (Original work published 1957)

Lattal, K. A. (2002). A tribute to the Harvard Pigeon Lab, 1948-1998. *Journal of the Experimental Analysis of Behavior, 77*, 301.

Skinner, B. F. (1950). Are theories of learning necessary? *Psychological Review, 57*, 193-216.

Skinner, B. F. (1953). *Science and human behavior.* New York: MacMillan.

Skinner, B. F. (1956). A case history in scientific method. *American Psychologist, 11*, 221-233.

Skinner, B. F. (1957). *Verbal behavior.* New York: Appleton-Century-Crofts.

Skinner, B. F. (1991). *The behavior of organisms: an experimental analysis.* (*B. F. Skinner Foundation Reprint Series*). Cambridge, MA: B. F. Skinner Foundation. (Original work published 1938).

第10章　行動の科学としての心理学に一体何が起こったのか？[1,2]

摘　要

　ジェニングスとジャック・ローブによる下等な動物個体についての研究は，科学の哲学への論理実証主義的な接近と相俟って，行動を心的もしくは神経的な内的過程の効果としてでなく，真に重要な1つの主題として説明するための初期の努力に貢献した。実験行動分析学はそうしたプログラムの一例である。しかし心理学は主に内的な決定因をさがすことに留まってきた。行動の一科学としての心理学が歩む道にある3つの障害物——人間性心理学，援助専門職，そして認知心理学が，その理由を説明しているようにみえる。科学として，また技術の基礎としての心理学に及ぼす，それらの不幸な効果のいくつかについて論評する。

　人間の行動ほど身近にあるものはめったにない。私たちはいつも少なくとも1人の行動している人の存在のもとにある。私たち自身の行動であろうが，毎日見ている人の行動であろうが，はたまた世界で一般に起こっていることに責

1　This material originally appeared in English as Skinner, B. F. (1987). Whatever happened to psychology as the science of behavior? *American Psychologist, 42*, 780-786. Copyright © 1987 by American Psychological Association. Translated and reproduced with permission. American Psychological Association is not responsible for the accuracy of this translation. This translation cannot be reproduced or distributed further without prior written permission.

2　原文では Margaret E. Vaughan と Julie S. Vargas への謝辞ならびに連絡先が注として別ページに載っている。

任のある人の行動であろうが,行動よりも重要なものはないであろう。それにもかかわらず行動は,私たちが最もよく理解しているものでは確かにない。仮に行動はことによれば科学的分析にこれまで付託されてきた最も困難な主題であるとしても,他の諸科学であれほど生産的であってきた装置や方法でほとんど何もなされてこなかったことは,いまだに困惑することである。おそらく間違っているのは,行動がめったに真に重要な主題として考えられてこなかったということなのだが,それよりもむしろ行動は,行動している人の内側で起こっているもっと重要なことの単なる表現,もしくは症状として見られてきたことなのである。

ホメロス風の[3]ギリシャ人は,自分たちこそがまさにその器官を知っていると考えた。「thumos」もしくは心臓は,そういう器官の1つで,命に係わる器官であった(この器官が止まれば,その人は死ぬ)が,ギリシャ人にとってその器官は,空腹,喜び,恐れ,意志,思考といったものの所在場所でもあった。たとえば何かについて未決定であることは,分離した「thumos」を持つことであった。今,私たちはそのことを笑うかもしれないが,同じような物事を私たち自身に対して,多く行っている。ここに「*Webster's Third New International Dictionary*」(1981)での「heart」という単語の定義のいくつかがある。「全体的なパーソナリティ」("心の深淵 deep in one's heart"),「知性」("心で何かを知る knowing something by heart"),「性格」("人の心をのぞき込む look into the heart of a person"),「同情」("親切にする have a heart"),「気分」("沈んだ心 a heavy heart"),「持論」("気が変わる a change of heart"),「感情」("失意 a broken heart"),「好意」("喜んで with all my heart"),「勇気」("強い心 a stout heart"),「好み」("心にかなった人 a man after one's own heart")。もちろん,これらは本当の心臓を意味していないが,ギリシャ人たちもそうは意味しなかっただろう。重要な点は彼らと同じように,現代の私たちもその人がなすことを説明するためにその人の内部にある何かに訴えるということである。

解剖学者ガレノスが人間の解剖,特に脳と,感覚器および筋肉とをつなぐ神経線維を大変詳細に記述した時,当時のギリシャ人が[身体の中で最も重要な

---

3 ホメロスがイリアッドやオデッセイ等で登場させた特定の。

器官は心臓であると言っていたのは］間違っていたことは明らかだった。ギリシャ人は脳と言うべきだった。脳と神経線維が後に反射と呼ばれる行動の種類をどのように説明しうるかを示したのは，デカルトであった。刺激という概念は外的原因を示唆していたにもかかわらず，内的な原因の探求は止まなかった。19世紀中から20世紀初頭にかけて，反射は生理学者によって研究された。シェリントン（Sherrington, 1906）の本は，『*The Integrative Action of the Nervous System*』と題され，そして，パヴロフ（Pavlov, 1927）の本の副題は『*The Physiological Activity of the Cerebral Cortex*』であった。

多くの種類の行動について理にかなう器官を見出すことが難しかったのはもちろんであり，プラトンらはその試みをあきらめた。［それに対し］思索はより自由にできるものだった。たとえば私たちは自分たちが，今見ている対象を見ていると考えるが，私たちはその対象の内的な複製（copy）だけを見ているに違いないと言われた。なぜなら自分たちの目を閉じたときでさえ，それを見ることができ，あまつさえその後，記憶からそれを呼び戻すことができるからである。さらに言えば，行動する前に，行動することについてただ単に考えることもできる。つまり意図，期待，あるいは観念を持つことができ，それらについてはそれ以上何もしないでいられる。要するに，身体内部のどこかに異なる種類の材料でできた別の人物がいるように見えた。2500年の間，哲学者と心理学者はこの材料の性質について論じてきたが，私たちの現在の目的のためには，1855年の*Punch*誌に載った有名な却下（dismissal）を受け入れればよいだろう。

　　　物質とは何か？——決して心ではない。（What is matter?—Never mind.）[4]
　　　心とは何か？——物質ではない。（What is mind?—No matter.）[5]
　　　　　　　　　　　　　　　　　　　　　（Bartlett（1968, p. 810A）からの引用）[6]

---

[4]　この文はそれぞれ「何が問題だ？——気にするな」とも読める。
[5]　「物質ではない」は「どうでもいい」とも読める。
[6]　このやりとりの原典には様々なものが挙げられている。

心もしくは物質とは，人がなしたことを決定する，その人の「内部」にある何かであった。

初期の行動主義

　これらの内的原因について，進化理論は異なった問いを投げかけた。ヒト以外の動物は反射や器官を有していたが，これらの動物は心を持っていたのか？種の連続性に傾倒していたダーウィンは，その問いにイエスと答えた[7]。そしてダーウィンと同時期の人々は彼が正しいということを証明しているかのように見える例を引っ張ってくることもできた。これらの例は別のやり方でも説明しえたものだと反対したのはロイド・モーガン（Lloyd Morgan）であり，避けることのできない次の段階へと進んで，同じことはヒトという動物でも言いうることだと強く主張したのはワトソンであった。ここに行動主義の初期の形態が生まれたのだった。

　しかし内的な原因への偏愛は生き残った。おそらくその時代の過度に心理主義的な心理学に対する応答として，初期の行動主義の中心問題は，意識の存在であった。感じていることおよび心の状態へと伝統的に帰属させたすべてについて，動物ができる，もしくはできない，のどちらかを示すように実験は計画された。仮に動物ができなかったとしたら，ある心的な［生としての］営み（life）のようなものが認識されなければならないだろう。おそらくワトソンは最初に本能を研究したので，感じていることおよび心の状態を，習慣で置き換えた。彼は行動以外のものでは本能や習慣の存在を表すとはいえないと本気で言っていたようであるが，その後条件反射に向かったし，彼の仲間のラシュレーは神経系の中へともっと進んでいった。後に，トールマンは有機体に目的を復活させ，さらに後には認知地図と認知仮説を組み込んだ。クラーク・ハルは内的過程の精巧なシステムを構築し，たとえば"求心的神経相互作用"といった中で，このシステムは生理学的色彩を強めるものとなった。手短に言えば，

7　動物も心を持っていると言った。それを受けついだのがロマネス（G. J. Romanes）の擬人主義（anthropomorphism）である。モーガンは，その擬人主義に対してモーガンの公準で反対した。

第10章　行動の科学としての心理学に一体何が起こったのか？　　　271

ホメロス風のギリシャ人から3000年経った後でも，心理主義的および行動主義的心理学者はその行動の説明のために，前と同じように個体の内部をいまだに見ているのであった。そのようにしているという習慣が心に深く植え付けられたものに違いなかったと言うこと自体が，［この類(たぐい)の］もう1つの例を挙げることになっているだろう。

徹底的行動主義

　研究された個体があまりに小さく，またその行動があまりに単純すぎて，内部から発動する過程を示唆できないときに，行動はそれ自身が主題としてまず受け入れられてきたように見える。H. S. ジェニングス（Jennings, 1906）の「*The Behavior of the Lower Organisms*」はもちろん偉大な古典であるが，さらに重要なのはジャック・ローブの研究と理論であった。ローブは向性について系統的に論述し，"強制運動" について強調することで，内的説明を使わないで済ませることとなった。研究すべきものは "全体としての個体"（Loeb, 1916）の行動であった（ローブの貢献についての優れた解説はPauly（1987）を参照）。そしてこのことは，より大きな個体についても同じように言えた。

　等しく重要なのは科学の哲学における新しい発展であった。概念は，それらがそこから推論される操作によって，より注意深く定義されるようになった。特に「*Science of Mechanics*」（Mach, 1915）を著したエルンスト・マッハは重要な人物であった。後にP. W. ブリッジマン（Bridgman, 1927）は，その「*Logic of Modern Physics*」の中で同じようなやり方をとった。儲けんがための粗悪本として書かれたといわれる「*Philosophy*」（Russell, 1927）において，バートランド・ラッセルは論理実証主義者に何年も先んじ，多くの心理学的過程を "行動主義的に考察した"（行動主義と論理実証主義についての完全な議論はSmith（1986）をみよ）。自分の学位論文である "The Concept of the Reflex in the Description of Behavior"（Skinner, 1931）はこの伝統に乗ったものであった。反射は個体の内部で起こった何かではない，と私は論じた。反射は行動の法則であったのである。私たちが実際に観察したすべては，ある反応はある刺激の関数であるということだった。同様にある反応は，条件づけ，動機づけ，情動といった領域においても複数の［刺激という］変数の関数でもありえたのであ

った。しかしこれら変数もまた同様に個体の外側にあったのである。私はそれらを"第3の変数"と呼んだが，トールマンは後にそれらを内部へと戻し，"仲介[8]"と呼んだ。

　条件反射にしろ，無条件反射にしろ，これら反射はより複雑な個体の行動のごく小さな一部であったために，[上述した]自分の論文の場合は扱いやすかった。しかし同時に行っていた研究は，もっと大きな到達範囲を持っていた。つまり環境は行動を引き起こしただけでなく，行動をも淘汰した。実際，後続事象は先行事象よりもずっと重要そうに見えた。もちろんその役割はたとえば報酬や罰として長い間認識されてきた。その効果を最初に実験的に研究したのはソーンダイクであった。問題を解くいくつもの可能な方法が与えられると，ネコは正しくないやり方もしくは"間違い"が省かれて最終的には成功するやり方をとった。

　私は同じ過程を異なるやり方で研究した。パブロフが条件の統制を重要視したことに鼓舞されて，ソーンダイクのすべての"錯誤[9]"が，成功した反応が作られうる前に除去されていたことを確かめた。そして，[ある反応の学習には]たった1回の"強化的"な後続事象で十分であった。というのもその反応は即座に素早く繰り返されたからである。私はその過程を，オペラント条件づけと呼んだ。ソーンダイクは満足・不快を感じていることに自分の効果を帰属させ，それらはもちろん個体の内部にあるものであった。しかし，私は一回のオペラント強化子が[反応強度を]強める効果を，種の自然淘汰における生存価にまで辿った。

　私の実験設定，反応，後続事象についての最初の整置（アレンジメント）は実に簡単なものであった。しかし「*The Behavior of Organisms*」(Skinner, 1938) の中ではもっと複雑な"強化随伴性"の効果を報告した。さらにもっと精巧な随伴性は，世界中の実験室で50年以上にわたって研究され続けている。その研究の多くは，ヒトでも実行できるであろうより広い範囲の条件をカバーし，かつ，"言

8　媒介ともいう。
9　試行錯誤 trial-and-error 学習の錯誤。試して (trial) 間違える (error) という過程を経ての学習というのが本義であろう。

葉のもたらす汚染"を避けるべく，ヒト以外の動物でなされてきた。

　しかしこの汚染は，同様に研究もされてきた。言語行動は強化随伴性の，ある複数の特徴において非言語（nonverbal）行動とは異なっている。私たちが忠告，ルール（規則），あるいは法と呼ぶ言語刺激は，強化随伴性を記述したり，それとなく言及したりする。忠告されてきた，あるいはルールや法に従っている人々は，2つの大変異なる理由のどちらかのために行動する。つまりそうした人々の行動は，その後続事象によって直接強化されるか，または随伴性の記述に対して反応している。人々が記述にどのように反応し，なぜ反応するのかは，強化の言語的随伴性を分析することで同様に説明されるに違いない。

　言語的随伴性のより良い理解は，心理学における2つの重要な領域を，オペラント分析の範囲内に同じように持ち込んできた。1つは自己観察（self-observation）である。その分析は"意識を無視する"ことでも，意識を行動科学に呼び戻すことでもない。つまり，強化の言語的随伴性が「私的（private）」事象を，内観と呼ばれる行動の制御に持ってくる，そのやり方を単に分析することである。何をしてきたのか，何をしているのか，何をしようとしているのか，そしてそれはなぜか，について私たちが問われるときにのみ，私たちは自分たちの行動やその制御変数を観察したり思い出したりする何らかの理由を持つのである。ヒトでもヒト以外でも，すべての行動は無意識的である。つまり言語環境が自己観察に必要な随伴性を提供するときに，行動は"意識的"になるのである（もちろん"意識的"あるいは"無意識的"なのはその人であって，その行動ではない）。もう1つの言語的随伴性は，自己管理（self-management）もしくは考えること（thinking）と呼ばれる行動を生み出し，その中で，随伴性（実際の問題解決をする場合のように）もしくはルール（"推論"するときのように）のどちらかを操作することで問題は解かれるのである。

　こうしたことのほとんどは現在までのところ単なる解釈に過ぎないが，そうしたことは通常の科学的実践でもある。天文学者は外宇宙から地球に到達する波動や粒子を，たとえば高エネルギー物理学での実験室における制御可能な条件のもとで学んできたことを用いて解釈する。同様な方法で私たちは実験的分析から学んできたことを用いて，少なくとも現時点で実験的制御下に持ってくることができない行動，非顕現的（covert）行動や日常生活で普段，観察され

る行動を説明する。

　内的な説明上の作用因に対してこれまでのように拘泥することが，行動を細かい断片にしてしまった。たとえば心理物理学者は刺激の効果を研究するが，それら効果が内的作用因によっておそらく請け負われているであろう点までだけに［研究の範囲は］留まっている。心理言語学者は子どもがある時期を通じて話す単語数や文の長さにおける変化を記録するが，通常，同じ単語や文を聞いた時に何が起きたのか，それらを話した時にどんな後続事象が伴ったかの記録は取っていない。心理学者は被験者に無意味綴りを記憶したり思い出したりするように求めることで言語学習を研究するが，「無意味」という単語は，行動を制御する変数のすべてに心理学者は興味があるわけではないということを明確にしている。何らかの形で内的実体や過程が，開始もしくは終了の場所としての役割を果たしている。ちょっとした感覚が1人の心理学者によって，ちょっとした行動が別の心理学者によって，そしてちょっとした変容がまた別の心理学者によって研究される。実験行動分析学はハンプティ・ダンプティ[10]を比較的完全な複数のエピソードを研究することで，つまりそれぞれ強化の履歴，現在の環境設定，反応，そして強化の後続事象を研究することで，再び組み上げようとする。

　事実の多くと原理のいくつかでさえも，——それらは何かほかのものを発見していると考えていたであろう時の心理学者が発見してきた——有用なものである。たとえば反応と刺激が，心的世界と物理的世界の間の数学的関係を示していることに同意しなくとも，心理物理学者が刺激に対する反応について話すことを受け入れることができる。認知心理学の被験者が情報を処理し表象やルールを貯蔵していることを信じていなくても，認知心理学者によって報告される多くの事実を受け入れることができる。被験者が"主観的に期待効用を評価している"と信じなくても，強化随伴性の記述に対して彼らが反応するときに起こっていることを受け入れることができる。

　そうした行動の分析と生理学との間の関係には問題がない。それらの科学の

10　ハンプティ・ダンプティは童謡において塀に座っていて落ちてしまい（ばらばらに壊れてしまうという例もある），元に戻そうとするが戻せなかったとある。

各々は，行動的エピソードの部分に合った，実験装置と方法を持っている。行動的説明においては，避けることができない溝がある。たとえば刺激と反応とは時間と空間において隔てられている別々のものであるが，そうであるために，ある日の強化はその翌日のより高い強度の行動を伴う。この溝は，生理学の装置と方法によってのみ埋められ，内観によっては埋めることができない。なぜなら内観［の語る世界］には脳の適正な部分へと向かう何の感覚神経も存在しないからである。

　半世紀以上の間，環境的変数の関数としての行動の実験的分析と，全世界における行動の解釈とその変容におけるこの分析の利用は，伝統的心理学のすべての領域へと到達していった。しかしそれらは心理学とは「なら」なかった。問題はなぜそうならなかったのかである。おそらく行動の実験的分析の進路に立ちはだかった，3つの厄介な障害物を見ていくことでその答えを見つけられるだろう。

障害物その1：人間性心理学

　多くの人々は行動的分析が意味する結果に不安感を見出す。これまで踏襲されてきた個体と環境との作用の方向が逆転されたように見えるのである。個体が見る，注意する，知覚する，"処理する"，あるいは刺激に対してほかのやり方で働きかける，ということの代わりに，オペラント分析では，刺激は強化随伴性の中で果たすその役割を通じて，行動の制御を獲得するという考え方を持っている。また個体は，自身が曝され，後に検索されて再び反応するという随伴性についての複製を貯蔵する代わりに，それら随伴性によって変容され，後に変容した個体として反応すると言う。つまり，その随伴性は履歴へと移行してきたのである。以前はある内的で始発的な作用因に割り当てられていた制御を，環境が奪取したのである。

　長い間称賛されてきた人間行動のいくつかの特徴は，この時に脅かされる。進化理論の先例に従って，オペラント分析は［神の］創造を［行動の］変動性[11]と［環境による］淘汰に置き換えた。そこには創造的な心や計画，あるいは目

11　進化理論でいう変異に対応。

的や目標志向性は，もはや何ら必要ない。ちょうど環境にその種が適応できた「ために」，種に特異的な行動は進化したのではなく，それが適応した「その時に」，種特異的行動は進化したと言うように，私たちは，オペラント行動は個体が環境に対して順応できる「ために」，強化によって強められるのではなく，個体が順応した「その時に」，オペラント行動は強められるのである（ここで"適応する (adapt)"も"順応する (adjust)"も"それに関して効果的に行動する"を意味する）と言う。

　［神のような］創造者を廃位することは，個人の自由（もしも環境が制御しているのならば私たちは自由でありうるのか？）や個人の価値（もしも自分たちの業績が状況の結果でしかないならば自分の手柄にはできないのか？）を脅かすように見える。その廃位は同様に，人々に自分たちの行為の責任を負わせている，倫理的，宗教的，統治的システムを脅かすように見える。非倫理的，非道徳的，非合法的行動が遺伝や個人的履歴のせいであるならば，だれが，そして何に責任があるのか。人間性心理学者はこういった線に沿って行動の科学を攻撃してきた。世俗的人本主義者[12]対して（彼らとは別の側の人本主義者と一緒になって）行う，創造説論者の攻撃のように，人間性心理学者は，教科書の内容や選択，教員や校長の任命，カリキュラム計画，ファンドの配分に対して，しばしば異議申し立てをしてきた。

障害物その2：心理療法

　［対人］援助専門職の［経験する］ある種の差し迫った事態は，行動の科学的分析の道における別の障害物である。心理療法家は自分たちのクライアントと話さなくてはならず，ごくまれな例外を除いて，日常生活で使う英語で話をする。この日常の英語は内的原因に言及するといった重荷を背負っており，"私は「空腹」だったから食べた"，"私はどうすればよいか「知っていた」から，それをすることができた"などがそれである。もちろん科学のすべての分野では，2つの言語を持つ傾向がある。科学者はただの知り合いの人とある言語で話し，別の言語で研究仲間とも話す。心理学といった比較的若い科学では，そ

---

[12] 超自然的存在を否定し理性，倫理，正義を信奉する科学的人本主義に立つ人。

の領域特有の言葉の使用が正しいかどうかを問われているだろう。いかにたびたび行動主義者は，"あなたは今'考えが心に思い浮かんだ（it crossed my mind）'と言ったね。私が思うに［行動主義者にとって］心はないんじゃなかったっけ"と聞いてきただろうか。"その机は堅いオーク材でできている"と物理学者が言ったら，"しかし物質はほとんど空虚な空間であるとあなたは言ったと思ったのだが"と抗うことで誰かが異議を申し立てたというように，それは昔からのものである。

　心理学におけるこの2つの言語は，ある特別な問題を引き起こす。お腹がすいているとき，あるいは何かをどうするのかを知っているとき，感じているものは自分たちの身体の状態である。私たちは身体の状態を観察するかなり上手なやり方を持ってはいないし，それらを観察することを教えてくれる人たちは，普通，まったくどんなやり方も持ちあわせていない。たとえば私たちが"お腹がすいている"と言うことは，私たちがある時間食べていなかったということだけをおそらく知っていた人たちによって教わった（"あなたは昼ご飯を食べそこねた。それで「お腹がすいている」に違いない"），もしくは，私たちの行動についての何かを観察してきた人たちによって教わった（"あなたはがつがつ食べている。それで「お腹がすいている」に違いない"）。同様に"私は知っている"と言うことを，おそらく私たちが何かをすることを見ただけの人たちによって教わった（"おお，あなたはそれをどうするのかを「知って」いる！"），もしくは何かをどうやってするかを私たちに話し，その時に"まさに今，君は「知って」いるんだ"と言ってきた人たちによって教わった。困ったことには，私的状態はほとんどいつも，公的な証拠とはわずかにしか相関しないのである。

　それにもかかわらず，私的事象への言及はしばしば十分に有用であるほど正確である。仮に友達のために食事を準備しているとして，［その友達に］"最後に食べてからどのくらいたった？"とか"多分たくさん食べるよね？"とか尋ねようとはしない。単に，"お腹はどのくらい「すいて」いる？"と訊く。もしも友人が予約先に車で私たちを連れていくなら，"前にそこまで運転したことある？"とか"だれかあなたにそれはどこにあると話したことあった？"とかその友人に尋ねようとはしない。代わりに"それがどこにあるか「知って」いる？"と尋ねる。お腹がすいているとかどこに何かがあることを知っている

とかは，個人の履歴からもたらされた身体の状態であり，それらについて言われていることは，単にその履歴のうちの利用可能な形跡に過ぎないだろう。にもかかわらず，どのくらい人が食べるのかは遮断化の履歴に依存しているのであって，遮断化された身体がどのように感じているかには依らないし，人が任意の目的地に達するかは，以前にそこまで運転したかどうかや，そこにどう行ったらよいかを教わったかどうかに依存しているのであって，それらの結果の内観的形跡には依らないのである。

　心理臨床家は人々に何が起こってきたのか，そして彼らがどう感じるかを訊かねばならない。なぜならセラピストとクライアント間の機密保持の関係が，直接的な質問を阻むからである（ある人が憶えていることは実際に起こったことよりももっと重要かもしれないとしばしば論じられることがある。しかしそれが正しいのは，何か別のことが起きていて，その起きた事についての独立した証拠があることが，同じようにより良いというような場合だけである）。しかし感じていることや心の状態の報告の使用は，実用的な理由で正当化されえても，理論形成においてはそうした報告の使用には何の正当性もない。とはいえその魅力は絶大である。たとえば精神分析家は感じていることを専門に研究する。患者の若齢期を研究したり，家族，友人，仕事の同僚と共にいる患者を注意深く見たりする代わりに，精神分析家は何が起こったのか，どう患者がそれについて感じているのかを問う。［したがって］精神分析家がそこから，記憶，感じていること，心の状態によって理論を構築したり，環境事象による行動の分析が"深遠さ"に欠けると言い放ったりするのは，驚くに当たらない。

障害物その3：認知心理学
　心理学的文献の中で「認知」という単語の出現を表す曲線は，興味深いものであろう。最初の上昇はおそらく1960年あたりに見られるだろう。そしてそれ以降の加速は指数的となろう。こうした［認知的という］魅力的な形容詞をたまに出てくる名詞に付け加えることによって何かが得られるようには見えない，そんな心理学の領域が現在あるのだろうか？　この［認知の］人気の高さを説明することは難しくないだろう。私たちは心理学者になるとき，人間行動について語る新しいやり方を学習した。もしそうした方法が"行動主義的"で

あったならば，それは古い過去の［行動主義以前のアプローチで使われた心的説明のような］やり方では全くなかっただろう。古い用語はタブーであり，それらを使うと眉を顰められた。しかしある展開[13]が，その古い過去のやり方は結局正しかったのかもしれないと示しているように思われたとき，すべての人はリラックスできたのだろう。そして心が戻ってきた。

　情報理論はそれらの展開の1つであったし，コンピュータ技術はまた別の1つであった。厄介な問題は魔法のように消えたかのようであった。感覚と知覚の詳細な研究は，もはや必要とされなかった。その代わり，人は単に処理された情報について語るようになった。そこで行動を観察するための設定を構成する必要はもはやなくなった。代わりに単にその設定を記述できるようになった。人々が実際にしていたことを観察するよりも，人々がおそらくしようとしていたであろうことを単に尋ねることができるようになった。

　心理主義的な心理学者たちが，内観のこうした使用について気にかけているということは，知覚，感じ（feelings），観念，意図が"本当は"何であるかを自分たちに話してくれるよう脳科学に求めることで，自分たちは脳科学に頼っているといった，必死なあがきから来ていることは明らかである。そして脳科学者は，この課題を喜んで受け入れている。行動のあるエピソードの説明（たとえば，［個体の行動を］強化することである任意の刺激の制御下に個体をおく時に，何が起こっているのかを説明する）を完全にすることは，脳科学の現在の範囲を超えているだけではなく，心の性質についての魅力的な驚くべき新事実を欠いてもいるだろう。しかし心理学は助けを求めるために神経学に向かうことが危険であることを見出すだろう。ひとたびあなたにとっての重要な用語が実際に意味しているものを，別の科学が説明するようになる世界をあなたが語れば，あなたはさらにほかの科学が重要な仕事をしようとしていることを［先の］別の科学が決めるとしても，そうした世界を許さなくてはならなくなる。

　認知心理学者は"心とは脳がしていることである"と言いたいらしいが，身体の残りの部分がある役割を演じていることは確かである。心はその「身体」がしていることである。それはその「人」がしていることである。別の言葉で

13　認知革命。

いえば，それは行動であり，そのことは行動主義者たちが半世紀以上にわたって言ってきたことである．ある器官に焦点を当てることはホメロス風のギリシャ人［の列］に再び加わることである．

　認知心理学者と脳科学者は認知科学と呼ばれる新しい学問分野を形成してきた．それは大いに魅力的なものである．"Inside the Thinking Animal"(Restak, 1985) というタイトルの *New York Times* の書評の中の一枚のページから，私たちは次のようなことを学ぶ．つまり，心と脳との分離は，精神医学と神経学の分離によって表されるように，いまやはっきりとしたものではないとか，生化学は私たちに鬱について教えてくれるだろうとか，夢における情報は覚醒状態におけるものとは大変違って処理されているとか，認知神経科学者は友人の名前を忘れることを抑圧としてではなく記憶検索の故障として説明するとか，精神分析は神経科学における現在の発達の先駆者であったとか，量子物理学は心と脳との関係と実在の本質そのものを理解するための最も満足のいく答えを与えるとかである．実際，人がそのカロリーを計算するまでは，大変豪華な御馳走なのである．鬱として感じられた身体的状態は疑いもなく「最終的には」生化学者によって理解されるであろう（鬱は今や私たちが薬物と呼んでいる生化学物質で変容されている）．夢を見ることは疑いもなく覚醒している状態とは異なろうが，"情報"がいずれの状態においても"処理され"るかはいまだ疑問である．"忘れている"と"記憶を検索することに失敗している"との間に，後者の表現における無用な比喩を除くと，何か違いがあるのだろうか？　神経学は最終的には精神分析の精巧な"心的装置"を見出すということはありそうなのか？　そしてまた，現実それ自体をほうっておいていることはいうまでもなく，心―脳関係についての何か有用なことを言う前に，私たちは量子物理学を待たなくてはならないのだろうか？

　随伴性形成行動よりもルール支配行動を選好することは，認知心理学者が同様に人工知能を歓迎してきた際に伴っていた，ある熱心さを説明している．人工知能を示す人工個体はデカルトの反射説を生むきっかけとなった自動機械よりもずっと複雑であるが，するように言われたことだけを両者ともしている．その［機械の］振舞いの後続事象によって変容される，かなり単純なモデルがつくられてきたし，そうしたモデルは実際の個体とずっとよく似ている．しか

第10章　行動の科学としての心理学に一体何が起こったのか？　　281

し認知心理学者は古いルールから新しいルールを引き出すためのルールを含む，複数のルールに従うものをもともと好んでいる。論理学者や数学者は何世紀にもわたって後者の種類の［新ルールを引き出す］ルールを発見し，構成し，テストしてきた。機械がその仕事のいくつかをすることができ，携帯用計算器のように，それをずっと高速ですることはできる。数学者や論理学者はいかにそうした機械が働くかの極めて一貫した説明をかつて一度も与えてこなかったが，それは部分的には，自分たちの"思考過程"を発見しようとしていたからであった。もしも人工個体が論理学者や数学者がすること，あるいは彼らがしてきたこと以上のことさえ実行するようにデザインされうるならば，直観による数学的論理的思考は，いかにそれがあいまいであっても，単にルールに従っているということの，私たちが持っている最善の証拠となるであろう。そしてルールに従うというのは行動していることなのである。

損害と修復

　人間性心理学の非科学的姿勢，対人援助専門職の実践上の必要性，そして「心の王室」の認知的復古は，まさにそれらの本質によって，行動の科学としての心理学の定義に対抗して働いてきた。［このような動きは］おそらく何かより価値があるものが達成されたならば正当化されるだろうが，そんなことは起こったことがあったのだろうか？　心理学のより良い概念があるのだろうか？　心理学の文献から判断すると，大部分は互いに相いれない多くの概念，あるいはまったくはっきりとしない概念の両方がある。入門用の教科書は助けにならない。なぜかといえば，それら教科書が採用されることを念頭に置いて，著者たちは自分たちの主題を"行動「と」心的営みの科学"と呼び，関心のあるすべての領域が必ずカバーされるようにしているからである。大衆がメディアから学習することも，等しく分かりにくくなっている。

　急速に拡大している多数の事実や原理はあるのだろうか？　私たちの3つの障害物のうち，認知心理学だけは実験的科学としてそれ自身を提供している。認知心理学はある大喝采のうちに通常そうしているのだが，その約束は守られてきたのだろうか？　雑誌 *Psychology Today* がその15周年を祝ったときに，10人の心理学者がその時期になされた最も重要な発見を挙げるように求めら

れた。ニコラス・ウェイド（Nicolas Wade; Wade, 1982）は，10人のうち2人以上の意見が一致した心理学と適切に呼ばれうる業績はただの1つもなかったと指摘した。脳手術された人や脳に損傷のある人についての研究を引用している記憶についてのものと，記憶の検索の神経学的基礎についてのものを除けば，2年以上にわたり *Science* は心理学についてのただ1つの論文も公刊していない。あきらかに *Science* の編集者たちは，もはや心理学それ自体を科学的共同体の一員としてみなしてはいない。

　心理学はまた，強力な技術も発展させてこなかった。内的決定因が，効果を持った実際の行為の前に立ちはだかっている。*American Psychologist* の中の"Energy Conservation Behavior"についての論文（Costanzo, Archer, Aronson, & Pettigrew, 1986）は，"The Difficult Path From Information to Action[14]"という重要な副題をつけている。もしもあなたが"合理的で経済的な"道を取り，人々に，今，していることやその代わりにしたであろうことの後続事象について伝えても，人々は変わろうとはしない（そしてその正当な理由は，情報が十分でないとか，人々は他の助言を採用することが強化されない限り，助言を採用することはめったにないとか）。一方もしも，あなたが"態度変化"アプローチを採用しても，人々は同様に変わろうとはしない。態度はその存在を示すと言われる行動からの推測であり，直接接近可能なものではない。もしも私が自分の家で不必要な電灯や電気器具のスイッチを切るならば，私はエネルギーの節約に対して"ポジティブな態度"を持っていたからそうしたのではなく，そうすることがある種の強化的な後続事象をもたらしたからである。人々を，エネルギーを保存するように導くために，人は態度ではなく強化随伴性を変えなくてはならないのである。だれも"情報から実行への道"を踏み固めようとしてはならない，なぜなら実行とはその問題であり，随伴性はその解決だからである。

　自らの主題の有用な概念を与えることができないので，心理学は他の科学と良い関係を作ることができなかった。私たちが見てきたように，心理学は神経学者に［解の存在しない］不可能な課題を与え，内的決定因の探索は心理学が

14　情報から実行への困難な道。問題についての情報があっても解決に向けた実行に至らないこと。

遺伝学に与えることのできるどんな援助も不明瞭にしてきた。かつて形容詞"〜が可能な（able）"から名詞"能力（ability）"を作り出したために，今厄介なことになっている。王水は金を溶解する「能力」を持つ。しかし化学者は能力一般を探し求めることはなく，原子的分子的な過程を探すであろう。知能，統合失調症，非行などの遺伝性についての論争の多くは，説明的実体としての能力と性格特性の概念化に由来している。長寿は"遺伝的特性"であるが，それをある遺伝子のせいにしようとするよりも，遺伝学者は長寿に貢献する過程を見ていくだろう。行動の遺伝学は実験室での制御された条件下で，異なるやり方で行動する，種の成員同士を交配することによって，ずっと直接的に研究されうる。

　心理学は"行動科学"すなわち社会学，文化人類学，言語学，政治学，経済学にごくわずかの援助しか与えていない。それら行動科学は自身の専門用語を持っていたが，各領域を越えて——ただし功利主義，マルクス主義，精神分析などとの一時的な戯れを除いてだが——内的原因に言及するすべての場合にその専門用語を用いている。それらのデータは通常，心理学のデータ以上に客観的であったが，仮説的な説明がそれまでどおり派手に活躍している。

　こうした科学のすべての，現在で及ぶ範囲を越えたところに，それら科学のどれによっても，何事もなく放置することができない問題が横たわっている。すなわちこの世界の未来である。様々な理由ゆえに，先の"障害物"の3つすべては，世界の未来をおろそかにする特別な理由を持っていた。人間性心理学者は，未来の代わりに自由と価値について感じることを犠牲にしようとはしていない。認知心理学者が理論的目的のために，感じていることや心の状態へと転回し，心理療法家が実践的な目的のために同じように［そうした方向へ］転回している時，彼らは今ここを強調しているのである。それと対照的に行動変容は治療的よりもずっと予防的である。教示と療法の両方において，現在の強化子（しばしば人為的であるが）は学習者やクライアントが「未来において」有用であることが見出されるような行動を強めるように整置（アレンジ）されている。

　ガンディーが"私たちは何をすればよいのでしょうか？"と問われた時，次のように答えてきたといわれる。"あなたがこれまで会ったうちの最も貧しい人のことを考えなさい。そしてあなたがしようとすることが，その人にとって

何かためになることであるかどうかを問いなさい"しかし彼が意味していたのは，"あなたの援助なくしてはその貧しい人のようになってしまう，多くの人々にとってためになること"であったに違いない。飢えた人に食べ物を与え，裸の人に着るものを与えることは治療的な行為である。私たちは何が間違っていて，何がなされることが必要なのかをたやすく理解することができる。世界の農業が，何十億という人々——彼らのほとんどはまだ生まれてもいない——に食べ物を与え，着るものを与えなくてはならないという事実についての何かを知り，何かをなすことはずっと難しいことである。可能な未来を作っていける方法でどのように行動したらよいかを人々に「助言する」だけでは十分ではない。そうではなくて，そうするようなやり方で行動するための有効な理由が，人々に与えられなくてはならない。そしてそれは現在言うところの効果的な強化随伴性を意味しているのである。

　不幸にも，感じていることや心の状態への言及は，行動的な選択肢には通常欠けている，情動的なアピールをもっている。ここに1つの例がある。"もしも世界が保全されるならば，人々は残酷になることなく信念に満ち足りて，しかし真実に開かれ，自分たちを妨害するような人々を憎むことなく偉大な目的に元気づけられて，高貴になることを学ぶに違いない"。それは"元気づける"文章である。私たちは高貴さ，信念，真実，偉大な目的を好み，残酷さや憎悪を嫌う。しかし「そうする」ように私たちを元気づけるのは何なのか？　人々が残酷なやり方ではなく高貴なやり方で行動するように，そして他者の言葉を受け入れるがそれに疑問を持たないで決してそうはしないように，強化子として働くにはあまりに離れている後続事象を持っている事柄をするように，自分たちに反対する人々を攻撃することを控えるように，人々がそう行動するには何が変えられなくてはならないのだろうか。ブルータスよ，私たちが恵まれないのは私たちの運のせいでも「ないし，私たち自身のせいでもない」[15]。過ちは世界の中にある。その世界は私たちが作ってきた世界であり，もし種が生き

15　元となった文献は以下の通り。「人には自分の運命の主人となるときがある。ブルータスよ，こうなった責任はわれわれの運命にあるのではなくわれわれ自身にあるのだ，われわれが下積みになったのはな」シェイクスピアの『ジュリアス・シーザー』の第1幕第2場 http://james.3zoku.com/shakespeare/caesar/caesar1.2.html

残るには私たちが変えなくてはならない世界なのである．

　少なくとも2500年間にわたって哲学者と心理学者は，彼ら自身が行動する個体自身であったがゆえに，その行動の原因に接近する特権を持っていたという仮説に基づいて進んできた．しかし内観的に観察された何らかの，感じていることや心の状態は，心的用語あるいは物理的用語のどちらかで，すでに明瞭に同定されてきたのだろうか？　何らかの能力あるいは性格特性は，すべての人の満足につながることが統計的に確立されてきたのだろうか？　どのように不安が意図を変容するか，どのように記憶が決定を変えるのか，どのように知能は情動を変化させるか，などについて私たちは知っているのだろうか？　そして，もちろん，どのように心が身体に働きかけるか，身体が心に働きかけるかを，今だかつて誰かが説明してきたのだろうか？

　この種の問いは，これまで決して問われることはなかった．心理学はその接近可能な主題に自身を制約するべきであり，人間行動の物語についてのその残り[16]を生理学にたくすべきである．

引用文献

Bartlett, J. (Ed.). (1968). *Bartlett's farmiliar quotations*. Boston: Little, Brown.
Bridgman, P. W. (1928). *The logic of modern physics*. New York: Macmillan.
Costanzo, M., Archer, D., Aronson, E., & Pettigrew, T. (1986). Energy conservation behavior: The difficult path from information to action. *American Psychologist, 41*, 521-528.
Jennings, H. S. (1906). *The behavior of the lower organisms*. New York: Columbia University Press (Macmillan Co-agents).
Loeb, J. (1916). *The organism as a whole, from a physicochemical viewpoint*. New York: Putnam.
Mach, E. (1915). *Science of mechanics: A critical and historical account of its development*. Chicago: Open Court Publishing.
Pauly, P. J. (1987). *Controlling life: Jacques Loeb and the engineering ideal in biology*. New York: Oxford University Press.
Pavlov, I. P. (1927). *Conditioned reflexes: The physiological activity of the cerebral cortex*. London: Oxford University Press.
Restak, R. M. (1985, January 20). Inside the thinking animal. *New York Times Book Review*, Section 7, p. 1.

16　接近不可能な主題。

Russell, B. (1927). *Philosophy*. New York: Norton.
Sherrington, C. C. (1906). *Integrative action of the nervous system*. New Haven, CT: Yale University Press.
Skinner, B. F. (1931). The concept of the reflex in the description of behavior. *Journal of Genetic Psychology, 5*, 427-458.
Skinner, B. F. (1938). *The behavior of organisms*. New York: Appleton-Century-Crofts.
Smith, L. D. (1986). *Behaviorism and logical positivism*. California: Stanford University Press.
Wade, N. (1982, April 30). Smart apes or dumb? *New York Times*, p. 28.
Webster's third new international dictionary (1981). Springfield, MA: Merriam-Webster.

訳者解説

　スキナーの一貫した主張の1つに，内的原因で行動を語ってはならない，がある。本論文はそのような語りの歴史的過程を簡単にまとめたうえで，行動の科学的探究を阻害する3つの障害物を挙げ，それらに対する将来に向けての処方箋を述べようとするものである。

　内的原因としての「心」が行動の説明に使われる理由として，ある教科書では（1）コミュニケーションの道具としての「心」，（2）厄介な説明を省くための「心」，（3）直前の原因としての「心」，の3つを挙げている（坂上・井上, 2018, pp. 10-15)。

　第1の理由の前提となっているのは，言語共同体に長い歴史をかけて文化的に埋め込まれてきた「心」に関わる語彙や連語であり，これらを用いることで容易に他者とのコミュニケーションが成立することが納得感や共感につながっているとしている。おそらく，スキナーの論文でいう第1と2の障害物（人間性心理学と臨床的要件）がこれと関連している。

　第2の理由は，行動分析学における行動の原因，すなわち遺伝的資質，行動の履歴，そして現在の環境の随伴性の3つが，誰もが接近可能で探求可能な原因にもかかわらず，実際にそれらを行動に関係づけて明らかにしようとする作業は複雑で大変であるだけでなく，複数の要因が複合的に絡み合う場合もあるがゆえに，「心」という曖昧な言葉を使って，人々の想像力に寄り掛かるかたちで説明を簡略化することを意味している。これは第3の認知心理学を含めたすべての障害物に関連しているであろう。

直前の原因としての「心」という最後に挙げた理由は，心理学の成立からの歴史とその現在（スキナーのいう『「心の王室」の認知的復古』後の心理学）と深く関わるものであり，特に第3の障害物である認知心理学，あるいはその後継である認知神経科学の合理性を支えるものとなっている。「認知革命」を通じた「復権」によって，感じていることや考えていることが，直前の原因としての地位に返り咲いた。それゆえ坂上・井上（2018）は，この直前の原因としての「心」による説明にオペラントの考え方を対置させ，直前の原因がなくても生起する行動や，行動の直後の要因が行動変容につながる随伴性の存在が，「心（や脳）」による説明の代わりを十分果たせると指摘している。

　しかし，こうした内的要因による行動の説明が繰り返し否定され，また心理学の代表的な教科書にオペラント行動の存在が記述されて，学生たちがその事実を教授されてきていても，なお『「心の王室」の認知的復古』は持続し，依然として「心」をはじめとする行動の内的原因探しは続いている。行動分析学的に言えば，こうした行動の持続は強化されているからということになる。確かに第1の理由のコミュニケーションの道具という観点からは，科学を支える社会集団によって（特に資金を拠出する政府機関によって）強化されているのであろう。しかし何の成果も出していない「心理学」に対して財政的な援助が続いてきたとも思われない。翻訳者が考えるに，おそらくいろいろな場所で，たとえば臨床場面における認知行動療法のように，認知的理論と行動的理論のハイブリッドが出現し始めているのではないかと思われる。そしてその傾向は，脳神経科学や機械学習に心理学者が向かわなくなるほど，強くなっていくのであろう。それが正しいとするならば，行動分析学者はもっと，認知心理学が得意としている言語行動の研究に精を出す必要があろう。

引用文献

坂上貴之・井上雅彦（2018）．行動分析学――行動の科学的理解をめざして　有斐閣

索　引

■ア　行

アダムス（Adams）　102
アリストテレス（Aristotle）　259
イヴァノブ゠スモレンスキー（Ivanov-Smolensky）　101
意志　233
意識　204, 226, 233, 236, 273
異種見本合わせ　187
一元論　212
遺伝条件　222, 225
遺伝的資質　224
遺伝的要因　223, 226
遺伝的歴史　221
意図　196
因果律　102
迂回　114
エディプス　127
エビングハウス（Ebbinghaus）　87, 253
エプスタイン（Epstein）　46
演繹　53, 64, 76, 77, 80, 82
オペランダム　85, 116
オペラント（行動）　99, 103, 127, 160, 164
重さ　105

■カ　行

外的事象　227, 235
概念的神経系　156
カイモグラフ　58-60
科学的方法論　51, 52, 57, 79
学習　167
学習曲線　107, 111, 253
学習と遂行　253
学習理論　156-158, 163, 166, 180, 189, 253, 254, 257
仮説　53, 66, 69
仮説演繹　93
仮説構成体　243
課題　233
仮定　67
ガレノス（Galen）　268
考える人（*Man Thinking*）　53, 66, 82, 93, 248
感覚すること　197
感覚フィードバック　183
環境条件　222, 225
環境的要因　226
間欠強化（スケジュール）　65, 109, 172, 174
感じていること　194
感情　232
感じること　194
関数関係　218
関数分析　70
カンター（Kantor）　40
ガンディー（Gandhi）　283
観念論　248
記憶　224-226, 232, 280
擬似相関　176
記述的　255
教育　70
強化　90, 92, 93, 104, 162, 167, 168, 174,

176, 178, 180, 183, 185, 186
強化確率　176, 181, 182
強化効果　183
強化子　95, 161
強化随伴性　88-90, 92, 115, 118, 121, 122, 124-127, 182, 194, 199, 200, 212, 213, 247, 272-275, 282, 284
強化スケジュール　90, 92, 93, 167, 169, 179, 186, 237
強化遅延　90
教示的なプログラミング　127
恐怖　233
グリンドレイ（Grindley）　102
グレイブス（Graves）　5, 6, 8, 36
ケーラー（Köhler）　101
結果事象　195
欠乏状態　195, 196
ケラー（Keller）　18, 30, 55
嫌悪刺激　89
嫌悪的刺激作用　196
顕現的　205
言語共同体　125, 135
言語行動　103, 142, 273
言語コミュニケーション　117
言語随伴性　116, 117
検索　199, 200
検証　66
行為の確率　225
効果の法則　100, 126, 166, 167
後続事象　195, 229, 234, 235, 272, 274, 280, 282, 284
公的事象　147
行動科学　283
行動主義　54, 134, 146, 270, 271, 277, 278, 280
行動理論　219
興奮　167
興奮傾向　225
興奮ポテンシャル　159, 163

語源学　193, 194
心　209
心の状態　194
個人的資質　221
個人の履歴　229
固定時隔（強化スケジュール）　66, 74, 169
固定比率（スケジュール）　66, 74, 109, 186
コノルスキー（Konorski）　102
コピー理論　197, 198
個別事例　71, 79, 83
コロンバン・シミュレーション　46
混成　74, 109
コンピュータ技術　279

■サ　行

再条件づけ　182, 183
再生　200
錯誤　272
シェイクスピア（Shakespeare）　3, 5, 6, 9, 13, 17, 26
ジェームズ（James）　246, 260
ジェニングズ（Jennings）　271
シェリントン（Sherrington）　55, 58, 269
自我　239
時隔（スケジュール）　122, 178
刺激作用　174, 175, 177, 180, 186
刺激性制御　89, 107, 108, 126
刺激‐反応心理学　88
刺激弁別　90
自己観察　273
自己管理　273
自己受容刺激　138
自己認識　143
自然淘汰　212
実験計画　67, 68, 79, 80, 83
実験行動分析学　75, 274

実験者　80
実験心理学　241, 242, 244, 245, 257
実験的行動分析　85, 86, 92, 94, 96
実験的分析　219, 221
私的事象　147, 235, 273, 277
シドマン型の整置　103
自発的回復　167, 173, 174
社会的強化子　95
遮断化　65, 69, 75, 89, 228, 230, 278
シャトルボックス　101, 102
習慣　159, 224-227, 233
周期的な強化　174, 175, 179, 182
従属変数　229
順応　276
消去　90, 162, 167, 169-171, 173, 174, 176, 179, 180, 182, 183, 185
消去曲線　63, 170-175, 180, 185
条件づけ　90, 94, 167, 171-173, 180, 271
条件反射　88, 160
情動（反応）　163, 168, 172, 173, 225, 226, 271
情報　280
情報理論　279
剰余変数　167
除去型強化スケジュール　115
食物遮断　228
進化理論　270, 275
神経系　155, 156
神経症　94
神経生理学　155
人工個体　280, 281
心臓　268
身体の状態　194
心的エネルギー　232, 233
心的科学　248
心的活動　225
心的過程　117, 227, 235
心的事象　156, 235, 239
心理主義　279

心理療法　219, 233, 276, 283
心理臨床　278
随伴性　73, 107, 110, 114-117, 120, 122, 124, 176
随伴性形成行動　280
数学　281
数理モデル　252, 253
生起確率　219
制御　231
制止　167
精神医学　217
精神エネルギー　225, 239
精神病者　217, 219, 221
精神分析（学）　242, 243, 255, 278
正反応　160
生理学　274, 275, 285
生理心理学　155
説明的　255
セレンディピティ　66
前駆的行動　91
選好　184, 185
潜時　87, 160-162, 164, 166
全体反応率　175, 178, 188
選択　180, 182, 185
選択変更後遅延　121
相関関係　176
想起量　87
相互作用説　212
操作主義　131, 132, 147, 150
操作的定義　146
創造説　276
ソーンダイク（Thorndike）　38, 100, 253, 259

■タ 行
ダーウィン（Darwin）　100, 270
対人援助専門職　276, 281
脱制止　167
チャップリン（Chaplin）　11

仲介　272
中枢神経系　156
貯蔵　171, 199
チョムスキー（Chomsky）　36
ティーチング・マシーン　33, 127
提示型強化スケジュール　115
定理　66, 69
デカルト（Descartes）　269
適応　276
徹底的行動主義　148
電磁誘導の法則　111
動機づけ　163, 169, 271
統計　249
統計学　51-53, 68, 70, 72, 76, 79, 110, 113, 248, 250
統治　242, 244
トールマン（Tolman）　39, 94, 270
独立変数　222, 223, 228, 229

■ナ　行
内観　212, 236, 275, 278, 279, 285
内観的観察　117
内的事象　227
二元論　212, 248, 255
人間性心理学　275, 276, 281, 283
認知科学　280
認知革命　212
認知心理学　274, 278-281, 283
認知的思考　193
脳　269, 279, 280
脳科学　193, 212, 213, 279

■ハ　行
バースト（反応頻発）　176
パーソナリティ　224-226, 229, 230, 233, 239
罰　228
発達論　199
パブロフ（Pavlov）　18, 22, 38, 54-56, 63, 100, 244, 269
ハル（Hull）　16, 36, 39, 270
（刺激）般化勾配　89, 172
反射　269, 271, 272
反射貯蔵　66
般性強化子　251
ハンター（Hunter）　23, 39, 55
反応確率　86-88, 95, 164, 166, 172, 230
反応型　85, 183
反応間時間　126
反応強度　160, 164
反応形成　106, 107
反応時間　87
反応制止　167, 170, 180
反応潜時　164
反応の（自発）確率　164, 167, 181
反応分化　90
反応率　85-87, 90, 91, 104, 105, 114, 116, 119, 163, 166, 168-173, 176-185, 187, 237
非顕現的（行動）　205, 273
被験体　81
非周期的強化（スケジュール）　176, 178-180
ヒューム主義　102
比率スケジュール　122
ファースター（Ferster）　26, 31, 32, 63
ファラデー（Faraday）　111
不安　68, 73, 76, 243, 228
フィッシャー（Fisher）　68, 81, 91, 113
プラグマティズム　261
ブラック・ボックス　213
プラトン（Plato）　269
ブリッジマン（Bridgman）　21, 38, 271
フロイト（Freud）　127, 243
分化　189
分化強化（スケジュール）　87, 122, 161, 165, 168
平均人　252

平均反応率　182, 184
ベーコン（Bacon）　5, 6, 36, 37, 40
ベースライン　170
変動時隔（強化スケジュール）　119
変動性　71, 73, 74
変動比率（強化スケジュール）　120
弁別　86, 174, 181, 185, 189
弁別刺激　89, 124, 161, 163
弁別装置　253
弁別箱　160
弁別反応　186
ポアンカレ（Poincaré）　21, 37
報酬　104
方法論的行動主義　147, 148
ボーリング（Boring）　1, 19, 22
ポリグラフ　163
本能　223, 225, 226, 232, 233

■マ 行
マグナス（Magnus）　55, 57
マッハ（Mach）　21, 38, 271
マルクス主義者　127
見本合わせ　186-188
ミラー（Miller）　102
無意識　226, 236
無意味綴り　253
無条件反射　160
迷路　160, 253
モーガン（Morgan）　270
目的論　99, 104
モデル　66, 76
問題箱　159, 253

■ヤ 行
ヤーキス（Yerkes）　253
誘発刺激　161, 164

要求　224-226, 232
予測　231
欲求　224
欲求不満　172

■ラ 行
ラシュレー（Lashley）　253, 270
ラッセル（Russell）　18, 20, 22, 38, 54, 271
力動論　238
履歴　274
理論　67, 69, 76, 77
理論的構成体　189
理論的分析　221
臨床心理学者　233
累積曲線　61, 74, 75, 163, 172, 177
累積記録　63, 67, 72, 86, 88, 91, 104, 112, 116, 126
ルーズベルト（Roosevelt）　14
ルール支配行動　280
レヴィン（Lewin）　94
レスポンデント行動　160
レバー押し反応　169
連続強化　174, 187
ローブ（Loeb）　54, 55, 271
ロマネス（Romanes）　259
論理学　281
論理実証主義　271

■ワ 行
ワトソン（Watson）　18, 22, 38, 54, 55, 253, 270

■アルファベット
The Behavior of Organisms　66, 67, 72, 94

訳者紹介

坂上貴之（さかがみたかゆき）代表，第2章，第7章訳者解説，第10章
慶應義塾大学大学院社会学研究科後期博士課程単位取得退学。文学博士。現在，慶應義塾大学名誉教授。著書に『心理学の実験倫理』（共編，勁草書房），『心理学が描くリスクの世界第3版』（共編，慶應義塾大学出版会）がある。

山岸直基（やまぎしなおき）第1章
駒澤大学大学院博士後期課程満期退学。博士（心理学）。現在，流通経済大学社会学部教授。著書に『行動分析学事典』（分担執筆，丸善），『行動分析学からの発達アプローチ』（共訳，二瓶社）がある。

井垣竹晴（いがきたけはる）第3章
慶應義塾大学大学院社会学研究科後期博士課程単位取得退学。博士（心理学）。現在，流通経済大学流通情報学部教授。著書に『意思決定と経済の心理学』（分担執筆，朝倉書店），『心理学が描くリスクの世界第3版』（分担執筆，慶應義塾大学出版会）がある。

三田地真実（みたちまみ）第4章
オレゴン大学教育学部博士課程修了。Ph.D（教育学）。言語聴覚士。現在，星槎大学大学院教育実践研究科教授。著書に『保護者と先生のための応用行動分析入門ハンドブック』（共著，金剛出版），『ファシリテーションで大学が変わる！』（共編，ナカニシヤ出版）がある。

丹野貴行（たんのたかゆき）第5章，第9章
慶應義塾大学大学院社会学研究科後期博士課程単位取得退学。博士（心理学）。現在，明星大学心理学部准教授。著書に『選考形成と意思決定』（分担執筆，勁草書房）がある。

藤巻　峻（ふじまきしゅん）第6章，第8章
慶應義塾大学大学院社会学研究科後期博士課程修了。博士（心理学）。現在，早稲田大学招聘研究員。著書に『食行動の科学』（分担執筆，朝倉書店），『ラットの行動解析ハンドブック』（分担執筆，西村書店）がある。

中野良顯（なかのよしあき）第7章
東京教育大学大学院博士課程教育学研究科修了。現在，NPO法人教育臨床研究機構理事長。著書に『応用行動分析学』（翻訳，明石書店），『自閉症児の教育マニュアル』（翻訳，ダイヤモンド社）がある。

B.F.スキナー重要論文集 I
心理主義を超えて

2019年8月20日　第1版第1刷発行

著　者　B. F. ス キ ナ ー

編訳者　スキナー著作刊行会

発行者　井　村　寿　人

発行所　株式会社　勁草書房
　　　　　　　　　けい　そう
112-0005 東京都文京区水道2-1-1　振替　00150-2-175253
（編集）電話 03-3815-5277／FAX 03-3814-6968
（営業）電話 03-3814-6861／FAX 03-3814-6854
大日本法令印刷・牧製本

©Society for translation and publication of B. F. Skinner's
　works　2019

ISBN978-4-326-25135-3　　Printed in Japan　　

JCOPY ＜出版者著作権管理機構　委託出版物＞
本書の無断複製は著作権法上での例外を除き禁じられています。
複製される場合は、そのつど事前に、出版者著作権管理機構
（電話 03-5244-5088、FAX 03-5244-5089、e-mail: info@jcopy.or.jp）
の許諾を得てください。

＊落丁本・乱丁本はお取替いたします。
http://www.keisoshobo.co.jp

子安増生 編著
アカデミックナビ 心理学　　　　　　　　　　　　　2700 円

河原純一郎・坂上貴之 編著
心理学の実験倫理
　「被験者」実験の現状と展望　　　　　　　　　　　2700 円

竹村和久 編著
選好形成と意思決定　　　　　　　　　　　　　　　3300 円

リチャード・H・スミス 著　澤田匡人 訳
シャーデンフロイデ
　人の不幸を喜ぶ私たちの闇　　　　　　　　　　　　2700 円

デイヴィッド・プレマック 著　橋彌和秀 訳
ギャバガイ！
　「動物のことば」の先にあるもの　　　　　　　　　2900 円

山田一成・池内裕美 編著
消費者心理学　　　　　　　　　　　　　　　　　　2700 円

熊田孝恒 編著
商品開発のための心理学　　　　　　　　　　　　　2500 円

フランソワ・グロジャン 著　西山教行 監訳　石丸・大山・杉山 訳
バイリンガルの世界へようこそ
　複数の言語を話すということ　　　　　　　　　　　3000 円

アレックス・ラインハート 著　西原史暁 訳
ダメな統計学
　悲惨なほど完全なる手引書　　　　　　　　　　　　2200 円

勁草書房刊

＊表示価格は 2019 年 8 月現在。消費税は含まれておりません。